Bruderschaft der Küste

MAIN Verlag

Printausgabe, erschienen 2020

Die Entführung
2. Auflage
Erstauflage, erschienen 2015

Reiche Beute
4. Auflage
Auflagen erschienen: 2010/2011/2015

ISBN: 978-3-95949-209-6

www.main-verlag.de
www.facebook.com/MAIN.Verlag
order@main-verlag.de

Umschlaggestaltung: © Marta Jakubowska, MAIN Verlag
Umschlagmotiv: © shutterstock 181832192
Bilder im Text: © Kompass_shutterstock_417225679
© Pistole_shutterstock_526952407
© Schiff_shutterstock_503641948

Druck: Eisermann Media GmbH

Bibliografische Information der Deutschen Nationalbibliothek:
Die Deutsche Nationalbibliothek verzeichnet diese Publikation in der Deutschen Nationalbibliografie; detaillierte bibliografische Daten sind im Internet über http://dnb.d-nb.de abrufbar.

Chris P. Rolls

Bruderschaft der Küste

Die Entführung

Reiche Beute

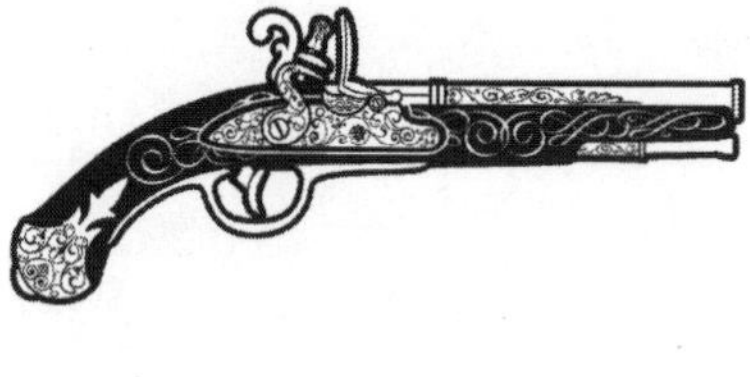

Band I & II

GAY HISTORICAL

Unter Sündern gibt es keine Sünde.

Erhard Horst Bellermann

Inhalt

Die Entführung

Reiche Beute

Die Entführung

In der Hand der Piraten

Missmutig starrte Simon aus dem Fenster, das Kinn auf die Hand gestützt, während die Kutsche durch die engen Gassen rumpelte. Es wurde bereits dunkel, die Nacht in der Karibik kam schnell. Daran hatte er sich in den letzten fünf Jahren wohl oder übel gewöhnt. Schon nach wenigen Minuten klebte jedes Hemd unangenehm am Rücken und keine gesellschaftsfähige Kleidung schien luftig genug für die feuchtschwüle Luft. Erst gegen Morgen würde es abkühlen.

Vier Stunden hatte diese elendige Anprobe beim Schneider gedauert. Vier Stunden in denen er mehr oder weniger stillstehen musste, weil hier noch ein Maß fehlte, etwas an den Ärmeln oder am Aufschlag geändert wurde. Stunden in denen er stets höflich bleiben, lächeln und so tun musste, als ob er sich wirklich freuen würde. Dabei hatte er sich mächtig zusammengerissen, nicht einfach aus dem Laden zu stürmen.

Zugegeben, die Sachen waren wirklich wunderschön, der Schnitt elegant, der Stoff edel. Der Schneider verstand sein Handwerk und natürlich sollte die Kleidung dem Anlass des besonderen Tages auch gerecht werden.

Simon seufzte, beobachtete ein paar junge Männer, die scherzend und lachend ihrem abendlichen Vergnügen entgegen strebten. Oft genug beneidete er gerade in der letzten Zeit diese einfachen Menschen um ihr unkompliziertes Leben. Der einzige Sohn des Lords of Fenderwick, des Gouverneurs von Saint Ibell, wohlbehüteter Erbe durfte kein so unkompliziertes Leben führen, stets unterlag er Normen und Verpflichtungen seines Standes.

Lachend schlug einer der Männer dem anderen kameradschaftlich auf den Rücken, schlang seinen Arm um ihn und presste ihn kurz an sich. Simon sah ihnen sehnsüchtig zu, als die Kutsche sie im Schritttempo passierte, folgte den offenbar eng befreundeten Männern mit dem Blick. Das Bild berührte ihn tief, sie wirkten so vertraut miteinander, dass er ihnen diesen Moment regelrecht neidete. Wie schön musste es sein, einen wahren Freund zu haben, sich nicht ständig verstellen zu müssen.

Simon verzog den Mund und schüttelte den Wunsch nach einem starken Arm, der um seine Schultern lag, hastig ab. Er wusste genau, was solche Gedanken nach sich zogen, wenn er sich nicht im Griff hatte. Diese ewige Versuchung. Kurz ballte er die Fäuste.

Als sein Vater ihm eröffnet hatte, mit wem er ihn verheiraten wollte, hatte er sein Gesicht perfekt im Griff gehabt, wie so oft gelächelt und: »Natürlich Vater, wenn Ihr es wünscht«, gesagt, wie man es von ihm erwartete, wie er sich stets den Wünschen seines Vaters gebeugt hatte. Was es bedeutete zu lieben, hatte er noch nie erfahren dürfen. Kaum jemand seines Standes heiratete aus Liebe, und vermutlich war diese Frau ebenso gut, wie jede andere auch.

In zwei Tagen würde er sie heiraten. Claire war die einzige Tochter eines einflussreichen Reeders. Es war eine perfekt arrangierte Hochzeit von der sowohl sein, als auch Claires Vater profitieren würden.

Seufzend beugte er sich vor, um den Männern nachzublicken, aber sie waren bereits in einer der zahlreichen Spelunken verschwunden, die die Gassen säumten. Spelunken und Bordelle; dieses Viertel war verrufen, allerlei Gesindel trieb sich bei Anbruch der Dunkelheit herum, kam vom Hafenviertel hoch. Es war jedoch auch die direkteste Straße zurück zur Residenz seines Vaters und in der Kutsche war er sicher vor Belästigungen.

Simon lehnte sich in die Polster zurück, schloss die Augen und überließ sich dem sanften Schaukeln. In zwei Tagen würde sich sein Leben insofern ändern, als dass er als verheirateter Mann sein Bett und Leben zukünftig mit einer Frau teilen würde. Noch schwerer, sich stets im Griff haben zu müssen. Ob er Claire irgendwann mehr von sich anvertrauen konnte? Würden sie sich verstehen? Jeder erwartete bald schon Kinder, darum würden sie sich bemühen müssen. Der Gedanke an eine Frau, die ihm zu Willen war, hatte nichts Erregendes, denn seine Erfahrungen auf diesem Gebiet waren trotz der neunzehn Jahre unzureichend.

Gewiss, andere, weniger ehrenhafte Männer, halfen dem ab, indem sie beizeiten die entsprechenden Etablissements besuchten, ihre Erfahrungen dort machten. Simon hingegen konnte sich ein solches Verhalten nicht vorstellen. Er verstand sich als ein echter Gentleman, seine Prinzipien erlaubten ihm kein derartiges Verhalten. Er würde seine zukünftige Frau nicht entehren, indem er vor dem Bund der Ehe anderweitig herumhurte.

Zudem hatte ihn bislang der Anblick keiner attraktiven Frau besonders angeregt, diesem Zustand vorzeitig abzuhelfen. Ein solches Begehren hatte er noch nie empfunden. Vermutlich würde es anders werden, wenn er erst verheiratet war und er seiner Pflicht nachkommen musste. Dann würde er sich gewiss auch mehr für den weiblichen Körper interessieren, das war doch einfach normal. Gott führte nur jene Männer mit unzüchtigen Vorstellungen von kräftigen Männermuskeln in Versuchung, die es zuließen. Jeder Priester hatte es ihm gesagt. Er durfte nur nicht schwach werden, musste den Einflüsterungen des Teufels weiterhin standhalten.

Ach, bei Gott, es war nur so furchtbar schwer und wurde mit den Jahren nicht leichter. Diese Sehnsucht war immer da und je mehr er versuchte, sie zu verdrängen, desto öfter schien sie ihn anzufallen. Diese Scham, wenn er aus sündigen Träumen erwachte und sein Körper dem Geist nicht gehorchte. Gott prüfte ihn wirklich hart.

Die Kutsche rumpelte die schlechte Straße entlang und die Geräusche der Stadt wurden langsam weniger. Bald wurde die Straße besser und er fiel in eine Art Dämmerzustand. Eigentlich hatte er ein gutes Leben, sollte dankbar dafür sein und nicht diese seltsame Sehnsucht nach etwas anderem in sich fühlen, die Leere, die er zu gerne ausfüllen würde. Vermutlich würden diese Träume vergehen, wenn er erst einmal verheiratet war. Dies war nun mal sein Leben, alles lief seinen Gang.

Ein erschrockener Ausruf und unsanft wurde er aus dem Halbschlaf gerissen. Abrupt hielt die Kutsche, er fiel beinahe vom Sitz und rappelte sich hastig hoch. Was war da los? Ein Unfall? Laute Männerstimmen drangen zu ihm, er verstand indes zunächst kein Wort.

Irritiert richtete er sich auf und wollte nachsehen. Der Wagenschlag wurde heftig aufgerissen und überrascht keuchend wich Simon zurück. Ein unbekannter, großer, kräftig und wild aussehender Mann starrte ihn im schwachen Licht der Kutschenlampen grinsend an. Zwei Narben verunstalteten sein bärtiges Gesicht, ein offenes, dreckiges Hemd verbarg nur wenig von der breiten Brust. Die Bartstoppeln wirkten auf der dunklen Haut wie ein weiterer Schatten. Sein dunkles Kopftuch hatte er tief in die Stirn gezogen, an seinem Gürtel fielen ihm diverse Messer und Pistolengriffe auf.

Ein Überfall? Hier? Hastig richtete sich Simon auf und trat vor, obwohl sein Herz wie wild schlug und vage Furcht in seine Eingeweide kroch. War das ein Pirat?

»Wer seid Ih…?« Ehe er aussprechen konnte, packte ihn der Mann auch schon am Hemd und zerrte ihn grob aus der Kutsche. Simon stolperte vorwärts, hob die Hände schützend hoch, um nicht zu stürzen, wurde draußen von kräftigen Armen aufgefangen und unsanft hoch gezerrt. Unmittelbar schlug ihm starker, männlicher Schweißgeruch entgegen, als er Halt suchend an der Brust des fremden Mannes landete. Erschrocken holte er Luft, richtete sich auf, wich hastig zurück und schaute sich hektisch um. Was ging hier vor sich? Was wollten diese Männer?

Neben den Pferden lag der Kutscher auf dem Boden. Einer der Angreifer hockte über ihm, weitere vier hatten sich um ihn versammelt, betrachteten ihn höhnisch grinsend. Kalter Schweiß brach ihm aus, als die Männer ihn abwartend wie die Maus in der Falle musterten.

Wer waren sie? Wo kamen sie her? Diese Männer wirkten brutal und ungeschlacht, stanken allesamt nach Dreck, Alkohol und Exkrementen. Drohend standen sie vor ihm, überragten ihn allesamt um mindestens einen Kopf. Ihrer Kleidung nach zu urteilen, waren sie Seemänner und wie er mit Schrecken feststellte, alle ebenso stark bewaffnet, wie der erste Angreifer.

Wahrhaftig Piraten. Was wollten sie von ihm? Wie kamen sie ungesehen nach Saint Ibell?

»Ein hübscher Bursche. Der Kapitän wird begeistert sein«, meinte einer von ihnen mit rauer Stimme, streckte die Hand nach Simons Wange aus. Die Berührung riss ihn endlich aus seiner Erstarrung. Blitzschnell wirbelte er herum, schlug dem Mann neben sich die Faust in den Magen, sodass er sich keuchend zusammenkrümmte. Im nächsten Moment trat er nach einem weiteren und duckte sich rasch, als ein anderer nach ihm griff. Hastig versuchte er durch eine Lücke zwischen ihnen zu gelangen. Er musste zurück zur Stadt fliehen. Vielleicht gab es dort Hilfe, wenn er laut genug rief.

Viel zu schnell schloss sich die Lücke, kräftige Leiber stoppten ihn, raue Hände griffen nach ihm, umklammerten seinen rechten Arm schmerzhaft. Instinktiv stieß er den linken Ellenbogen heftig zurück, vernahm ein schmerzvolles Aufkeuchen und der Druck am Arm ließ abrupt nach. Schnell hechtete er nach vorne, versuchte den nächsten Mann umzustoßen, der sich ihm in den Weg stellte. Es misslang kläglich. Grunzend packte ihn dieser, fixierte seine Arme, während er ihn umdrehte, und machte ihn bewegungsunfähig.

»Halt ihn gut fest!«, rief einer der Männer. Simon wand sich heftig, versuchte verzweifelt, dem Griff zu entkommen.

»Lass ihn ja nicht entkommen oder wir werden es bereuen.«

Simon kämpfte panisch, trat um sich, wand sich hin und her, aber der Mann war ihm körperlich hoffnungslos überlegen, wich den Tritten aus und lachte über seine vergeblichen Versuche.

»Freiwillig kommt der bestimmt nicht mit«, sagte er schnaufend, als die anderen Männer wieder näherkamen. Kurz hielt Simon inne, kalter Schweiß klebte an seiner Haut und die Furcht schnürte ihm die Kehle zu. Würden sie ihn nun umbringen?

»Sieht so aus«, brummte jemand neben ihm.

»Habe ich mir schon gedacht«, vernahm er noch, war nicht schnell genug in der Drehung. Etwas traf ihn hart an der Schläfe, Schmerz explodierte und Schwärze umgab ihn, während er taumelte und in sich zusammensackte.

Es war noch immer dunkel, als er wieder zu sich kam. Es stank bestialisch, etwas lag eng über Mund und Nase. Angewidert verzog er das Gesicht, bewegte sich vorsichtig und bereute es sogleich, den augenblicklich flammte brennender Schmerz an der linken Schläfe auf, verbunden mit pochenden Kopfschmerzen.

Würgend versuchte er zu atmen, der Gestank war kaum zu ertragen, ging von dem Sackstoff aus, den man ihm über den Kopf gestülpt hatte. Zudem hatte man ihn geknebelt, Stoff presste sich fest in die Mundwinkel, sodass er kaum schlucken konnte, und gab auch auf den Druck der Zunge nicht nach. Die Hände konnte er nicht bewegen, sie waren auf dem Rücken fest zusammengebunden und auch an den Füßen spürte er raue Seile.

Feuchtmodriger Geruch drang schwach durch den Gestank und bestärkte ihn in dem Gefühl, dass er auf hölzernen Brettern lag. Alles schaukelte und er hatte Mühe sich zu konzentrieren, die restlichen Sinne anzustrengen, um herauszufinden, wo er sich befinden mochte. Bei Gott, war ihm übel, der Schädel drohte zu explodieren.

»Er wird wach«, ertönte dicht neben ihm eine männliche Stimme und eine andere murrte: »Hätte er nicht noch ein wenig länger schlafen können? Der Bursche macht uns bestimmt wieder Ärger.«

Simon bewegte sich unwillig in seinen Fesseln, das merkwürdig flaue Gefühl im Magen nahm beständig zu. Verflucht, warum schaukelte es so stark? Als ob die ganze Erde sich bewegen würde. Stöhnend versuchte er sich aufzusetzen, um dem Schwindel ein Ende zu bereiten.

Wasser plätscherte und ihm wurde sofort klar, woher die schaukelnden Bewegungen kamen: Offenbar lag er in einem Boot und diese Männer ruderten ihn irgendwo hin.

Wer waren sie? Was wollten sie und wohin verschleppten sie ihn? War dies ein Missverständnis? Er versuchte an dem Knebel vorbei zu sprechen, mehr als ein paar gurgelnde Geräusche konnte er jedoch nicht von sich geben.

»Hier hört dich eh keiner, selbst wenn du schreien könntest.« Jemand schnaubte über ihm, eine Hand umklammerte seinen Arm. »Bleib einfach still liegen, dann passiert dir schon nichts, Bursche.«

Sein Herz schlug schnell und hart vor Furcht, dennoch dachte er gar nicht daran, still und ergeben zu liegen. Hinter seiner Stirn hämmerte der Schmerz und der Schwindel wurde immer schlimmer. Er brauchte frische Luft. Der nächste Versuch, sich aufzurichten, wurde von einer schwieligen Hand unterbunden, die ihn nach unten drückte.

»Bleib liegen, oder ich ziehe dir nochmals eine über«, zischte der Mann. Die Drohung drang mit klammen Fingern in Simons Bewusstsein und er schluckte hart. Für den Moment vor Angst wie erstarrt, stellte er seine Versuche ein, lag bewegungslos und versuchte zu lauschen, das wild schlagendes Herz ein wenig zu beruhigen.

Was hatte das alles nur zu bedeuten?

Offenbar waren dies Piraten. Inmitten von in Saint Ibell? Welcher der Gesetzlosen würde sich schon freiwillig in die Höhle des Löwen wagen? Die Garnison war extrem gut bewacht und auch im Hafen patrouillierten regelmäßig Soldaten. Es erschien unmöglich.

Sein Vater befehligte die Flotte der englischen Kriegsschiffe, die Jagd auf jene Freibeuter machten, die dem Handel so zugesetzt hatten. Wie konnten es diese Piraten nur wagen, ihn direkt unter der Nase der Soldaten seines Vaters anzugreifen? Es war leichtsinnig, nein, lebensmüde.

Gewiss war es kein Zufall, dass sie gerade ihn entführt hatten. Ob sie ihn töten wollten, um seinen Vater davon abzuhalten, sie weiter zu jagen? Simon ahnte, dass ihm kein gutes Schicksal bevorstand.

In der letzten Zeit waren den englischen Kriegsschiffen einige Schläge gegen die organisierten Freibeuter, vor allem gegen die überwiegend französischen Bukaniere, gelungen. Ob sie Rache nehmen wollten? Aber warum hatten sie ihn dann nicht sofort getötet?

Vehement versuchte er die Übelkeit zu ignorieren, die der Gestank und das Hin- und Herschaukeln des Bootes verursachte. Mühsam versuchte er an etwas anderes zu denken, doch das Gefühl in seinem Magen war ihm nur zu bekannt.

Bei der Überfahrt von England vor fünf Jahren hatte er eine gute Woche an der verfluchten Seekrankheit gelitten, die einem Mann alle Würde nahm. Wenn er sich mit dem Knebel im Mund übergab, würde er daran glatt ersticken. Bei Gott, nein!

Furcht drohte ihn zu überwältigen und er bewegte sich erneut hektischer. Das Plätschern der eintauchenden Ruder hörte auf und über sich vernahm er Stimmen in einer fremden Sprache. Hatten sie ein Schiff erreicht? Nach einem Hafenkai klang das nicht. Erst nach weiteren Rufen vermochte er die Worte als Französisch zu erkennen, die das Boot an ein Schiff heran dirigierten.

Bukaniere! Er hatte es befürchtet, damit war sein Schicksal besiegelt. Simon fühlte sich taub und ihm wurde sehr kalt, die Furcht lähmte das Denken, ließ seine Hände feucht werden. Diese Männer würden ihn ganz gewiss erst grausam foltern, ehe sie ihn töteten, seinen Kopf als Trophäe an seinen Vater schicken, und er konnte rein gar nichts tun, um sich selbst zu retten. Hastig schluckte er die bittere Galle hinunter, versuchte dem immer stärker werdenden Brechreiz zu widerstehen.

»Seid vorsichtig mit ihm.« Von oben erklang eine englische Stimme.

Verzweifelt versuchte Simon den Knebel mit der Zunge herauszudrücken, doch er saß zu fest. Der Brechreiz nahm zu, ebenso das Gefühl, der Magen würde sich umdrehen. Sehr viel länger würde er nicht mehr standhalten können. Luft, er brauchte mehr Luft.

Kalter Schweiß hinterließ ein klammes Gefühl auf der Haut und er zuckte erschrocken zusammen, als ihn Hände packten, er auf etwas Hartes gelegt wurde und sich plötzlich in der Luft zu bewegen schien. Panisch presste er gegen den Knebel, wand sich hin und her, bemüht, seinen Magen zu kontrollieren.

Gleich darauf ergriffen ihn weitere Hände, zogen ihn an Bord. Wimmernd warf sich hin und her. Bei Gott, so wollte er gewiss nicht krepieren.

Jemand zog ihm den Sack vom Kopf und er blinzelte in das gelbliche Licht einer Öllampe. Es war relativ hell, denn über ihnen strahlte zusätzlich der Mond. Simon erkannte das Gesicht des Mannes mit den Narben, der ihn misstrauisch betrachtete. Gurgelnd versuchte er etwas zu sagen, schluckte immer wieder hektisch die Galle hinab, sog Luft durch die Nase.

Ein aussichtsloser Kampf.

Vor seinen Augen begannen schwarze Punkte zu tanzen, nahmen ihm die Sicht. Sein Körper wand sich in Krämpfen, der Mageninhalt wollte jetzt hinaus.

Anscheinend begriff der Mann rechtzeitig, was mit ihm los war, denn er löste mit schnellen Bewegungen den Knebel und Simon erbrach sich augenblicklich hustend und spukend auf das Deck des Schiffs. Oh Gott, das war knapp gewesen.

Bittere Galle, der eklige Geschmack von Erbrochenem verpestete seinen Mund, er zitterte wie Espenlaub, ihm war furchtbar kalt. Was für eine erbärmliche Figur er abgeben musste. Jemand zog ihn grob am Arm hoch. Gierig rang er nach Luft, hustete erneut und spuckte angewidert aus. Es half nichts, der widerwärtige Geschmack blieb. Er fühlte sich beschmutzt und unglaublich elend.

»Schätze mal, der Bursche verträgt den Seegang der Bucht nicht.« Wer ihn verhöhnte, konnte er nicht erkennen, das Gelächter traf ihn dennoch, aber er war völlig hilflos. Die Geißel der Seekrankheit hielt ihn in ihren widerlichen Klauen. Ihm war so übel, dass er sich kaum orientieren konnte, sein Körper sich immer wieder zusammenkrampfte, wenn der leere Magen dennoch versuchte, Galle und Speichel hinauszubefördern. Die Beine trugen ihn nicht länger und wenn ihn nicht jemand gehalten hätte, wäre er einfach vornüber auf die Planken gefallen. Bei Gott, was für ein Schwächling er doch war.

»Bringt ihn runter.« Das war Englisch mit einem französischen Akzent. »Besorgt ihm einen Eimer und Wasser. Ihr zwei macht das Deck sauber. Was steht ihr hier noch herum?« Die Stimme hatte einen leicht scharfen Unterton, ließ keinen Zweifel daran, dass den Befehlen ohne Widerspruch Folge geleistet wurde.

Mühsam versuchte sich Simon aufzurichten, zu erkennen, wer sprach, die Männer anzusehen, die um ihn standen. Keine Schwäche zeigen, ihnen direkt ins Gesicht sehen, ermahnte er sich. Einen Schritt torkelte er vorwärts, dann gaben die Beine unter ihm nach und er sank auf die Knie. Kräftige Hände stützten ihn, verhinderten, dass er auf das Gesicht fiel. Sie zogen ihn über das Schiff zum Niedergang.

Die Welt drehte sich unaufhörlich, schwankte so stark, dass er jedes Gefühl für die Richtung verlor. Irgendwann fand er sich auf einer strohgefüllten Matratze wieder, die Hände und Füße waren endlich frei. Die Welt schien sich dennoch unaufhörlich um ihn zu drehen, und über allem lag dieser entsetzlich modrige, feuchte Gestank.

»Ist er verletzt worden?« Wieder diese angenehme Stimme.

»Nein, Kapitän. Nur die Schramme am Kopf, wo ihn Pierres Knüppel getroffen hat«, antwortete dichter bei eine kratzige Stimme. »Er hat sich ziemlich heftig gewehrt und wie eine wilde Katze um sich geschlagen.«

Jemand lachte und Simon verfluchte seinen schwachen Körper, der es ihm unmöglich machte, aufzustehen, sich diesen Männern mutig zu stellen.

»Seid willkommen an Bord, mein junger Lord.« Simon versuchte den Kopf zu heben, den Mann zu erkennen, der dichter gekommen war. Indes flirrten vor seinen Augen nur graue und schwarze Punkte. Gitterstäbe, Holz und Schatten, ein undeutliches Gesicht mit stechenden Augen. Kälte umschloss seine Haut wie ein klammer Mantel und Schwäche erfasste alle Glieder.

»Wir werden gewiss eine recht interessante Zeit miteinander haben.« Ein Hauch Hohn schwang mit. Abermals wollte Simon sich aufrichten, ihm stolz ins Gesicht blicken, zu zeigen, wie wenig er sich vor dem, was sie mit ihm vorhaben sollten fürchtete. Er musste sich würdig verhalten, wie es sich für den Sohn und Erben von Lord Fenderwick gehörte.

Nur der Körper gehorchte ihm einfach nicht. Erneut war die Übelkeit stärker, überwand den Widerstand seiner Kehle. Er krümmte sich wimmernd zusammen, erbrach sich erneut. Speichel tropfte vom Kinn und der Gestank machte ihn schier wahnsinnig. Mit fest zusammengepressten Lidern rollte er sich ein und wünschte sich einfach nur noch zu sterben.

Die Stimmen der Männer entfernten sich endlich und ließen ihn im Dunkeln in den unbarmherzigen Fängen der Seekrankheit zurück.

Mit den Augen eines Raubtieres

Wie viele Tage er in diesem Zustand verbrachte, halb vor sich hindämmernd, gefangen in Dunkelheit, die sich um ihn drehte, ihn hin- und herschleuderte, wusste Simon nicht. Es gab keinen festen Halt und nichts bot Sicherheit. Er versank in einer Welt aus Finsternis und Bewegung, wie in dem morastigen Boden eines heimtückischen Moores. Gefangen zwischen seinen Albträumen.

Ab und an drangen Geräusche zu ihm, nahm er Bewegungen wahr. Männer kamen und gingen, brachten Wasser und später auch Mahlzeiten, aber er vermochte nicht, seinen elendigen Körper dazu zu bringen, sich ganz aufzurichten, sie zu erkennen, mit ihnen zu reden. Er konnte nur hoffen, sie würden ihm nichts antun, denn er war nicht in der Lage, sich zu wehren.

Das Wasser hatte er stets durstig getrunken und sich irgendwann, als sein Magen sich etwas beruhigt hatte, auch an das Essen gewagt. Ob sein empfindlicher Magen die fade und oft genug seltsam schmeckenden Mahlzeiten nicht vertrug oder er noch immer seinen Tribut an die Seekrankheit zahlen musste, konnte er nicht sagen. In jedem Fall hatte er sie kaum lange bei sich behalten.

Er wusste auch, dass neben ihm ein Eimer stand, der täglich geleert wurde. Dennoch war überall der widerwärtige Gestank von Fäulnis, Urin und Erbrochenem präsent.

Simon fühlte sich unendlich elend und schmutzig. Nie zuvor hatte er sich so vor sich selbst geekelt, war er derart hilflos dem Geschehen ausgeliefert. Er schämte sich, dass er in einen solchen Zustand geraten war. Diese verfluchte Seekrankheit machte es ihm gänzlich unmöglich sein Schicksal standhaft und mit Würde zu ertragen.

Im Hintergrund lauerte zudem noch immer die Angst vor dem, was die Piraten mit ihm vorhatten. Offenkundig wollten sie ihn nicht sofort töten, denn sie ließen ihn in seinem elenden Zustand in Ruhe, sorgten gleichzeitig auch dafür, dass er versorgt war.

Irgendwann blieben die Mahlzeiten doch überwiegend in seinem knurrenden und noch immer schmerzenden Magen. Die Phasen, in denen er wach war, mehr seiner Umgebung bewusst wahrnahm, wurden länger. Dabei war seine Situation kaum derart erfreulich, dass er es so genau wissen wollte.

Man hatte ihn in einen kleinen Verschlag unter Deck gesperrt, der nur dann heller wurde, wenn einer der Männer zu ihm kam und eine Petroleumlampe die Umgebung spärlich beleuchtete. Er hatte erkennen können, dass dieser an drei Seiten von Gitterstangen verschlossen war. Außer seiner klammen Matratze, dem Eimer und einer festgenagelten Kiste, die wohl zum Sitzen gedacht war, gab es keine weiteren Gegenstände darin.

Der Mann, der ihm sein Essen und Wasser brachte, den Eimer mit seiner Notdurft austauschte, war der mit den Narben im Gesicht, der ihn aus der Kutsche gezerrt hatte. Er sprach höchst selten, stellte den Eimer, Teller und einen Becher meist wortlos hin, leuchtete ihm einmal ins Gesicht und verschwand.

Ab und an hatte Simon gemeint, andere Stimmen mitzubekommen, wie sie sich spöttelnd über ihn unterhielten, aber es blieb alles zu vage und er wusste nicht, ob ihre Bemerkungen echt oder nur Teil seiner fiebrigen Fantasien gewesen waren.

Ebenso wenig wusste er, ob es Träume gewesen waren, in denen ihm jemand behutsam über die Stirn fuhr, seine verschwitzten Haare aus dem Gesicht strich, ein feuchter Lappen sein Gesicht kühlte, die Wunde an seiner Schläfe versorgte. Die überaus angenehme Stimme, die so wenig zu einem dieser brutalen Piraten zu passen schien, musste wohl wirklich seiner Fantasie entsprungen sein. Zuletzt hatte seine Mutter ihn so besorgt berührt, die schon lange Jahre tot war. Er war zu alt geworden, um sich nach solchen Berührungen zu sehnen, hatte sich dabei dennoch seltsam geborgen gefühlt.

Das Gefühl der großen Hände, die ihm behutsam über den Rücken strichen, Finger, die ihm spielerisch durch die lockigen, braunen Haare fuhren, war überaus angenehm gewesen. Der Wunsch war stark, sich fallenzulassen und von kräftigen Armen gehalten und eng umschlungen zu werden. Es waren Zärtlichkeiten, wie er sie sich oft genug in den sehnsuchtsvollen Träumen vorstellte, die unnatürlich, ja sogar oft genug sündhaft erschienen, wenn er daraus erwachte.

Der Teufel führte in oft in Versuchung, sandte ihm gerne derartige Träume, prüfte ihn stets aufs Neue. In der bedrückenden Erkenntnis seiner Gefangenschaft und der ewigen Dunkelheit wirkte seine Präsenz so viel realer.

Dunkelheit … Er hasste sie aus tiefster Seele und wäre er nur kräftiger …

Simon blinzelte, als er einen Lichtschimmer auf sich zukommen sah und richtete sich auf. Noch immer schlingerte die Welt viel zu stark, ständig schien alles in Bewegung zu sein. Er wusste sehr wohl, dass es der Seegang war. Das Holz knarrte ständig und es war immer feucht und klamm. Mit großer Anstrengung unterdrückte er das beklemmende Gefühl, in dem hölzernen Bauch eines Schiffes unter Wasser gefangen zu sein.

Entschlossen hob er das Kinn. Er durfte sich Angst und Unsicherheit nur ja nicht anmerken lassen, musste ihnen mutig entgegentreten, wie ein echter Lord sich verhalten würde. Sein Vater und jeder andere, würde es von ihm erwarten. Er war ein geborener Gentleman, also sollte er sich auch so benehmen, der Gefahr trotzig in die Augen sehen.

Derzeit stank er eher wie ein Schweinehirte, bemerkte er mit einem missbilligenden Naserümpfen. Er musste sich dringend waschen, die Haut war klebrig von Dreck und Schweiß. Dieser Zustand war völlig inakzeptabel.

Der Mann mit den Narben kam näher, hielt die Lampe hoch, als er die Tür zu seinem Verschlag öffnete.

»Ah, mein Lord, Ihr seid wach«, bemerkte er spöttisch lächelnd, während er eintrat, Teller und Becher auf der Kiste abstellte. Simon blickte ihn finster an, wollte aufstehen, doch seine Beine wollten ihn noch nicht tragen. Lieber blieb er sitzen, als sich die Blöße zu geben, vor diesem Piraten umzukippen, wenn ihn der Wellengang aus dem Gleichgewicht brachte.

»Und scheinbar gefällt Euch das Essen auch besser. Den Schiffskoch wird es freuen, er war schon besorgt, Euch könnten seine exquisiten Mahlzeiten nicht so recht schmecken.« Er lachte rau auf, tauschte die Eimer aus, beachtete ihn nicht weiter.

Innerlich verfluchte Simon erneut seine unwürdige Schwäche, denn hinter dem Piraten stand die Tür des Gefängnisses weit offen und wenn er nur schnell genug wäre, könnte er entkommen. Er wusste allerdings nur zu genau, dass er kaum zwei Schritte weit kommen würde. Von diesem Mann geschnappt und zurückgeschleift zu werden, entsprach in keiner Weise seiner Vorstellung eines mutigen, ehrenhaften Gentlemans.

Seufzend ergab er sich vorerst seinem Schicksal. Eventuell würde sich später noch eine Gelegenheit bieten, wenn er wieder kräftiger war. Bis dahin musste er sich wohl oder übel gedulden. Er versuchte nicht daran zu denken, dass er auf einem Schiff war, eine Flucht aus diesem Verschlag nicht wirklich seine Freiheit bedeuten würde. Zunächst war ein Problem viel vordringlicher: Diesen furchtbaren Gestank loszuwerden und dazu musste er ein wenig seines Stolzes hinab schlucken.

»Könnte ich vielleicht noch etwas Wasser bekommen?« Er war bemüht, nicht zu bittend zu klingen. Seine Stimme hörte sich ungewohnt heiser an.

»Wozu das denn?« Der Mann wandte sich ihm zu, musterte ihn überrascht.

Simon räusperte sich, schob sich in eine aufrechte Position und straffte sich.

»Ich würde mich gerne waschen.« Er versuchte dem Mann direkt in die Augen zu blicken und sicherer zu wirken, als er sich fühlte. Seine Hände wollten zittern und er presste sie hart auf den Boden, wandte den Blick nicht ab.

»Waschen?«, fragte der Mann mit hochgezogenen Augenbrauen. Nickend bestätigte Simon sein Anliegen.

»Der Dreck und Gestank hier ist unerträglich«, fügte er hinzu, auch wenn es offensichtlich war. Der Pirat entblößte grinsend eine lückenhafte obere Zahnreihe.

»Wohl nichts für Eure edle Nase, kleiner Lord. Ihr seid gewiss was Besseres gewöhnt, wette ich.«

Finster starrte Simon ihn an, reckte das Kinn höher, kam sich aber dennoch lächerlich vor, weil er von unten zu ihm hochblicken musste.

»Ja, das bin ich wirklich«, gab er unumwunden zu. »Diese Umgebung, die Gesellschaft von Ratten und vor allem diesen Gestank bin ich wahrlich nicht gewöhnt. Ich wäre Euch verbunden, wenn Ihr mir Wasser bringen könntet, um es zumindest etwas erträglicher zu machen, wenn ich schon hier unten gefangen bleiben muss.«

Der Mann starrte ihn verblüfft an, grinste und nickte anerkennend.

»Werde mal sehen, was sich machen lässt«, brummelte er. Simon fühlte eine winzige Spur von Erleichterung, als er ging.

Kurz darauf kehrte er mit einem Eimer Wasser, einem Stück Seife und sogar einem sauberen Leinentuch zurück, stellte alles seltsam verschlagen lächelnd vor ihn und räumte das leere Geschirr ab.

»Wenn Ihr noch weitere Wünsche habt, mein edler Lord, sagt es mir nur.« Schmunzelnd warf er Simon einen spöttischen Blick zu und deutete eine Verbeugung an. »Stets zu Euren Diensten.« Er ging hinaus und hängte die Petroleumlampe außerhalb des Verschlags auf. Mit einer zweiten ging er davon, überließ Simon seiner Wäsche.

Erleichtert entledigte er sich rasch seiner Kleidung, wusch sich so gut es ging und fühlte sich augenblicklich wohler. Er schlüpfte in seine Kniehose und bemerkte, dass die feinen Seidenstrümpfe diverse Löcher aufwiesen. Die Piraten waren nicht eben sanft mit ihm umgegangen und es war ein Wunder, dass der Rest seiner Kleidung noch relativ unversehrt war. In dem schwachen Licht drehte er das Hemd hin und her, es schien tatsächlich noch heil zu sein.

Hinter ihm erklang ein leises Geräusch und erschrocken fuhr er herum, senkte das Hemd und starrte in die Dunkelheit hinter dem Lichtkegel.

»Wie ich sehe, geht es dir wieder besser?« Dies Stimme. Sie war der in seinen Träumen sehr ähnlich und plötzlich war er sich gar nicht mehr so sicher, ob er sie sich wirklich nur eingebildet hatte. Ebenso, wie alles andere. Diese ganzen Berührungen … Aber das konnte wirklich nur ein Traum gewesen sein. Davon hatte er schon mehrere erlebt.

Benommen schüttelte er den Kopf, versuchte sich hochzustemmen und hielt sich an den Gitterstangen fest, da seine zittrigen Beine das Gewicht noch nicht recht tragen wollten. Aus den Schatten trat ein großer, hagerer Mann ins Licht und ließ ihm genug Zeit, seine Erscheinung ausreichend zu mustern.

Dunkle Kleidung, eine schwarze Hose mit Stulpenstiefeln und einem hellen, einfachen Hemd darüber. Ein schwarzes Kopftuch bedeckte die oberen Haare und als er noch einen Schritt vortrat, konnte Simon erkennen, dass sie braun und im Nacken zu einem Zopf zusammengebunden waren. Am Gürtel trug der Mann zwei Pistolen und ein Messer. Allerdings strahlten weniger seine Waffen Gefahr aus, als vielmehr er selbst mit seiner Erscheinung.

Simon umfasste die Stange fest mit der rechten Hand, während er ihn verblüfft anstarrte, das Hemd noch immer mit der linken Hand umklammert. Ihn fröstelte. Wie lange mochte der Mann ihn schon beobachtet haben? War er die ganze Zeit verborgen im Dunkeln gewesen, hatte ihm bei der Wäsche zugesehen? Er war so leise herangekommen, dass er ihn nicht bemerkt hatte.

Hastig versuchte er sich sein Hemd wieder überzustreifen, ohne den Halt dabei zu verlieren, was ihm gründlich misslang. Er wäre beinahe gestürzt, wenn er nicht mit beiden Händen nach den Stangen gegriffen hätte, als das Schiff im Wellengang hoch unter runter getragen wurde.

Der fremde Mann sagte nichts, beobachtete ihn unverwandt aus dunklen, braunen, erstaunlich sanft wirkenden Augen. Unter seinem intensiven Blick fühlte sich Simon plötzlich angreifbar, sehr verletzlich und erst ein wenig sicherer, als er es endlich geschafft hatte, das Hemd überzustreifen.

Scheinbar hatte der Mann darauf gewartet, dass er vollständig bekleidet war, denn nun erst schloss er die Tür auf und trat in den Verschlag. Augenblicklich füllte seine Präsenz den winzigen Raum und Simon wäre vor ihm zurückgewichen, wenn er nur gekonnt hätte. So hielt er sich weiterhin an der Stange fest, bemüht einen sicheren Stand zu bekommen und den Blick nicht furchtsam zu senken.

Dieser Mann war gefährlich, er spürte es mit jeder Faser seiner Seele. Er bewegte sich wie ein Raubtier und verströmte eine Aura von Gefahr, die Simon körperlich intensiv empfand. Sein Herz schlug so schnell und laut, dass er glaubte, der Fremde würde es hören. Feuchter Schweiß bildete sich an den Händen und er musste mehrfach schlucken, als der Mann dichter auf ihn zutrat, ihn mit einem unbekannten Blick intensiv musterte.

Schutzlos war er, als ob die Blicke des fremden Mannes direkt durch seine Kleidung dringen würden, er alles in ihm lesen konnte. Wer war dieser Mann? Warum fühlte er sich so merkwürdig, wenn er ihn auf diese Weise ansah? Begehrlich? Nein, das war unmöglich.

»Wer … Wer seid Ihr?«, brachte er zögernd hervor, ärgerte sich, dass er es nicht vermochte, seiner Stimme einen arroganten, selbstsicheren Ton zu geben. In der Gegenwart dieses Mannes fühlte er sich klein, so winzig wie eine Maus, die hilflos die Schlange anstarrt, die sie gleich fressen wird.

Das Lächeln des Mannes wirkte angenehm, nahm ihm etwas von der Bedrohlichkeit. Er hatte ein durchaus attraktives Gesicht, eine gerade, scharf geschnittene Nase, dünne Augenbrauen, die sich in der Stirn leicht nach oben bewegten, einen schmalen Mund und hohe Wangenknochen. Sein Gesicht wirkte sehr edel und gepflegt, nicht wie das eines gemeinen Piraten, eher eines Adeligen, eines Mannes von hoher Geburt.

»Was wollt Ihr von mir?«, wagte Simon zu fragen, starrte den Mann unverwandt an. »Warum haltet Ihr mich gefangen?« Noch immer wagte er es nicht, die Stange loszulassen, denn seine Beine zitterten weiterhin vor Schwäche. Tapfer versuchte er sich mehr aufzurichten, jede Spur von Furcht aus seiner Haltung zu verbannen. Er war ein englischer Gentleman. Sein Stolz verbot es ihm, sich schwach zu zeigen.

Das Lächeln wurde breiter, als der andere Mann auf der kleinen Holzkiste Platz nahm und zu ihm hochblickte. Nur zu genau signalisierte seine Unbekümmertheit die absolute Überlegenheit, die keine erhöhte Position nötig machte. Ganz offensichtlich erwartete er nicht ernsthaft, dass Simon ihn angreifen würde.

Dieser schluckte den Kloß im Hals hinab, lockerte den festen Griff um die Stange ein wenig, traute seinem Körper aber nicht so weit, dass er sie ganz losließ, da immer wieder größere Bewegungen des Schiffes ihn umzuwerfen drohten. Wie konnte man sich bei diesem Geschaukel nur so sicher bewegen, wie es dieser Mann?

»Ich bin erfreut, dass es dir viel besser geht. Es ist wohl an der Zeit mich offiziell vorzustellen.«

Simon zuckte zusammen. Es war sehr unhöflich, ihn zu duzen. Augenblicklich straffte er sich und funkelte den Mann ärgerlich an. Aber dieser lächelte nur nachsichtig.

Musternd glitt sein Blick immer wieder über Simons Gestalt. Zunehmend fühlte er sich unbehaglicher unter diesem forschenden Blick. Der Mann besah ihn wirklich wie ein Beutetier, schien ihn wie ein Rennpferd abzuschätzen. Mann betrachtete sein Gegenüber nicht wie ein gutes Gemälde oder aufwendiges Essen. Simon schauderte unwillkürlich.

»Aber ich bin sicher, du hast meinen Namen bereits gehört. Wenngleich wir uns bedauerlicherweise natürlich nicht vorher begegnet sind.« Er seufzte, verwirrte Simon damit noch mehr.

»Jean Baptiste Ledoux.« Er ließ eine wohldosierte Pause entstehen. »Gerne kannst du mich einfach Jean nennen.« Betroffen zuckte Simon zusammen, griff fester nach der Stange.

Ledoux! Verflucht war er, in dessen Gewalt war sein Leben nichts mehr wert. Er hatte es befürchtet. Dieser Pirat war der Grund, warum die Präsenz der englischen Kriegsschiffe verstärkt worden war, einer der Männer, den sein Vater gnadenlos jagen ließ.

Ledoux war einer der gefürchtetsten Piraten der westlichen Karibik geworden. Legenden umrankten ihn, sprachen von seiner Gnadenlosigkeit, der perfiden Grausamkeit. Der Mann, den jedes Handelsschiff zu fürchten gelernt hatte. Wie grausam musste es das Schicksal mit ihm meinen, ihn ausgerechnet in die Hände dieses Mannes fallen zu lassen. Sein Tod war nur eine Frage der Zeit.

Schwindel drohte ihn zu erfassen, sein Herz schlug so hart, dass es schmerzte. Ihm war entsetzlich kalt und die Beine begannen noch stärker zu zittern, wollten ihn nicht länger tragen. Hart presste er die Zähne aufeinander, umklammerte die Stange derart hart, dass sie sich schmerzhaft in seine Hand drückte.

Sein Schreck war ihm aber offensichtlich dennoch anzusehen, da Ledoux zufrieden lächelte.

»Ich war mir sicher, dass du von mit gehört hast. Ebenso wie deinem Vater mein Name etwas sagen wird, wenn ihn meine Botschaft erreicht, dass ich seinen Sohn in meiner Gewalt habe.« Er brauchte seiner Stimme nicht einmal bewusst einen gefährlichen Klang zu geben, seine Worte genügten vollauf. Simons Atem kam flach, er starrte ihn offen furchtsam an, vermochte nicht länger seine Angst hinter dem Stolz zu verbergen.

»Ich wusste allerdings nicht, was für hübsche Früchte die Lenden meines Feindes hervorbringen können«, fügte Ledoux lächelnd hinzu, sein Blick wanderte erneut über ihn, schien jedes Detail zu begutachten.

Zitternd versuchte Simon sich zu beherrschen. Er war bemüht die Furcht zu unterdrücken und zwang sich dazu stehen zu bleiben. Er musste sich mehr aufrichten, Ledoux entgegentreten, zeigen, dass er mutig war und sich keine Beleidigung gefallen lassen würde. Er musste irgendetwas tun, um von seiner Furcht abzulenken.

»Es steht Euch nicht zu, mich derart despektierlich zu behandeln, Monsieur Ledoux«, begehrte er auf, verlieh seiner Stimme immerhin etwas Festigkeit. »Ich bin ein Lord of Fenderwick und erwarte, dass Ihr mich auch so tituliert.« Dass seine Worte ein Fehler waren, begriff er augenblicklich. Wie würde wohl ein Todfeind seines Vaters ihn am passendsten behandeln? Gewiss nicht eben sanft oder gar mit dem verdienten Respekt. Er war so ein Idiot.

Auch Ledoux schien die Ironie seines Begehrens zu erkennen und sein Mund zuckte belustigt.

Hastig fügte Simon hinzu: »Mit dem Respekt, der mir gebührt. Ich bin kein Gewöhnlicher, Monsieur. Der Anstand gebietet es, dass Ihr mich wie einen Gentleman behandelt.«

Ledoux sah ihn belustigt an. Ihm konnte kaum entgehen, wie stark seine Beine mittlerweile zitterten und Simon fluchte innerlich, dass er dies gewiss anders auslegen würde, als nur als körperliche Schwäche.

»Und wie lautet denn dein vollständiger Name, wenn ich dich respektvoll ansprechen soll, mein Junge?«, fragte Ledoux augenzwinkernd.

Simon verzog verärgert den Mund. Wut überlagerte kurzfristig die Furcht. Dieser Mann nahm ihn anscheinend nicht ernst. Er war längst kein Junge mehr. Er war ein erwachsener Mann. Niemand behandelte ihn ungestraft respektlos.

»Mein Name ist Lord Simon Brandon of Fenderwick, Monsieur«, sagte er mit fester Stimme, blickte Ledoux entschlossen direkt in die braunen Augen.

»Simon, also?« Ledoux sprach den Namen französisch aus und Simon korrigierte ihn sofort: »Lord of Fenderwick und es heißt Simon.« Er sprach es englisch.

»Sehr wohl: Simon.« Ledoux klang spöttisch, veränderte die Aussprache jedoch nicht »Ein sehr schöner Name. Passt gut zu dir, deinen lockigen, braunen Haaren, den schönen, hellgrünen Augen. Du bist wirklich recht attraktiv für einen jungen Mann.«

Verblüfft starrte ihn Simon an, wusste nicht, was er daraufhin sagen sollte. Wieso machte ihm dieser Mann ein solches Kompliment? Was bezweckte er damit?

»Du bist noch recht jung«, fügte Ledoux hinzu, warf ihm abermals einen seltsamen Blick zu.

»Bereits neunzehn, Monsieur.« Simon fühlte sich von diesem Piraten herabgesetzt, der ihn behandelte, als ob er ein unbedarfter Junge wäre. Wütend fügte er hinzu: »Alt genug, um zu wissen, dass Ihr bald schon am Galgen baumeln werdet, wenn Ihr mich nicht wieder freilasst. Mein Vater wird Euch gnadenlos jagen und aufknüpfen lassen. Ihr seid jetzt schon ein toter Mann, Pirat.«

Ledoux betrachtet ihn länger als eine Minute schweigend, seine Mundwinkel hoben sich und er begann verhalten zu lachen. Ein helles, lockeres Lachen, welches Simons Ärger allerdings eher verdrängte und erneute Furcht aufsteigen ließ.

»Der Gouverneur, dein geschätzter Vater, wird viel eher dafür Sorge tragen, dass sein hübscher Sohn unter allen Umständen am Leben bleibt.«

Simons Beine fühlten sich jetzt so weich an, dass er jeden Moment umkippen konnte. Krampfhaft versuchte er stehen zu bleiben, seine Schwäche zu verbergen. Nur nicht an der Stange abrutschten. Rasch griff er fester zu.

»Weißt du, es ist so: Sollte mir auch nur eins dieser englischen Kriegsschiffe zu nahe kommen, werde ich ihm seinen geliebten, Sohn und einzigen Erben in blutigen Einzelteilen zukommen lassen.« Abrupt hatte Jeans Stimme einen scharfen Klang angenommen, jede Weichheit war aus seinen Augen gewichen.

Geschockt sog Simon die Luft ein, hatte plötzlich keine Kraft mehr, seine wackeligen Beine gaben endgültig unter ihm nach. Er versuchte noch, mit der anderen Hand nach der Stange zu greifen, es gelang ihm nicht mehr. Rutschend sank er zu Boden, fiel schmerzhaft auf die Knie und krallte sich an der Stange fest, um nicht noch vornüber zu fallen. Keuchend atmete er, versuchte die aufkommende Schwärze entschlossen wegzublinzeln. Ledoux sollte ihn nicht so sehen.

Er würde ihn also foltern und töten lassen. Er hatte es geahnt, der Schock über die Worte, die es wahr machten, drang nur langsam in sein Bewusstsein. Verzweifelt kämpfte er darum, hochzukommen, sein Körper spielte nicht mit, gehorchte ihm nicht mehr.

Im nächsten Moment war jemand neben ihm, stützte ihn. Arme schoben sich unter seinen Achseln hindurch und zogen ihn fort von den Gitterstäben zurück auf die Matratze. Blinzelnd versuchte er bei Bewusstsein zu bleiben.

Es konnte nur Ledoux sein, der ihm zurück auf sein Lager half, der ihm gerade kühl mitgeteilt hatte, dass er ihn grausam töten würde. Kümmerlich wehrte Simon ihn ab, versuchte sich ihm zu entziehen, aber er war viel zu geschwächt, um sich gegen ihn durch zusetzten. Von unten blickte er schwer atmend in dessen Gesicht.

Die sanften Augen wirkten eher besorgt. Heftig schüttelte Simon den Kopf, bemüht, der drohenden Bewusstlosigkeit zu entkommen.

»Bleibt … weg von … mir«, stammelte er, hob die Hände abwehrend an. »Lasst mich in Ruhe.« Ledoux ließ ihn auf das Lager gleiten und trat einen Schritt zurück und nahm abermals auf der Kiste Platz.

»Das wird kaum mehr möglich sein, Simon«, vernahm dieser die Stimme durch den Nebel in seinem Kopf. »Denn ich habe dich aus einem ganz bestimmten Grund lebend hierher gebracht und du wirst am Leben bleiben, wenn mein Plan gelingt.«

Langsam setzte Simon sich auf, versuchte ihn direkt anzusehen, die schwarzen Punkte vor seinen Augen fort zu blinzeln. Es gelang ihm nur teilweise.

»Fortan wirst du mein Gefangener, meine persönliche Geisel sein, meine Garantie, dass mich keins der Kriegsschiffe angreifen wird.«

Simon verstand die Worte, aber er brauchte eine Weile um ihnen Sinn zu entnehmen, die Tragweite dessen zu erfassen, was ihm Ledoux eröffnete. Eine Geisel? Er sollte als Geisel bleiben? Auf diesem Schiff, in diesem Verschlag? Entsetzen packte ihn, die Kehle zog sich eng zusammen. In der Dunkelheit? Bei Gott!

Er schluckte hart, spürte bei der Vorstellung Panik aufkommen, in diesem Loch vor sich hinzuvegetieren, in Dreck und Gestank, der bedrückenden Finsternis. Vor allem in der schrecklichen Dunkelheit. Völlig alleine, dem Willen dieses Mannes ausgeliefert.

»Wie lange?«, brachte er hervor, wusste, wie entsetzt er Ledoux anstarrte, hörte seine Stimme beben, konnte es nicht verhindern.

»Du wirst bei mir bleiben, solange es nötig ist.« Jeans Augen glitzerten gefährlich verschlagen. »Wenn ich für richtig erachte, vielleicht sogar dein weiteres Leben.«

Simons Gedanken kreiselten um diese Drohung und kaltes Entsetzen erfasste ihn, als er begriff, wie viel schrecklicher sein Schicksal sein würde, weitaus schlimmer als Folter und Tod: Lebenslange Geiselhaft.

»Ihr seid wahnsinnig«, brachte er mühsam über die Lippen, versuchte durch die flirrenden Punkte vor seinen Augen, etwas zu erkennen. »Das könnt Ihr nicht …« Der geschwächte Körper verlangte vehement sein Recht. Das Letzte, was er verschwommen mitbekam, als er seitwärts auf das Lager sank, war Ledoux, der sich zu ihm beugte, ihm das Haar aus der Stirn strich und flüsterte: »Es könnte durchaus sein, dass ich es mir wünschen werde, stolzer, junger Lord.«

Geisel in der Dunkelheit

Als Simon die Augen wieder aufschlug, war es wieder dunkel. Offensichtlich hatte Ledoux die Lampe mit sich genommen. Langsam setzte er sich auf, starrte mutlos in die Finsternis, versuchte die ständige Furcht zu meistern. Irgendwann vermochten seine Augen immerhin Unterschiede zu erkennen, graue Schattierungen, sodass er sich zumindest im Verschlag orientieren konnte.

Abermals kam ihm zu Bewusstsein, was Ledoux ihm eröffnet hatte und er schluckte schwer. Sein Vater würde alles tun, um ihn wiederzubekommen, gleichzeitig allerdings niemals riskieren, sein Leben zu gefährden. Nie würde er jedoch ohne Beweis einem Piraten glauben, der seinen Sohn entführt hatte, dass er noch am Leben war? Wie sollte sein Vater es erfahren? Und wenn er es nicht wusste und vermutete, dass er längst tot und verscharrt war, dann würde er mit allen ihm zu Gebote stehenden Mitteln den Piraten jagen, der das Leben seines einzigen Sohnes auf dem Gewissen hatte.

Stöhnend rieb er sich übers Gesicht. In jedem Fall war er in Gefahr. Wenn eines der Kriegsschiffe Ledoux Schiff angriff, würde dieser nicht zögern, seine Drohung wahr zu machen. Egal wie, er musste sehen, dass er hier raus kam. Vielleicht würde es ihm gelingen zu entkommen, wenn sie einen Hafen anliefen? Gewiss mussten diese Piraten irgendwann anlegen und Proviant laden, dann aus dem Verschlag raus und von Bord kommen. Ganz sicher würde er nicht ewig hier drinnen bleiben, immerwährend in der stinkenden Dunkelheit. Lieber würde er bei einem Fluchtversuch sterben!

Mit dem Wissen um sein zukünftiges Schicksal, schien ihn die Finsternis umso mehr zu bedrängen, sich um ihn zu schließen, ihn zu ersticken und jedes Geräusch ließ ihn zusammenzucken, obwohl es vermutlich nur Ratten waren. Hatte er sich jemals gewünscht, wilde Abenteuer zu erleben, ein anderes, aufregenderes, als sein behütetes, vorherbestimmtes Leben zu haben? War er wirklich je so dumm gewesen?

Daheim würde man ihn gewiss schon vermissen. Ob die Piraten den Kutscher getötete hatten? Nur zu gut erinnerte er sich an die leblose Gestalt und presste kurz die Fäuste zusammen. Wie musste es seinen Vater empören, dass sie ihn direkt vor den Toren seiner Residenz entführt hatten.

Simon hatte das stolze Gesicht seines Vaters vor Augen, die blauen Augen, die kalt und abweisend dreinblicken konnten oder voll Zuneigung und Verständnis. Nach dem Tod seiner Mutter hatte sein Vater verzweifelt versucht, ihm all seine Liebe zu geben, nachzuholen, was er die Jahre zuvor in seiner Abwesenheit in Übersee versäumt hatte. Bevor er nach Saint Ibell gekommen war, hatte er ihn kaum gekannt, weil sein Vater ständig im Auftrag der Krone unterwegs war.

Noch ganz genau erinnerte er sich an die Unsicherheit, als er dem bisher fremden Mann gegenübertrat, der sein Vater war. Stolz aufrecht, abweisend hatte er auf ihn gewirkt, ein Mann, den man fürchtete oder respektierte. Erst nach und nach hatten sie zueinandergefunden, und Simon hatte sich seither stets bemüht, den Vorstellungen eines gehorsamen Sohnes zu entsprechen.

Die Dunkelheit bot ihm keine Abwechslung von den trüben Gedanken. Seufzend lehnte er sich an die klammen Holzbretter, dachte an sein Heim auf Saint Ibell.

Ob sich Claire Sorgen machen würde, obwohl sie ihn nur einmal gesehen, sie nur wenige Worte miteinander gewechselt hatten? Was wusste sie schon über ihn? Oder er über sie?

Ihre Hochzeit würde abgesagt werden müssen. Ob sie um ihn trauern würde, wenn sie vernahm, dass er von Piraten getötet worden war? Oder würde sie Trost in den Armen eines anderen Mannes finden?

Er versuchte sich zu erinnern, was er über Jean Baptiste Ledoux wusste. Sein Fechtlehrer hatte ihm gelegentlich etwas über die Freibeuter und besonders die französischen Bukaniere erzählt. Vor allem von ihren Gräueltaten hatte er ihm berichtet. Sie waren der Fluch der Karibik, eine Pest, die man ausrotten musste, mit Stumpf und Stiel. Diese Männer verbargen sich oft genug auf einer der zahlreichen Inseln der westlichen Karibik, konnten dort wochenlang unerkannt bleiben. Es war nahezu aussichtslos, sie zu erwischen, wenn man ihre Verstecke nicht kannte.

Als er vor fünf Jahren nach Saint Ibell gekommen war, gab es nur wenige Übergriffe, in den letzten drei Jahren hatten sie so stark zugenommen, dass der Handel empfindlich gestört worden war und sein Vater mehr Schiffe angefordert hatte, um der Plage endlich Herr zu werden.

Simon kannte jeden der neuen Kommodores, denn sie waren ihm auf einem Empfang im Hause seines Vaters vorgestellt worden. Fähige, entschlossene Männer, und er hatte sie bewundert, weil sie ihm wie die Verkörperung eines Ideals erschienen: mutig, tapfer, ehrenvoll, Gentleman durch und durch. So elegant hatten sie in ihren Uniformen ausgesehen, so erstrebenswert aufrecht. Gerne wollte er ihnen nacheifern.

Wie würden sich einer von ihnen verhalten, wenn sie in Gefangenschaft geraten wären? Gewiss nicht tatenlos zusammenrollen und mit dem Schicksal hadern. Vor allem würde keiner dieser Männer wie ein Häufchen Elend seekrank herumliegen.

Wütend über sich selbst kam er auf die Beine, hielt sich an den Gitterstangen fest und tastete sich an ihnen entlang einmal rundherum, bevor er sich erschöpft auf sein Lager fallen ließ. So recht wollte sein Körper noch nicht mitmachen, er würde noch etwas Zeit brauchen, diese überaus peinliche Schwäche zu überwinden. Nichtsdestotrotz war er wild entschlossen rasch seine körperliche Stärke zurückzugewinnen.

Welche Tageszeit es war, fiel schwer zu schätzen. Der Mann mit den Narben kam dreimal täglich zu ihm und anhand der Speisen versuchte Simon zu erkennen, welche Mahlzeit es sein sollte. Es war absolut hoffnungslos, denn diese variierten zwar, aber ob sie Frühstück-, Mittag- oder Abendessen darstellen sollten, wurde ihm beim besten Willen nicht klar. Am meisten vermisste er eine Tasse guten Tees.

Immerhin brachte ihm der Mann auch auf seinen Wunsch hin Wasser zum Waschen, stellte den Eimer wortlos ab und ging, nahm leider jedoch das Licht mit sich, sodass er gezwungen war, sich im Dunklen zu reinigen.

Die Zeit verging und Simons Verzweiflung wuchs mit jeder Stunde, jedem Tag in der elendigen Dunkelheit, obwohl es ihm besser ging. Meistens verbrachte er die Zeit, bis der Pirat mit seinem Essen kam, mit geschlossenen Augen, döste oder schlief. Nicht selten starrte er blicklos in die Düsternis. Die ewige Finsternis machte ihm immer mehr zu schaffen.

Stimmen schienen darin zu wispern, ihn zu locken. Die Dämonen seiner Träume nahmen in den Schatten Gestalt an, streckten ihre Hände nach ihm aus, lüstern, beängstigend und er wusste oft genug nicht, ob er träumte oder wachte. Der Teufel führte ihn immer wieder in Versuchung, konfrontierte ihn mit seinen sündhaften Gedanken, dem Wunsch nach einem starken Körper neben dem seinen, Händen, die ihn berührten, umschlossen, liebkosten. Keuchend wachte er daraus auf und lernte die Dunkelheit und ihre Verführungen immer mehr zu fürchten. Wie lange würde er diesen Einflüsterungen noch standhalten können? Diese Finsternis barg ungeahnte Schrecken, die er mehr fürchtete, als den Tod.

Irgendwann war er sogar versucht, den Mann zu bitten, ihm wenigstens eine Lampe dazulassen, nur sein Stolz verschloss ihm die Lippen, als ihn dessen spöttischer Blick traf. Ob er ahnte, was er fragen wollte? Sah man ihm seine Verzweiflung schon so deutlich an?

Simon wandte rasch den Blick ab, als der Pirat den Verschlag verließ. Niemand sollte sehen, wie sehnsuchtsvoll er dem schwindenden Licht hinterher sah. Diese Genugtuung würde er ihnen nicht geben.

Mittlerweile war er so klug, zu warten, bis sich seine Augen wieder an das Dunkel gewöhnt hatten, denn er hatte schon einmal das Wasser umgestoßen, wenn er blind nach dem Becher griff.

Wie lange würde er noch bei klarem Verstand bleiben, wenn dies tagein, tagaus so weiterging? Wie lange konnte er es aushalten, bis er verrückt wurde?

Immer öfter fühlte er sich aus der Dunkelheit heraus von unsichtbaren Augen beobachtet, starrte angestrengt in die finsteren Schatten. Da war nie wirklich etwas anderes, als die huschenden Schatten der Ratten. Bebend vor Furcht kauerte er sich zusammen, betete in seinen Gedanken zu einem Gott, der ihn vergessen hatte. Diese Düsternis würde ihn irgendwann verschlingen, ihn in ihren Abgrund reißen, wo er im tiefsten Fegefeuer verbrennen würde!

Als der Pirat das nächste Mal erschien, kam er nicht alleine und Simon registrierte erst erschrocken, dass Ledoux den Verschlag betrat, als der andere das Essen und den Eimer mit Wasser hinstellte und sich sofort zurückzog. Wie schon zuvor hatte er ein Stück Seife und ein Leinentuch mitgebracht und daneben gelegt. Hastig kam Simon hoch.

»Danke, Pierre«, sagte Ledoux mit seiner melodischen Stimme, nickte diesem zu, als der ging, wandte den Blick aber nicht von ihm. Ledoux hängte die Lampe, die er in der Hand trug, an einen Haken über ihnen auf und lehnte sich an die Gitterstäbe, machte eine auffordernde Geste.

»Wolltest du dich nicht waschen?«

Simon starrte ihn an, war sich nicht sicher, was er von ihm erwartete.

Letztlich hatte er aber endlich die Gelegenheit sich im Licht zu waschen, er sollte es ausnutzen. Geflissentlich überging er die unhöfliche Anrede. Was sollte er auch tun? Er war Ledoux Gefangener, der vermutlich nicht die Absicht hegte, ihn irgendwann entsprechend anzureden.

Rasch zog er sein Hemd aus und begann sich zu reinigen, bemüht, den anderen Mann zu ignorieren, auch wenn der ihm interessiert zusah. Jeans Blick prickelte auf der nackten Haut, bewirkte ein merkwürdig beklommenes Gefühl.

Hastig schöpfte er sich Wasser ins Gesicht, strich sich über die Bartstoppeln, die immer unangenehmer wurden. Er hasste es, doch wenn er sich nicht bald rasieren konnte, würde er einen abscheulich ungepflegten Bart entwickeln. Ihm blieb derzeit nichts anderes übrig, als die kurzen Stoppeln einzuseifen und den Juckreiz abzuwaschen.

Das Wasser roch muffig, aber er hatte ja immerhin Seife, die fein nach Lavendel duftete und durchaus von guter Qualität war. Viel besser, als er es bei diesen stinkenden, ungewaschenen Piraten vermutet hätte.

Hin und wieder blickte er verstohlen zu Ledoux hinüber, der ihn die ganze Zeit ununterbrochen musterte, dessen Gesicht jedoch ausdruckslos blieb. Unter seinem forschenden Blick getraute er sich nicht, sich völlig zu entblößen, wie er es im Schutz der Dunkelheit sonst getan hatte. Es würde diesmal genügen müssen.

»Woher stammt diese Narbe?«, erkundigte sich Ledoux, als sich Simon mit dem Tuch den Oberkörper abtrocknete. Überrascht sah er an sich hinunter. Eine feine, dünne, kaum zu bemerkende Linie zog sich unter seinen Rippen und ein wenig über den Oberkörper entlang.

»Ein Unfall«, antwortete er, ehe viel darüber nachdenken konnte. Seine Stimme klang fremd in seinen Ohren, so selten hatte er sie in der letzten Zeit benutzt. Auch wenn er mit Ledoux im Prinzip nichts zu tun haben wollte, war er dennoch ganz froh, den Klang einer menschlichen Stimme zu hören und das helle Licht genießen zu können, bevor die furchtbare Dunkelheit ihn wieder verschlang.

»Ich bin bei der Jagd vom Pferd gestürzt. Es ist gut verheilt«, erklärte er knapp, warf Ledoux einen abschätzenden Blick zu, der wissend nickte. Schweigend zog sich Simon sein Hemd über. Warum betrachtete Ledoux ihn so genau, was wollte er von ihm? Was war an ihm, was ihn derart interessierte?

»Ein Bart würde dir nicht stehen«, bemerkte Ledoux missbilligend, als Simon die letzten Knöpfe schloss. Sein Kopf ruckte hoch und er blickte

Ledoux verblüfft an. Was ging es diesen Piraten an, ob ihm ein Bart stand oder nicht?

»Ich würde ihn gewiss auch nicht stehen lassen, wenn ich die Möglichkeit hätte, mich zu rasieren«, gab er verärgert zurück. »Leider erstreckt sich der Komfort meiner Unterbringung auf diesem Schiff nicht auf solch zivilisierte Dinge.«

Damit entlockte er Ledoux zumindest ein belustigtes Schmunzeln. Er nickte ihm anerkennend zu. »Ich denke, das ließe sich durchaus ändern. Ich werde dir einen meiner Männer herschicken, um dir beim Rasieren zu behilflich zu sein.«

»Ich wäre durchaus in der Lage, mich selbst zu rasieren, Monsieur Ledoux«, schnappte er wütend zurück. Für wie jung und unbedarft hielt ihn dieser Mann nur?

Ledoux lächelte belustigt, als ihn Simon anfunkelte.

»Das glaube ich dir, nur würde ich dir ungern unbeobachtet ein scharfes Messer in die Hand geben. Bestimmt würdest du den törichten Versuch unternehmen, einen meiner Männer zu überwältigen und versuchen zu fliehen.«

»Was sollte es mir auf diesem Schiff schon nutzen? Wenn Ihr mich weiterhin in dieser elendig stinkenden Dunkelheit gefangen haltet, würde ich mir sogar höchstwahrscheinlich eher die Kehle durchschneiden und Euch alle weitere Arbeit abnehmen.« Simon schnaubte abfällig.

Ledoux' Augen verengten sich nur eine winzige Spur, aber plötzlich wirkte seine Haltung eine Nuance angespannter.

»Du hast recht«, meinte er nachdenklich. »Es ist sehr dunkel hier unten. Möchtest du, dass ich dir eine Lampe da lasse?«

Verblüfft starrte ihn Simon an. Damit hatte er nicht gerechnet. Dieser Pirat erwartete doch nicht wirklich, dass er darum bettelte, oder? Hart schluckte er, vermied einen sehnsuchtsvollen Blick zur Lichtquelle. Sie würde die Schatten vertreiben, seine Seele retten können, nur würde er Ledoux ganz gewiss nicht darum anflehen.

»Ich sehe schon. Dein englischer Stolz lässt nicht zu, dass du mich darum bittest.« Sein intensiver Blick durchbohrte Simon, der sich unbehaglich wand. Wieso durchschaute dieser Mann ihn so gut?

Ledoux betrachtete ihn, seine Augen bekamen mit einem Mal einen anderen, mitfühlenden Ausdruck. »Dabei fürchtest nichts mehr als die Dunkelheit, nicht wahr?«

Simon stand erstarrt, konnte ihn nur entsetzt ansehen. Woher wusste …?

»Nein!«, wollte er sagen, doch kein Ton kam ihm über die Lippen. Ledoux konnte nichts davon wissen. Wie auch?

»All die finsteren Schatten um dich, die sich zusammenballen, Gestalten, Gesichter formen, Zähne, Arme, Hände und Klauen. Leiber haben«, fuhr Ledoux mit eindringlicher Stimme fort. »Geräusche im Finstern, ein Kratzen, Scharren, kaum hörbare Rufe oder ein Wispern im Wind. Ratten oder doch eher dunkle Geister? Sie sind alle um dich, dringen in dich ein, nehmen dir den Atem und senden dir böse Träume. Führen dich in Versuchung.«

Ein winziges Zittern wie eine Gänsehaut überkam Simon und er starrte Ledoux aus aufgerissenen Augen an. Dieser unheimliche Mann konnte auf den Grund seiner Seele blicken, sah all seine Ängste, all die Versuchungen, gegen die er sich jahrelang standhaft wehrte. Das Schlucken fiel ihm plötzlich schwer und er wusste nicht, was er antworten sollte. Seine Finger umkrampften den Stoff des Hemdes, bebten verräterisch heftig.

Jeans Blick bohrten sich in seine Augen, hielt ihn gefangen und er fühlte, wie er den Mund öffnen, ein leises, angstvolles: »Ja«, hauchen wollte und verschloss ihn hastig, straffte sich augenblicklich.

Ledoux nickte verstehend. »Du brauchst nicht darum zu bitten, denn ich werde dir die Lampe lassen. Außerhalb dieses Raumes, damit du nicht in Versuchung gerätst, mein Schiff in Brand zu setzen.«

In Brand setzen? Das wäre doch Wahnsinn. Nie würde er auf die Idee kommen …

»Gut. Ganz offenbar hast du noch nicht daran gedacht«, fuhr Ledoux schmunzelnd fort, Simons fassungslosen Ausdruck richtig deutend. »Ich hätte es dir zugetraut.«

Hatte man ihm nur deshalb keine Lampe gelassen? Eine solche Tat wäre reiner Selbstmord. Damit hätte er nicht nur seines, sondern das Leben aller Menschen an Bord gefährdet. Ledoux traute ihm zu, dass er eine solch verzweifelte Tat beging?

»Ich wäre Euch dankbar, wenn ihr mir die Lampe lasst«, brachte er mit unsicherer Stimme hervor, seine Erleichterung gut überspielend. Er senkte den Blick, vermochte nicht, Jeans länger standzuhalten, fürchtete, wie genau dieser Mann ihn verstand.

»Mir liegt nichts daran, dir dein Leben besonders unangenehm zu machen«, erklärte Ledoux unvermittelt, hatte augenblicklich Simons ganze Aufmerksamkeit. »Ich kann mir gut denken, wie du dich fühlst.«

Misstrauisch blickte ihn Simon an. Warum schien Ledoux plötzlich derart freundlich zu werden? Er durfte ihm nicht trauen. Er war noch immer seine Geisel. Das war gewiss Absicht.

»Leider wird es sich nicht vermeiden lassen, dir die eine oder andere Unannehmlichkeit zuzumuten«, fuhr Ledoux fort. »Aber ich werde dir ab und an Gesellschaft leisten. Wir werden sicherlich noch einige Zeit miteinander verbringen.« Damit stieß er sich von den Gitterstangen ab und trat einen Schritt auf Simon zu. Dieser widerstand dem Impuls furchtsam zurückzuweichen, blickte zu ihm hoch, unschlüssig, wie er reagieren sollte. Ledoux kam ihm sehr nahe, aber ehe Simon wirklich zurückweichen konnte, strich er ihm kurz über das Kinn.

»Ich denke, wir sollten uns morgen erst einmal darum kümmern«, bemerkte er nachdenklich, als ob er mehr mit sich selbst reden würde. »Dein Gesicht ist viel zu interessant, als dass ein Bart es verdecken dürfte.«

Verdutzt starrte Simon ihn an, wusste nicht, wie er seine Worte einschätzen, was er sagen, wie er reagieren sollte. Dieser Mann gab ihm tausend Rätsel auf, sein Verhalten war seltsam und ihm gänzlich unbekannt.

Seufzend zog Ledoux sich zurück und nickte ihm zum Abschied zu. »Wir sehen uns morgen.«

Er ließ einen verwirrten Simon zurück, der noch eine ganze Weile da stand, dann erst irritiert an sein Kinn griff, wo ihn Ledoux mit den Fingern berührt hatte.

Dieser Mann war wirklich absonderlich. Vor allem aber gefährlich. Er sollte ihn nicht unterschätzen.

Die Schärfe eines Rasiermessers

Die Lampe spendete tröstendes, warmes Licht. Die Dunkelheit blieb hinter dem Lichtkegel zurück, wirkte weitaus weniger bedrohlich und Simon war Ledoux zumindest dafür dankbar.

Du bist wie ein Kind, welches sich vor Schatten und der Finsternis fürchtet, dachte er ärgerlich, wann immer er zu dem gelblichen Licht aufsah, als ob er sich versichern wollte, dass es wirklich noch da war.

Es blieb dort, gab ihm ein kleines bisschen Sicherheit in seiner trostlosen Lage zurück, vertrieb wirklich mit den Schatten auch böse Gedanken.

Noch lange, nachdem er gegessen und sich wieder auf sein Lager gesetzt hatte, fühlte er sich von Ledoux Verhalten verwirrt. Dieser Mann war überaus befremdlich. Einerseits diese unbestreitbare Sanftheit in der Stimme, in seinem Auftreten, die Intensität der Blicke, die er ihm zuwarf und andererseits die kalte Grausamkeit seiner Worte, die nüchternen Drohungen, seine gefährliche Präsenz.

Er fühlte sich ihm einfach nicht gewachsen, wurde in die Rolle eines unbedarften, törichten Jungen gedrängt. Ledoux spielte ein durchtriebenes Spiel, bei dem er nur verlieren konnte. Vor allem seinen Stolz, der im Prinzip auch alles war, was er noch hatte und was ihn daran hinderte, in der Verzweiflung zu versinken.

Sein einfaches Leben hatte sich in einen morastigen, heimtückischen Sumpf verwandelt, bei dem er jeden Tritt genau bedenken, stets versuchen musste, seinen Fuß auf trockenes, sicheres Land zu setzen, weil ihn jeder Fehler unweigerlich in die Tiefe des unbekannten Sumpfes hinabziehen konnte. Gott prüfte ihn, dessen war er sich bewusst. Nur ob er diesen

Prüfungen seiner Seele, seines Verstandes gewachsen war, dessen war er sich ganz und gar nicht mehr so sicher.

Die Aussicht, Ledoux Gesellschaft täglich erleben, ihm immer wieder aufs Neue entgegentreten zu müssen, stimmte ihn nicht gerade fröhlich und trug nicht dazu bei, seine Stimmung zu heben. Dieser Mann ängstigte ihn, weil er ihn ebenso faszinierte, wie abstieß. Eine solche Faszination sollte er nicht für ihn empfinden, für einen Piraten, einen sündigen Menschen. Schon gar nicht für einen Mann. Jede von Ledoux Berührungen löste unbekannte Gefühle aus, die ihn nicht minder stark verunsicherten, wie die Dunkelheit mit ihren Geistern und Dämonen.

Ledoux selbst schien ihm wie einer dieser Dämonen, gesandt, ihn in Versuchung zu führen, der reinen Seite seiner Seele zu entsagen.

Infolgedessen geriet er auch sofort in eine gespannte Erwartung, als zur folgenden Mahlzeit abermals Ledoux Gestalt hinter dem Mann auftauchte, den der Piratenkapitän Pierre genannt hatte. Simon erhob sich, als das Licht sich ihm schwankend näherte und er die zwei Männer im Schein der Lampe ausmachen konnte.

Pierre stellte wie stets das Essen und den Becher mit Wasser ab und ging wortlos hinaus, warf ihm im Hinausgehen aber einen wissenden Blick zu, bevor er rasch verschwand.

Voll Misstrauen sah ihm Simon nach, hatte aber nicht lange Zeit, sich zu wundern, weil Ledoux jäh seine volle Aufmerksamkeit forderte. Instinktiv spannte er sich an und holte verstohlen Luft. Seine Haut juckte unangenehm, das Herz klopfte hektisch.

»Guten Tag, Simon.« Ledoux stellte einen Hocker vor ihn und machte eine auffordernde Geste. Er wartete Simons Reaktion jedoch gar nicht erst ab, sondern setzte ein mitgebrachtes Kästchen ab und öffnete den Deckel.

Was sollte das werden? Simon sah ihn abwartend an. Über Jeans Arm hing ein sauberes Tuch und er beugte sich vor, entnahm dem Kästchen, ein Schälchen, Rasierpinsel und ein Rasiermesser und legte es neben dem Teller ab. Verblüfft starrte Simon auf das hochwertige Rasierzeug. Die Griffe des Pinsels und des Messers wirkten edel und gepflegt. Verwirrt blickte er zu Ledoux, der sich wieder aufgerichtet hatte. Wollte der ihm die Möglichkeit geben, sich zu rasieren? War dies womöglich sogar dessen eigenes Rasierzeug? Aber dafür war es viel zu vornehm. So etwas würde doch kein einfacher Pirat verwenden, oder? Wie kam er in den Besitz solch edler Gegenstände? Ah, natürlich hatte er sie geraubt.

Unsicher, ob er sich nun selbst die Utensilien nehmen durfte, sah Simon Ledoux an. Vertraute er ihm doch soweit? Wahrscheinlich nicht, denn der auffordernden Geste folgte eine weitere: »Nimm Platz, Simon. Ich werde dich rasieren.«

Entgeistert sah er zu ihm hoch, spannte sich fluchtbereit an. Sein Blick schweifte zu dem Rasiermesser auf dem Tisch. Er wollte ihn damit rasieren? Bei Gott, das Messer war unglaublich scharf.

Ledoux war seinem Blick gefolgt, lächelte nachsichtig, aber Simon war sich sicher, es in den Augen auch gefährlich aufblitzen zu sehen. Beiläufig nahm Ledoux das Schälchen und die Rasierseife zur Hand, um den Schaum aufzuschlagen. Simon konnte den Blick erst nicht von dem Messer und dann von Jeans schlanken Fingern lösen.

»Fürchtest du etwa, ich würde dich dabei verletzen? Hast du gar Angst vor mir? Oder geht es gegen deine Ehre, mein englischer Lord, dich mir bei so etwas Harmlosem, wie einer einfachen Rasur anzuvertrauen?«

Simon schluckte jede ärgerliche Entgegnung hinab, aber die Worte rissen ihn tatsächlich aus seiner Erstarrung. Natürlich fürchtete er sich nicht davor. Wenn ihn dieser Pirat töten wollte, gab es genug bessere Gelegenheiten. Der Vorwand einer Rasur wäre sicherlich einer der dümmsten und völlig unnötig. Ledoux spielte nur sein perfides Spiel mit ihm und er würde sich ihm wohl oder übel stellen müssen. Welche Wahl hatte er auch schon?

Kopfschüttelnd trat er mit zusammen gepressten Lippen näher, sagte nichts, nahm aber auf dem Hocker Platz und vermied es, seine Hände zu Fäusten zu ballen. Stattdessen legte er sie ausgestreckt, scheinbar lässig und entspannt auf seine Oberschenkel. Sichernd warf er einen Blick zu Ledoux, der ihm freundlich zunickte und hinter ihn trat, den Rasierschaum weiter schlagend.

Simons Rücken prickelte, die Blicke schienen in seine Haut zu dringen und er lauschte angespannt auf Ledoux' Bewegungen. Das Schälchen wurde abgestellt und ein Lappen ins Wasser getaucht.

Simons Nerven waren zum Zerreißen gespannt und so zuckte er instinktiv zusammen, als er Ledoux' Hände auf seinen Schultern spürte und er spannte den Oberkörper augenblicklich an. Jeans Hände wanderten am Hals und den Schlüsselbeinen entlang nach vorne zum Hemd, öffneten betont langsam den obersten Knopf. Ob er sich mit Absicht soviel Zeit ließ? Ledoux musste seine Anspannung fühlen. Simon konnte seinen Atem hören, der ihm warm über den Nacken strich.

Er selbst wagte kaum zu atmen. Mit jedem Atemzug, bei jeder Berührung der Fingerspitzen auf seiner warmen Haut, fiel es ihm schwerer, nicht aufzukeuchen. Er wurde von einer unbekannten Erregung ergriffen, als die Hände unter seinen Kragen glitten, ihn weiter öffneten, das Hemd zurückschoben.

»Es soll doch ganz bequem für dich sein«, vernahm er Jeans weiche, melodische Stimme. Die Finger fühlten sich kühl und etwas rau an, sandten Schauer über den Rücken. Dann waren sie auch schon wieder fort und abermals fuhr Simon nervös zusammen, als Ledoux ihm nun schwungvoll ein Tuch umschlang und im Nacken verknotete.

Erschrocken sog Simon die Luft ein, als sich unerwartet schlanke, kühle Finger auf seine Wangen legten und er wandte den Blick abrupt seitlich nach oben. Jean lächelte ihn geheimnisvoll an, während seine Finger leicht über die Bartstoppel wanderten.

Das winzige, verräterische Beben seiner Lippen zeugte nur zu genau von Simons Nervosität und er presste sie entschlossen aufeinander. Diesen Mann mit einem mal so nah an sich herankommen zu lassen, kostete ihn alle Überwindung, die er aufbringen konnte. Seine Nähe war Bedrohung und Versuchung gleichzeitig. Simon Handflächen schwitzten, sein Herz pochte hart und schnell in der Brust und er hoffte inständig, dass Ledoux es nicht bemerken würde.

Lächelnd griff dieser nach dem feuchten Lappen, fuhr ihm damit weich über das Gesicht. Simon erstickte rechtzeitig einen überraschten Laut, denn die Feuchtigkeit war wider Erwarten warm und überaus angenehm.

Warmes Wasser. Wie lange hatte er einen solchen Luxus nicht mehr erleben dürfen. Mühsam unterdrückte er ein weiteres wohliges Seufzen, als das Wasser über seine juckende, trockene Haut floss. Für einen winzigen Sekundenbruchteil war er versucht, die Augen zu schließen, diese unerwartete Wohltat zu genießen, aber hastig riss er sie wieder ganz auf.

Ledoux ließ sich Zeit, fuhr wieder und wieder mit dem frisch angefeuchteten Lappen übers Kinn, weichte die Stoppeln gründlich ein. Die unerwartete Wärme bewirkte, dass Simon sich tatsächlich um einige Nuancen entspannte. Es war einfach zu angenehm, auch wenn diese Behandlung von eben jenem Mann kam, der für sein Elend verantwortlich war.

Die Sehnsucht nach seinem komfortablen, vorigen Leben kam unerwartet, traf Simon unvorbereitete und drohte ihn mit ihrer Wucht zu überwältigen. Für einen winzigen Sekundenbruchteil, spürte er das Brennen von Tränen in den Augen, dann hatte er sich schon wieder im Griff. Lange

Jahre hatte er gelernt, seine wahren Gefühle geschickt zu verbergen und vor diesem Mann würde er jetzt ganz gewiss nicht derart viel von sich preisgeben. Vor allem nichts, was ihn verletzlich erscheinen lassen würde.

Hastig schloss Simon für einen Moment die Lider, blinzelte ein paar Mal, als ob ihm vielleicht nur ein wenig Wasser ins Auge geraten war und versuchte aus dem Augenwinkel zu erkennen, ob Ledoux etwas mitbekommen hatte. Aber der Pirat legte lediglich den Lappen ab und rührte den Schaum abermals auf, während er das Schälchen an sich nahm. Erleichtert atmete Simon aus. Eine solche Schwäche durfte er sich vor diesem Mann nicht erlauben.

»Lehne den Kopf etwas zurück«, empfahl Ledoux ihm, als er nun seitlich an ihn herantrat, sich vorbeugte, sein Kinn und Wangen einzuschäumen begann. In weichen, kreisenden, streichelnd erscheinenden Bewegungen strich der Rasierpinsel über die feuchten Stoppeln und Simon zwang sich, ruhig und gleichmäßig zu atmen, die ständigen Schluckbewegungen seines Adamsapfels so gut es ging zu verbergen.

Himmel, war er nervös.

Dieser Mann verunsicherte ihn mit jeder seiner Bewegungen, mit jeder seiner Taten. Simon war sich bewusst, dass Jean vermutlich genau das beabsichtigte, ihn zu demütigen, ihn schwach wirken zu lassen. Aber er war wild entschlossen, sich nicht die geringste Schwäche anmerken zu lassen, egal was dieser Mann tat.

Aber bei Gott, so unglaublich unsicher war er selten zuvor gewesen. In seinem bisherigen Leben hatte er sich nie auf diese Weise vor einem anderen Mann beweisen müssen.

Dabei war er es ja durchaus gewöhnt, dass man ihn rasierte, obwohl er mittlerweile bevorzugte, es selbst zu tun. Hier und heute wagte er nicht zu protestieren, zwang sich dazu, den Blick starr auf einen Punkt an der Decke zu fixieren, und nahm dafür mit seinen anderen Sinnen umso deutlicher wahr, was Jean mit ihm tat.

Sein Instinkt rief ihm ständig warnend zu, dass er in höchster Gefahr war, dieser Mann ihn in das tiefste Sumpfloch zu locken vermochte und er hoffnungslos darin versinken würde, wenn er es nur zuließ. All seine Nerven, alle Sinne waren bis aufs Äußerste gespannt.

Er atmete ganz flach und hektisch, als Ledoux schließlich das Messer ansetzte und in überaus langsamen, bedächtigen, beinahe kunstvollen Bewegungen, über Kinn und Wangen fuhr. Das leise, schabende Geräusch füllte Simons Ohren, übertönte das wilde Trommeln seines Herzens, zerrte an den Nerven, verursachte eine Gänsehaut auf Rücken und Armen. Nur nicht bewegen.

»Du musst dich nicht vor mir fürchten«, raunte Jean auf einmal, als er um ihn herum und vor Simon trat, sein Kinn leicht anhob. Ernste Augen blickten ihn an. Diesmal konnte er die harte Schluckbewegung nicht rechtzeitig unterdrücken, seine bebenden Lippen nicht verbergen, daher reckte er das Kinn etwas stärker und zwang sich dazu, Ledoux direkt herausfordernd in die braunen Augen zu blicken.

»Ich … fürchte mich nicht«, quetschte Simon mutig hervor, verwünschte das Zittern seiner Finger, die Kälte in seinem Rückgrat, das scharfe Messer an seiner Kehle. Ledoux lächelte nachsichtig und Simon verfluchte auch ihn, der ganz offenkundig genau wusste, wie er sich fühlte, was er in ihm auslöste und seine Überlegenheit auskostete.

»Ich will dir heute wirklich nichts tun, dich nur von diesem unansehnlichen Bart befreien«, versicherte Ledoux noch immer lächelnd, drückte behutsam sein Kinn seitwärts, um an die restlichen Stoppeln zu kommen. Es war beinahe unmöglich, ihn dabei im Blick zu behalten, aber Simon versuchte es dennoch, verdrehte die Augen in seine Richtung, spürte das scharfe Metall der Messerklinge über seine Haut kratzen.

Ein Schnitt, nur etwas stärkerer Druck und er würde sein Leben elend und unwürdig in diesem dreckigen Verschlag aushauchen. Egal wie sehr er es versuchte, der Gedanke war da, nistete sich hartnäckig im Hinterkopf ein und war nicht bereit, sich von dort vertreiben zu lassen. Dieser Pirat konnte alles mit ihm tun, er durfte ihm nicht trauen. Auf gar keinen Fall wollte er so würdelos sterben. Nervös leckte er sich die trockenen Lippen.

Es war eben etwas anderes, den drohenden Tod durch die Hand dieses Piraten vor Augen zu haben oder sich voll Verzweiflung selbst den Tod zu geben, woran er zuvor auch schon gedacht hatte. Aber dazu würde ihm immer der Mut fehlen. Eine solche Todsünde würde er niemals begehen, egal was Ledoux ihm antat, schwor er sich. Er war ein Ehrenmann, das würde er immer bleiben.

Erleichtert entließ Simon den angehaltenen Atem, als Ledoux das Messer zum letzten Mal abstrich, und mit einem leisen Klirren auf der Kiste ablegte. Verflucht, seine Brust hob und senkte sich so heftig, Jean musste einfach bemerken, wie nervös er war. Wie ein zitternder Junge, der Angst vor einer unbekannten Strafe hat. Er benahm sich einfach lächerlich und in keiner Weise wie ein echter Gentleman.

Simon schluckte den Kloß in seiner Kehle entschlossen hinab, richtete sich auf und griff selbst nach dem Lappen, kam Ledoux einen winzigen Sekundenbruchteil zuvor, sodass ihre Finger sich berührten. Aber Simon zog seine Hand nicht zurück, umklammerte den Stoff stärker und blickte Jean direkt an, bis dieser den Griff lockerte, ihm das Stückchen Stoff aber noch nicht ganz überließ. Die Finger lagen leicht und kühl auf seinen.

»Ihr betrachtet einen feuchten Lappen sicherlich nicht als gefährliche Waffe, oder?« Simon bemühte sich, seiner Stimme einen sarkastischen Unterton zu geben. Ledoux richtete sich etwas auf, blickte ihn unverwandt an. »Ich sehe mich durchaus selbst in der Lage, mich damit zu reinigen, wenn Ihr gestattet. Ich brauche Eure Hilfe dabei nicht.«

Nur langsam, scheinbar widerwillig zog Ledoux seine Hand zurück und deutete ein winziges Nicken an. Seine Augen funkelten belustigt, aber Simon beschloss, ihn zu ignorieren, wusch sich den Schaum selbst ab. Es war ein wunderbares Gefühl, glattrasierte Haut zu berühren und er fühlte sich erfrischt und sauberer als zuvor. Gleichzeitig kehrte auch ein Teil seines Selbstbewusstseins zurück.

Nachdem er alles abgewaschen hatte, räumte er die Utensilien in das Kästchen zurück, auch um sie dabei genauer in Augenschein zu nehmen. Er wusste genau, dass ihn Ledoux noch immer beobachtete, aber er wandte sich ihm erst wieder zu, als er den Deckel schloss.

Dies waren wirklich hochwertige Utensilien. Solches Rasierzeug stand einem Adeligen zu und ganz gewiss hatte der Pirat sie irgendwo gestohlen. Vermutlich wusste er nicht einmal von ihrem Wert. Sicherlich war dieser Mann nichts weiter, als ein einfacher Mann, ein Gesetzloser, auch wenn er sich durchaus wie ein Adeliger bewegte und gab. Er war nur ein einfacher Pirat.

Entschlossen wandte sich Simon ihm zu. »Ich danke Euch dafür.« Entschlossen hielt er dem intensiven Blick stand. Ledoux' Mundwinkel bewegten sich etwas nach oben, deuteten ein Lächeln an und er trat einen Schritt zurück, lehnte sich gegen die Gitterstäbe.

»Du bist nicht auf Saint Ibell geboren«, stellte er nach einigen Minuten des unangenehmen Schweigens und des Blickduells zwischen ihnen fest.

»Nein«, bemüßigte sich Simon ihm zu antworten, unterbrach ihren Blickkontakt, um den Teller mit ein wenig salzigem Trockenfleisch, dem typischen Zwieback und einer undefinierbaren, klebrigen Masse an sich zu nehmen. Misstrauisch beäugte er die Speisen, allerdings hatte er sich längst daran gewöhnt, dass er nie recht wusste, was er aß. Zudem schmeckte alles annähernd gleich schal, was er zu sich nahm.

»Wie lange lebst du schon in der Karibik?«

Simon versuchte abzuschätzen, warum Ledoux sich mit ihm beschäftigte, derart freundlich auftrat. Welchen Vorteil erhoffte er sich davon? Wollte er irgendwelche Informationen von ihm bekommen? Damit konnte er ganz gewiss nicht dienen, denn über die Aktivitäten seines Vaters wusste er nicht Bescheid. Es hatte ihn nie interessiert.

»Seit fünf Jahren.« Sollte er sich über das Gespräch mit dem Piraten freuen oder sich vor ihm in Acht nehmen? Ohnehin würde er ihm keine Auskünfte geben können, also warum sollte er sich nicht mit ihm unterhalten? Es tat gut, menschliche Gesellschaft zu haben, auch wenn es nur die dieses Mannes war. Keine Schatten mehr in der Finsternis.

»Auch ich stamme nicht von den Inseln«, überraschte ihn Ledoux. Simon drehte sich nun doch zu ihm hin, musterte ihn genau. Jeans Blick schien irgendetwas über ihm zu fixieren.

»Ihr seid Franzose«, bemerkte er, packte möglichst viel Verachtung in seine Stimme und hatte augenblicklich Jeans Aufmerksamkeit. Dessen Mundwinkel zuckten, aber er nickte nur leicht, lediglich die Augen verengten sich.

»Ja, ich komme ursprünglich aus Frankreich.« Sein Ausdruck war nicht zu deuten, aber er lächelte. »Meine Heimat liegt in den wundervollen, einsamen Bergen im Süden. Ich bin groß geworden zwischen schroffen Felsen, kargem Bergland voller Büsche und einem heulenden Wind. Vom Hochplateau geht der Blick weit über die zerklüfteten Hänge und grünen Täler, die Felder und kleinen Dörfer. Ein wildes, schönes, ein raues, einsames Land.«

Er seufzte, sein Blick war auf einen Punkt hinter Simon gerichtet und sein Gesicht wirkte plötzlich weicher.

»Ein so freies Land! Nur für mich bot es keine wahre Freiheit, keine Erfüllung meiner Seele.«

Verwundert sah ihn Simon an. Jean sprach mit ungewöhnlicher Leidenschaft in der Stimme, solcher Inbrunst und etwas, was beinahe wie Verlangen klang. Einen winzigen Augenblick konnte er endlich hinter die Fassade des berüchtigten Piraten sehen, erkennen, was dieser Mann auch war: ein Mann mit Passion, Sehnsucht, einer vielleicht traurigen Vergangenheit, einer anderen Heimat. Ein Mann, der auch verletzlich schien, der eventuell bereits verletzt worden war, dachte Simon plötzlich. Dieser Jean Ledoux war anders.

Davon ermutigt, warf er ihm einen betont verächtlichen Blick zu und bemerkte kühl: »Ein weiter Weg, um nun mordend und raubend hier ein ruchloses Leben als Pirat zu führen. Ein ewig Gejagter und weniger wert als Abschaum, nur die Pest dieses Meeres.«

Jeans Blick richtete sich wieder auf ihn. Abwartend sah ihn Simon an, aber Jean starrte ausdruckslos zurück, die Worte schienen ihn nicht zu treffen. Simon hingegen legte all seine Abscheu in die nächsten Worte, ließ sich von der aufgestauten, hilflosen Wut seiner unwürdigen Gefangenschaft hinreißen, wollte diesen kalten, berechnenden Mann treffen und verletzen.

»Ihr habt keine Ehre und ich hoffe nur, dass Euer verdienter, unausweichlicher Tod am Galgen, ein langsamer und qualvoller sein wird.« Die letzten Worte spukte er förmlich aus, holte tief Luft und ballte seine vor Wut zitternden Hände.

Der Teller drohte ihm vom Schoss zu rutschen und er griff hastig danach, stellte ihn zurück auf die Kiste und starrte Jean herausfordernd an. Am ganzen Körper bebend stand er schließlich auf, als sich Jean noch immer nicht rührte. Ein winziger, vernünftiger Teil warnte ihn, dass er vorsichtiger sein sollte, diesen Piraten so zu provozieren, indes er wollte gerade nicht darauf hören.

»Da müsst ihr mich entführen um Euer erbärmliches, wertloses Leben vor der gerechten Strafe zu schützen? Seid Ihr etwa nicht in der Lage, Euch einem ehrenvollen Kampf zu stellen?«, fauchte er den reglosen Jean weiter an.

Es tat so gut, der Wut endlich Ausdruck zu verleihen. Viel zu lange hatte er furchtsam, geduckt, gedemütigt gesessen und ständig um sein Leben gebangt. Wenn ihn Ledoux töten wollte, dann sollte er es offen, in einem fairen Kampf tun. Dann würde er sich ihm stellen, sterben oder siegen, aber wenigstens war er selbst in der Lage, über sein Schicksal zu entscheiden. Mehr oder weniger.

Die braunen Augen musterten ihn, machten ihn immer ungehaltener, weil Jean gar nicht auf seine Worte reagierte. Ganz langsam hoben sich Jeans Mundwinkel nun doch zu einem Lächeln.

»Du glaubst wahrhaftig noch, dass es so etwas, wie einen fairen Kampf gibt? Kein Kampf ist je fair, wenn man ihn wirklich gewinnen will.« Er lächelte nachsichtig und fügte sanft hinzu: »Du bist noch so herrlich jung und unerfahren, mein ehrenhafter Lord.«

»Das sagt Ihr, der Ihr keine Ehre mehr besitzt!« Am liebsten hätte er sich auf diesen arroganten Mann gestürzt und ihm eine Lektion erteilt.

Ein kleiner Rest Vernunft hielt ihn jedoch davon ab. Jean war ihm überlegen, er wusste es instinktiv.

»Ihr kämpft nicht fair. Eure Waffen sind Heimtücke und Arglist. Darin ist nichts Ehrenvolles. Ihr seid nichts als ein dreckiger Pirat, ein Halunke und Dieb.« Jean schien nicht im Mindesten von seinem Zorn beeindruckt zu sein, blickte ihn offensichtlich erheitert an.

»Ich wusste ja nicht, wie viel Temperament, mein kleiner, kühler Engländer doch haben kann«, meinte er schmunzelnd. »Oh, ja, ich werde sehr viel Freude mit dir haben, dessen bin ich mir sicher. So jemand wie dich habe ich noch nie gehabt.«

Jean lachte verhalten, seine Augen sprühten vor Freude und damit entzündete er in Simon die schwellende Wut zu einem lodernden Brand.

Verflucht sollte er sein! Ledoux nahm ihn nicht ernst, schien höchstens milde amüsiert und er wagte es, ihn als sein Eigentum zu bezeichnen? Er war doch kein Sklave, er war niemandes Besitz, würde es nie sein.

»Macht Euch nicht über mich lustig, Monsieur Ledoux. Und ich bin ganz gewiss nicht Euer, noch sonst jemandes Eigentum. Ich gehöre niemandem!«, schrie ihn Simon zornentbrannt an. All seine hilflose Wut brach sich in diesen Moment Bahn, als er ohne nachzudenken vor sprang und diesem verfluchten Piraten die Faust ins Gesicht schlagen wollte.

Jeans Hand kam viel schneller hoch, fing den Schlag kurz vorm Gesicht ab. Fest umklammerte er das Handgelenk. Simon keuchte auf, versuchte sich jäh zurückzuwerfen, ihn mit der anderen Faust zu treffen. Jean war abermals schneller, ergriff auch noch die andere freie Hand und hielt beide Handgelenke im starken Griff. Ehe sich Simon versah, drückte ihn Jean auch schon an die gegenüberliegenden Gitterstäbe, presste ihn hart dagegen und fixierte ihn mit seinem Körper.

»Meinst du wirklich, du bist mir gewachsen, Simon?«

Erschrocken rang er nach Luft. Jeans Gesicht näherte sich ihm, die Augen schienen zu glühen, ihn zu verschlingen, wie die Dämonen in seinen sündigen Träumen.

Dieser Mann kam ihm viel zu nahe. Er spürte den kräftigen, sehnigen Körper, der sich an ihn presste. Sein Geruch stieg ihm in die Nase, ein Duft von Mann, Schweiß und feiner darunter, völlig überraschend: Lavendel.

Viel zu nahe, viel zu nahe. Panisch kämpfte Simon um seine Freiheit, um die Kontrolle über seinen Körper. Hitze stieg in ihm auf, ran durch ihn wie das Feuer der Hölle. Seine Seele selbst war in höchster Gefahr, wenn dieser Mann nicht von ihm ablassen würde.

»Lasst mich unverzüglich los!«, zischte er, warf sich abrupt seitwärts und riss Jean tatsächlich durch die schiere Wucht mit sich. Der ließ zwar eine Hand los, aber ehe Simon sich weiter wehren konnte, hatte er ihm den rechten Arm schmerzhaft auf den Rücken gedreht. Der andere Arm schlang sich um Simons Taille, fing dessen freien Arm ein und machte ihn gänzlich wehrlos.

Wütend und mit zunehmend aufkommender Furcht kämpfte Simon um die Freiheit, wand sich hin und her, versuchte nach Ledoux zu treten, stieß indes nur den Hocker um. Was er auch tat, der Griff lockerte sich nicht.

Jean presste sich noch stärker an ihn, war so gefährlich dicht. Durch die Kleidung hindurch spürte er die Wärme des anderen Körpers. Als ob sie in ihn sickern würde, wie schleichendes Gift. Simon kämpfte gegen den Griff, gegen die merkwürdigen Empfindungen in ihm, aber er vermochte nicht freizukommen.

Der Schmerz wurde schier unerträglich, als Jean ihn weiter nach oben drückte. Simon stöhnte gequält, er hatte das Gefühl, der Knochen würde unter dem unbarmherzigen Druck nachgeben.

»Nicht!«, keuchte er entsetzt, stellte die Gegenwehr ein. Gleich würde Ledoux ihm den Arm brechen. Alles loderte, glühte vor Schmerz. »Bitte …« Es klang viel zu flehentlich, er wusste es, aber die Pein raubte ihm die Sinne, er wollte nur, dass es aufhörte, Jean ihn endlich losließ. Solche Qualen.

»Du gehörst mir, Simon«, raunte Jean, Lippen berührten das Ohr. »Dein Leben, deine Seele, alles was du bist gehört auf ewig mir.«

Simon verstand kaum die Worte des Dämons, in den sich Jean verwandelt hatte, der Schmerz jedoch nahm endlich ab. Er rang nach Luft, seine Beine drohten unter ihm nachzugeben, so erleichtert war er, als Jean den Griff lockerte.

»Du gehörst zu mir«, hauchte Jean abermals, der Atem strich über Simons Nacken, erzeugte eine prickelnde Gänsehaut. »Ich allein werde darüber entscheiden, was mit dir geschieht. Ob du leben, oder sterben wirst. Unser Schicksal ist untrennbar miteinander verbunden. Darauf habe ich lange gewartet. Du bist mein.«

Endlich ließ er los und Simon taumelte nach vorne, hielt sich den schmerzenden Arm und wandte sich hastig um. Vor ihm stand kein Dämon, kein Teufel, nur ein Mann: Jean Ledoux. Fassungslos starrte er ihn an, unfähig etwas hervorzubringen. Der pochende, peinigende Schmerz verlangsamte sein Denken und Jeans Worte hinterließen nichts als Kälte und Taubheit.

Jean lächelte zufrieden, als ob rein gar nichts geschehen wäre, nahm das Kästchen an sich, nickte ihm zu, als er den Verschlag verließ. Hinter sich schloss er ab und musterte Simon, der noch immer reglos da stand und ihm hinterher starrte.

»So gefällst du mir viel besser, mein Simon«, bemerkte er selbstgefällig grinsend, sein Mund zuckte. »Nichts sollte je dein ausdrucksvolles Gesicht und diese leidenschaftlichen Augen entstellen.«

Damit wandte er sich um und ging, ließ ihn verstört und verängstigt zurück.

Vor ihm hatte sich ein brodelnder Höllensumpf voll entsetzlichen Gefahren weit aufgetan. Simon stöhnte auf. Er hatte den sicheren Pfad seines Lebens verlassen und er wusste, dass er kaum hoffen konnte, sich je selbst aus diesen Irrwegen und dem sündigen Morast zu befreien.

Harte Erkenntnisse

Der Schmerz wich langsam einem tauben, dann einem prickelnden Gefühl, als Simon ihn vorsichtig wieder bewegte. Erleichtert rieb er sich darüber. Zum Glück war er nicht wirklich gebrochen, er konnte ihn komplett bewegen.

Das Entsetzen, zum ersten Mal in seinem Leben in eine solch gefährliche Situation gebracht zu werden, grub sich tief in sein Bewusstsein. Jean hätte ihm ganz leicht den Arm brechen können. Er war so erbärmlich hilflos gewesen. Schaudernd schloss er die Lider.

Natürlich wusste er, wie man kämpft. Daheim war er im Faustkampf und mit dem Degen ausgebildet worden, aber dies hier war etwas ganz anderes. Ledoux hatte ihm wirklich Schmerzen bereiten wollen, nicht angetäuscht, nicht gespielt. Es war kein Kampf, der endete, wenn einer der Gegner es sagte. Dies war echt gewesen.

Die Erkenntnis traf Simon hart, dass er in einem wahren Kampf Mann gegen Mann nicht die geringste Chance gegen Ledoux hatte. Lebensbedrohliche Verletzungen und Qualen waren bisher eher Utopien gewesen, die er nicht zu fürchten hatte. Einen Hauch davon zu spüren, zu wissen, zu was Ledoux in der Lage war, verursachte Kälte und neue Übelkeit.

Langsam ließ er sich auf sein Lager sinken, starrte betroffen auf den umgekippten Wassereimer und die schaumigen Überreste. Der gleiche Mann, der ihn eben sorgfältig und gekonnt rasiert hatte, der ihm stellenweise sogar wie ein früherer Gentleman, ein Adeliger erschien, war ebenso in der Lage, ohne zu Zögern Knochen zu brechen, ihn schwer zu verletzen.

Was sollten die seltsamen Worte vorhin bedeuten? Betrachtete er ihn tatsächlich als sein persönliches Eigentum? Was hatte es damit auf sich?

Oder wollte er ihn nur zusätzlich verwirren und demütigen? War das Teil seines merkwürdigen Spiels? Simon konnte sich keinen Reim darauf machen. Jean hatte ihn schon zuvor als seine persönliche Geisel bezeichnet, aber was genau er damit meinte, war ihm nicht klar.

Seine Gefangenschaft war viel mehr, als nur eine Geiselnahme. Gänzlich ausgeliefert war er ihm, viel stärker, als er es sich ausmalen konnte. Dieser Mann konnte ihm alles antun, nicht nur seinem Körper, er verfügte ganz offenbar auch über Mittel und Wege die Seele zu erreichen, ihn in seinem Innersten zu treffen und zu verwunden.

Was beabsichtigte er noch ihm anzutun? Der Tod schien gegen das, was er noch erleiden musste beinahe verlockend. Jean war wie Dämon und Teufel zugleich, dessen Augen menschlich wirkten und der mit menschlicher Stimme sprach, aber dessen Gift sich schleichend ausbreitete.

Der abrupte Wechsel zwischen Sanftheit und Grausamkeit verängstigte Simon zutiefst. Er würde vor diesem Mann extrem auf der Hut sein müssen, ihm niemals wieder unbesonnen entgegentreten oder ihm gar den ungeschützten Rücken zudrehen. Wenn er eine Chance haben wollte, dann durfte er keine verletzliche Seite zeigen, sich nicht aus der Reserve locken lassen.

Er blickte zu der Lampe hoch, seufzte leise. Dieser Sumpf in den er geraten war, war viel tiefer, mysteriöser und gefährlicher, als er sich je hätte träumen lassen. Sein bisheriges Leben hatte ihn nie darauf vorbereitet, in eine solche Situation zu geraten, die Standhaftigkeit, Ehre und Stolz so auf die Probe stellte.

Das Licht spendete nur wenig Trost, aber hinter ihm blieben immerhin die Schatten zurück. Wenigstens hatte er ihm die Lampe da gelassen. Wenn er jetzt in der Finsternis hätte bleiben müssen, wäre er gewiss verrückt geworden.

Die nächsten Mahlzeiten brachte ihm Pierre, aber Simon beachtete ihn nicht weiter, versuchte alle Blicke zu ignorieren und ein unbeteiligtes Gesicht beizubehalten. An erholsamen Schlaf wagte er nicht mehr zu denken, denn er schreckte jedes Mal aus dem Halbschlaf hoch, aus Furcht, die Lampe könne ausgehen, oder Jean würde zurückkehren. Es vergingen mehrere Mahlzeiten, folglich auch ein bis zwei Tage, in denen er nicht auftauchte. Simon fürchtete seine Rückkehr einerseits. Andererseits sehnte er sich ebenso nach menschlicher Gesellschaft.

Unruhig lief er in seinem Verschlag hin und her, rastlos, aufgewühlt. Es gab rein gar nichts, was er tun konnte. Der Raum war winzig, vier Schritte in jede Richtung. Er zählte die Gitterstäbe, rüttelte an jedem, hoffte, dass einer davon lose wäre, er ihn vielleicht mit etwas Kraft lockern könnte, aber sie saßen fest, verhöhnten seine hilflosen Versuche.

Langsam gewöhnte er sich an das Schwanken des Schiffes, bewegte sich sicherer, musste sich nicht mehr an den Gitterstäben abstützen. Es gelang ihm bald schon, frei im Raum zu stehen und die rollenden Bewegungen auszugleichen. Irgendwann begann er Gedichte zu rezitieren, die er einst gelernt hatte, sprach sie leise vor sich hin, brachte die Schritte entlang der Gitterstäbe in den Rhythmus ihrer Zeilen. Auch wenn es nur seine Stimme war, die die Dunkelheit hinter dem Lichtkegel füllte, tat ihr Widerhall doch gut. Außer Ratten, die hin und wieder neugierig in den Bereich aus Licht trippelten, sich witternd umsahen, ihn mit ihren großen, dunklen Augen musterten, gab es nichts zu sehen. Das Licht vertrieb erfolgreich auch Simons innere Dämonen, nicht aber seine Furcht vor seiner ungewissen Zukunft.

Er lehnte die Stirn gegen die Stangen seines Gefängnisses, umklammerte die Stäbe rechts und links und starrte auf das Stückchen hellen Bodens. Unerreichbar, unbetretbar. Er zuckte zusammen, als die Schatten sich verdichteten und er eine menschliche Gestalt wahrnahm. Wie die Ratten zuvor, war Jean völlig unvermittelt lautlos in eben jenem Licht aufgetaucht. Weniger als einen Meter von ihm entfernt blickten ihn die braunen Augen an.

Erschrocken wich Simon zurück, ermahnte sich selbst und unterband die Bewegung. Er richtete sich auf, straffte die Schultern und schloss hastig den Mund. So leise wie ein Tier war er herangeschlichen und wieder fragte sich Simon, ob Jean ihn zuvor beobachtet hatte. Lauerte er sonst auch irgendwo in der Dunkelheit und ergötzte sich an dem Anblick seines verzweifelten Gefangenen? Ein furchtbarer Gedanke.

Simon lief ein Schauder den Rücken hinab. Jean schwieg, kam nicht näher, starrte ihn weiterhin intensiv an. Bedrückende Stille breitete sich aus und Simon wusste genau, dass er dieses Blickduell verlieren würde. Zu seiner Verwunderung brach Jean es als erster ab, begann zu lächeln und nickte ihm zu.

»Wie ich sehe, geht es dir immer besser.« Er trat an die Tür und schloss auf. Simon wich zurück, bis er die Gitterstäbe im Rücken hatte. Jean kam herein, schloss die Gittertür hinter sich und zog den Hocker heran. Wortlos nahm er darauf Platz, legte Papier und einen Federkiel auf die Holzkiste. Er entnahm er der Tasche seines Rocks ein Tintenfass und stellte es dazu. Erst dann sah er zu Simon hoch, der ihn nervös betrachtete.

»Ich möchte, dass du einen Brief für mich schreibst.«

»Einen Brief?«, entkam es Simons enger Kehle, in der sein Herz zu schlagen schien. Er schluckte, sah irritiert von den Schreibutensilien zu Jean und zurück.

»Ich denke, es ist an der Zeit deinem Vater mitzuteilen, dass du noch lebst und wie es dir geht, meinst du nicht?« Das Lächeln wirkte nicht freundlich, sondern wie das eines hungrigen Tieres, lauernd, heimtückisch.

»Ihr wünscht, dass ich meinem Vater einen Brief schreibe?« Winzige Hoffnung keimte in ihm auf. Vielleicht wollte man ihn ja gegen ein Lösegeld freigeben. Vielleicht gab es doch einen Weg für ihn hinaus aus diesem Verschlag, zurück in sein normales Leben.

Jean nickte, machte eine auffordernde Geste. Simon stieß sich von den Gitterstäben ab, trat heran und setzte sich nach kurzem Zögern doch auf seine Matratze. Er behielt Jean im Auge, der ihm auffordernd das Papier zu schob.

»Dein werter Vater soll wissen, dass du noch immer lebst. Ich möchte, dass du ihm einen freundlichen Brief schreibst. Teile ihm mit, wer dich gefangen hält.«

»Warum schreibt ihr es ihm nicht selbst?« Simon konnte der Frage keinen verächtlichen Nachdruck verleihen, wie er es eigentlich beabsichtigt hatte.

Abermals lächelte Jean nachsichtig. »Ich spreche eure Sprache, aber ich kann sie nicht schreiben. Diese hässlichen Worte wollen mir einfach nicht aus der Feder fließen.«

Ärgerlich blickte Simon auf, fühlte wieder diesen dummen Zorn in sich. Was erlaubte sich dieser Franzose? Energisch schluckte er jede Entgegnung hinunter, sah unschlüssig auf das weiße Papier.

»Wenn du kooperierst und diesen Brief schreibst, werde ich dir erlauben, täglich eine Stunde an Deck zu gehen. Die Luft ist dort gewiss besser, als hier unten.« Der Blick aus braunen Augen bohrte sich in Simons, als sich Jean vor neigte.

An Deck? Das Sonnenlicht spüren? Überrascht öffnete sich Simons Mund von alleine und er schloss ihn hastig. An die frische Luft? Nichts würde er sich sehnlicher wünschen, als endlich einmal dieses stinkende Gefängnis zu verlassen.

»An Deck. In die Sonne und ins Licht«, fügte Jean hinzu, der lauernde Unterton entging Simon nicht. Wie eine Drohung, ihn doch wieder des Lichtes zu berauben, ihn der Finsternis zu überantworten. Abermals verspürte Simon einen kalten Schauer an seinem Rücken, unterdrückte ein Zittern. Ledoux hatte Macht über ihn, viel mehr, als er vielleicht ahnte und diese hing an einer schnöden Öllampe.

Jean beobachtete ihn genau, musste seinen sehnsüchtigen Blick einfach bemerken. Es war ihm egal, denn wenn der Preis ein Lebenszeichen von ihm an seinen Vater war, dann war er nicht so hoch, wie das, was er dabei gewinnen konnte. Ein wenig Freiheit und eventuell die Gelegenheit zur Flucht. Zudem würde sein Vater sich bestimmt um ihn sorgen und es wäre nur gut, wenn er erfahren würde, dass er noch lebte.

Simon griff nach dem Papier und Federkiel. Er begann zu schreiben, so höflich wie er immer an seinen Vater schrieb, so wie er ihm jeden Monat geschrieben hatte, als er noch in England gelebt hatte und ihn kaum gekannt hatte. Er schrieb, wer ihn gefangen hielt, dass man ihn auf ein Schiff verschleppt hatte und dort als Geisel gefangen hielt. Zögernd setzte er hinzu, dass es ihm gut ging, blickte zu Jean auf und sah ihn fragend an.

»Lies ihn mir vor«, verlangte Jean, beugte sich vor und Simon las ihm jeden Satz vor. »Schön. Aber es fehlt noch eine Sache.«

»Wünscht Ihr noch etwas, was ich ihm mitteilen soll?« Unruhig spielte Simon mit der Feder. Ledoux' Blick durchdrang ihn, sodass er sich ausgeliefert fühlte. Er vermochte einfach nicht hinter die Absichten dieses Mannes zu blicken.

»Schreibe noch etwas Persönliches hinein. Er soll schließlich genau wissen, dass der Brief wirklich von dir kommt.«

»Etwas Persönliches? Was meint Ihr damit?«

»Schreibe ihm etwas, was nur du wissen kannst. Schreibe ihm von dem Unfall, als du dir die Narbe geholt hast. Erinnere ihn daran.«

»Davon weiß er nichts«, klärte Simon Jean umgehend auf.

»War er bei dem Unfall auf der Jagd nicht dabei? Aber er weiß doch gewiss, was damals passiert ist?«

»Nein. Damals war er auf See und ich habe es ihm nie erzählt.«

Er hatte sich geschämt. Viel zu leichtsinnig hatte er über die breite Steinmauer gesetzt, war den erfahreneren Reitern gefolgt, wollte sich vor allem vor den jungen Männern unter ihnen beweisen. Sein Pferd war gestürzt, hatte ihn abgeworfen. Die prompte Strafe für jeden ungehörigen Gedanken.

Jean bedachte ihn mit einem abschätzenden Blick. »Dann vielleicht von der letzten Jagd, die ihr zusammen geritten seid?«

Abermals schüttelte Simon den Kopf. »Er war nicht dabei. Bei keiner davon. Jagdreiten war wohl nicht seine Leidenschaft und er war immer woanders, seit ich … denken kann.«

»Ich verstehe«, sagte Jean leise und Simon verspürte abermals einen Anflug von Ärger. Nichts verstand dieser Mann. Was wusste er schon von ihm. Rein gar nichts. Was maßte er sich nur an!

»Was ist mit deiner Mutter? Ist sie in England geblieben?«

Augenblicklich versteifte Simon sich. Er wollte ihm nicht so viel von sich preisgeben. Dieser Mann würde ihm alles als Schwäche auslegen. Er durfte sich nichts anmerken lassen.

»Nein. Sie ist bereits tot«, sagte er bemüht gleichgültig, reckte das Kinn, um nur ja nichts von seinen Emotionen preis zugeben.

»Tot«, stellte Jean mit undefinierbarem Ausdruck fest, schwieg mehrere Minuten lang.

Simons Blick blieb an dem Stück Papier hängen. Die wenigen Worte, mit denen er beschrieben hatte, wie er gefangen worden war, erschienen ihm gedrängt auf dem Rest der blanken Seite. Jean wünschte etwas, was sein Vater mit ihm teilte, eine persönliche Erinnerung, die sie beide betraf. Aber da gab es so wenig. Ihr Leben verlief erst seit kurzer Zeit dichter nebeneinander.

»Bist du versprochen?« Jean lenkte seinen Blick auf sich.

»Ja. Ich bin verlobt.«

Es gelang ihm, Jeans Blick standzuhalten, der sich bei seinen Worten regelrecht in ihn zu bohren schien. Die braunen Augen drangen auf den Grund seiner Seele und er fürchtete, was sie dort sahen, fürchtete die Wahrheiten, die so tief in ihm verborgen lagen, dass selbst er sie vor sich verbergen konnte. Also wandte er hastig den Blick ab.

»Sie heißt Claire«, gab er hastig preis, als ob er etwas untermauern müsste. »Wir wollten bald … heiraten.« Seine Stimme sollte bedauernd klingen, sehnsüchtig, vielleicht auch hoffnungslos, aber in seinen Ohren hörte sie sich schlicht, emotionslos an. Erschrocken schloss er den Mund.

Jean schwieg, aber aus dem Augenwinkel nahm Simon durchaus wahr, wie er ihn musterte. »Dann schreib etwas zu ihr. Wie du sie vermisst, wenn dem denn so ist.«

Simon Kopf ruckte hoch. Irritiert blickte er Jean an. Der lächelte ein spöttisches Lächeln. »Frisch verliebt, wie du sein müsstest, dürfte es dir kaum schwerfallen, ein paar Zeilen für deine zukünftige Braut hinzuzufügen, nicht wahr? Beschreibe, was du an ihr vermisst. Ihre Haare, ihre Augen, ihren Duft. Was ist besonders begehrenswert an ihr?«

»Ich …«, begann Simon unbehaglich. Warum durchschaute ihn Ledoux? Woher wusste er es? Er schien so genau zu wissen, was er empfand, welche Sachen er vor allen anderen Menschen versteckte. Vor Jean schien er hingegen rein gar nichts verbergen zu können. Das machte ihn viel zu angreifbar.

»Ich kenne sie praktisch nicht«, gab er betreten zu. »Wir sind einander versprochen worden, aber ich habe sie nur einmal gesehen.«

»Dir ist nichts Besonderes an ihr aufgefallen, an das du dich erinnern kannst?«

»Natürlich. Sie ist ja meine zukünftige Braut.«

»Dann dürfte es doch nicht schwer sein, sie zu beschreiben.« Jean, lehnte sich zurück und verschränkte die Arme abwartend.

Hart schluckte Simon und beugte sich erneut über das viel zu leere Blatt, versuchte sich an Claires Gesicht zu erinnern. Sie war hübsch. Jeder sagte das. Bezaubernd, nett, eine gute Partie. Warum fiel es ihm so schwer, sich an ihre Haare oder ihre Augen zu erinnern? Wahrhaftig, er wusste nicht einmal, welche Farbe ihre Augen hatten. Verstohlen sah er zu Jean hinüber, der ihn beobachtete.

Simon leckte sich mehrfach über die Lippen, brachte ein paar Sätze zu Papier und las sie Jean anschließend vor.

»Das dürfte reichen. Obwohl deine Verlobte gewiss mehr erwarten würde.«

Simon warf ihm einen Blick zu, der finster sein sollte, wohl viel zu unsicher wirkte, um eine Reaktion zu bewirken. Jean nahm ihm den Brief ab, faltete ihn sorgfältig. »Danke. Ich werde dir erlauben, täglich eine Stunde an Deck zu gehen.«

Die Erleichterung stand Simon deutlich genug ins Gesicht geschrieben, denn Jean lächelte nachsichtig.

»Natürlich wird dich stets einer meiner Männer oder ich selbst begleiten und deine Hände werden gefesselt sein. Ich möchte vermeiden, dass du auf gefährliche Gedanken kommst.«

Gefesselt? Wie entsetzlich entwürdigend würde das sein. So sehr er sich darauf freute, frische Luft atmen zu dürfen, den Himmel zu sehen, so gedemütigt fühlte er sich auch. Wie würde er vor den Piraten wirken? Das verstieß absolut gegen seine Ehre und ehe er drüber nachdenken konnte, antwortete er sarkastisch: »Fürchtet Ihr, ich könnte sonst jemanden niederschlagen und das Schiff an mich nehmen, Monsieur?«

Jean lachte. Ein helles, ehrliches Lachen. Simon kochte vor Ärger, hütete sich indes Jean abermals anzugreifen. Er hatte seine Lektion gelernt.

»Ja. Ich traue dir zu, dass du es zumindest versuchen würdest. Und eben deshalb wirst du gefesselt sein. Ich möchte vermeiden, dass dir etwas passiert.« Jean verließ den Verschlag. Er nahm sich die Zeit, die Petroleumlampe zu kontrollieren, drehte den Docht höher.

»Deine Verlobte wird hoffentlich bald schon Trost in den Armen eines anderen Mannes finden.« Seine Stimme troff vor Sarkasmus. »Das Schicksal geht oft seltsame Wege, um Menschen zusammenzufügen.«

Er lachte verhalten, warf ihm noch einen Blick zu und verschwand.

Minutenlang starrte Simon ihm nach, rätselte über seine Worte. Ihn beschäftigte abermals die Frage, welche Augenfarbe Claire hatte? Er konnte sich beim besten Willen nicht daran erinnern. Das sollte er doch, oder? Immerhin war sie eine attraktive Frau. Seine Frau.

Nein, eines anderen Mannes Frau, denn er war nur ein Gefangener.

Sanfte Verführungen

Simon blinzelte in den ungewohnt hellen Schein.

Nach den Tagen oder Wochen in der Dunkelheit und im dämmrigen Licht, erschien ihm das Sonnenlicht unangenehm, blendete ihn und ließ ihn die letzten Stufen stolpern, als ihn Pierre vor sich her an Deck schob. Die Augen tränten und hastig balancierte er sich aus, verhinderte gerade eben noch, dass er stürzte. Die Hände waren, wie Jean es angeordnet hatte, auf dem Rücken zusammengebunden.

»Eine Stunde«, knurrte Pierre, stieß ihn grob vorwärts, sodass er beinahe doch auf die Planken gestürzt wäre. Simon vernahm hämisches Lachen um sich, konnte jedoch noch nicht alles erkennen. Blinzelnd versuchte er die Schemen zuerkennen, wäre sich gerne mit der Hand über die Augen gefahren. Fremde Worte, eine Sprache, die er nicht verstand, Pfiffe und Gelächter. Nur langsam gewöhnten sich seine Augen an die Helligkeit und er schaute sich vorsichtig um.

Offenkundig war sein Auftauchen von besonderem Interesse, denn mehrere, verwegen und finster aussehende Gestalten blickten von ihren jeweiligen Tätigkeiten auf. Viele Augenpaare starrten ihn neugierig an. Das Schiff war nicht so groß, wie jenes, welches ihn von England hierher gebracht hatte. Kein Linienschiff, eher eine Fregatte, aber so genau kannte er sich damit nicht aus.

Über ihm knarrten die Segel im Wind und er sah blinzelnd zu ihnen hoch. Weit oben kletterten Männer darin herum, rafften Segel, doch das grelle Sonnenlicht zwang Simon dazu, rasch wieder nach unten zu blicken.

Von allen Seiten wurde er von den Piraten unverhohlen angestarrt und ihm war nur zu genau bewusst, dass er ihr erklärter Feind war. Der Sohn des Mannes, der sie gnadenlos jagte, geschworen hatte, jeden Piraten der westlichen Karibik aufknüpfen zu lassen.

Rasch schluckte er seine Unsicherheit hinab, straffte den Rücken und nahm eine aufrechte Haltung ein, als er ein paar weitere, zögernde Schritte auf das Deck machte. Ein wahrer Gentleman würde sich nicht vor diesen Männer fürchten. Er würde sie nicht beachten und stolz über ihre Bemerkungen hinwegsehen. Immerhin hatte er sich an den Seegang gewöhnt und konnte sich normal über das schwankende Deck bewegen, musste keine weiteren Peinlichkeiten riskieren. Er blickte sich nach Pierre um, aber der hatte sich auf ein paar festgebundene Fässer gesetzt und zog eine Pfeife hervor, nickte ihm auffordernd zu.

»Eine Stunde, Engländer, nicht länger«, brummte er, während er sich die Pfeife anzündete. »Und bleib besser dort, wo ich dich sehen kann. Besser für dich. Zuviel hungrige Männer an Bord.« Genießerisch sog er an der Pfeife, stieß den grauen Rauch aus. Spott und eine ihm unerklärliche Gier stand in einigen der bärtigen Gesichter und Simon verspürte nicht den Wunsch, ihnen zu nahe zu kommen.

Interessiert sah er sich um. Diverses Tauwerk lagerte auf dem Deck. Ein Teil der Segel schien nicht gebraucht zu werden und wurde von den Männern in der Takelage gerade gesichert. Ein angenehm kühler Wind strich über sein Gesicht und er schloss ganz kurz die Lider, überließ sich dem weichen, streichelnden Gefühl der Sonnenstrahlen.

Wie hatte er das vermisst. Sonne, Wind, Luft und der angenehme, würzige und salzige Geruch des Meeres. Tief sog er die Gerüche ein. Es tat unendlich gut, nach all der Zeit in dem finsteren Loch. Es roch nach Leben, nach Freiheit. Wenigstens ein bisschen mehr als vorher.

Seufzend öffnete er die Augen. Soweit er blicken konnte, erstreckte sich das blaue Meer. Die Sonne brannte heiß herab und er begann bereits zu schwitzen. Mutiger bewegte er sich vorwärts, umrundete einmal das Deck immer in Pierres Sichtweite, der ihn rauchend genau beobachtete. Dann trat er an die Reling, lehnte sich daran und sah hinaus auf die Wellen. Das Schiff hob und senkte sich angenehm schaukelnd.

So sehr er seine Augen auch anstrengte, nirgends war Land zu sehen. Simon entkam ein weiteres bedauerndes Seufzen. Solang sie auf dem offenen Meer waren, hatte er keinerlei Chancen zu entkommen. Wenn er über Bord sprang, würde er höchstwahrscheinlich ertrinken. Er konnte kaum hoffen, dass er so lange schwimmen konnte, bis er Land erreichte oder ihn ein anderes Schiff fand. Vor allem nicht mit auf dem Rücken gefesselten Händen.

Er war und blieb ein Gefangener, aber an der frischen Luft, mit der Sonne im Gesicht und dem frischen Duft von Seetang in der Nase, erschien ihm das Leben wieder lebenswerter, vertrieb die trüben Gedanken und die Furcht vor der ungewissen Zukunft.

»Daran solltest du nicht mal denken«, bemerkte neben ihm eine kratzige Stimme. Simon zuckte zusammen und wandte sich hastig um. Ein großer, fremdartig anmutender Mann war neben ihn getreten. Sein durchdringender Schweißgeruch traf Simon, als er zu ihm aufblickte. Dunkle Haut wies den Piraten als Jamaikaner aus, ebenso der schwere Akzent. Wie die meisten Piraten war er in eine einfache Hose mit breitem Ledergürtel gekleidet. Der freie muskulöse Oberkörper präsentierte sich Simon schwarz behaart, schweißglänzend und von mehreren Narben durchzogen. Lange, ungewaschene und verfilzte Haare hingen ihm ins Gesicht und in den kräftigen Nacken. Sein dunkles, bärtiges Gesicht, wirkte wettergegerbt und narbig. Eine breite Nase und wulstige Lippen verstärkten den fremdartigen Eindruck. Neugierig betrachtete er Simon von oben nach unten, die weißen Augäpfel leuchteten regelrecht aus dem dunklen Gesicht.

»Da unten lauern immer ein paar hungrige Fischmäuler nur darauf, dich zu zerreißen.«

Simon wich von der Reling und auch ein wenig vor diesem fremden Mann zurück.

»Das ist mir durchaus bewusst.« Er kam sich unglaublich lächerlich vor. Wenn er nur die Hände frei hätte. So wehrlos, wirkte er ganz gewiss nicht im Mindesten stolz und mutig, wie er es sich wünschen würde.

»Dann ist ja gut«, meinte der Mann gutmütig grinsend, nickte ihm zu. »Wie heißt du, Engländer?«

Simon zögerte, es gab eigentlich keinen Grund, seinen Namen nicht zu nennen. Womöglich legte dieser Mann ihm sein Zögern noch als Angst aus. Dabei verspürte er nur etwas Unbehagen vor dessen Fremdartigkeit. Keinesfalls wirkliche Angst, auch wenn er viel größer und kräftiger als er war.

»Lor…«, begann er. Sein Blick blieb an der breiten Brust des Piraten hängen und er ließ die Schultern ein winziges Bisschen sinken. »Simon. Mein Name ist Simon.« Dieser Mann konnte ihn vermutlich mit einer einzigen Hand erwürgen, so groß waren diese. Er schauderte ganz leicht, riss sich zusammen und fixierte einen Punkt an der Schulter. Unsinn, schau ihm in die Augen, ermutigte er sich selbst und hob den Blick.

»Simon, mh?«, machte der Jamaikaner, sprach seinen Namen tatsächlich englisch aus. Er lehnte sich neben ihn mit dem Rücken an die Reling.

»Mein Name ist Jorge.« Die dunklen Augen musterten Simon noch einen kurzen Moment, dann drehte er sich um, stützte einen Fuß auf der Reling ab und ließ den Blick übers Meer schweifen.

Simon folgte seinem Blick, war sich nicht sicher, wie er sich verhalten sollte. Dieser Jorge schien ihm im Moment zumindest nichts weiter tun zu wollen, obwohl seine Gestalt bedrohlich wirkte. Verstohlen warf er ihm seitwärts Blicke zu. Nicht oft war er dunkelhäutigen Menschen begegnet und die Fremdartigkeit faszinierte ihn durchaus. Ebenso die beeindruckend männliche Gestalt. Nur hielten diese Piraten ganz offensichtlich nicht viel von Wasser und Seife. Der durchdringende Geruch beleidigte seine Nase, nur wenn er jetzt von Jorge abwich, wirkte er womöglich ängstlich, also blieb er stehen, bemüht den überaus starken Männerduft zu ignorieren.

»Du hast mir da einen ganz schönen Hieb versetzt«, fuhr Jorge unvermittelt fort und Simon wandte sich ihm erneut zu, sah ihn fragend an. »Direkt in den Magen.« Die Zähne leuchteten in dem dunklen Gesicht hell auf. »Hätte nicht gedacht, dass ein feiner Lord sich so wild wehren würde.«

Simon schluckte hart, spannte sich abrupt an. Also war Jorge einer seiner Angreifer auf Saint Ibell gewesen? Im Dunkeln hatte er die Gesichter nicht ausmachen können. Wollte sich Jorge möglicherweise jetzt an ihm rächen, wo er wehrlos und gefesselt war?

Simon ließ ihn nicht mehr aus den Augen. Sein Herz schlug hart und schnell und versetzte seinen Körper in Alarmbereitschaft. Gegen diesen Mann hatte er keine Chance. Selbst wenn er nicht gefesselt gewesen wäre, war er ihm an Stärke und Kraft hoffnungslos überlegen. Wenn er schnell genug war, konnte er ihm zumindest beim ersten Mal vielleicht noch ausweichen. Weitere Chancen hatte er nicht. Vor ihm flüchten? Aber wohin? Er war auf dem Schiff gefangen und hatte keine Hilfe zu erwarten. Er musste verdammt schnell sein.

Ob er wohl damit rechnen konnte, dass Pierre dazwischen ging? Vielleicht lag Ledoux genug an seinem Leben, dass er dafür sorgen würde, dass ihm kein Schaden entstand. Allerdings war der nirgends zu sehen und die anderen Männer würden ihm ganz gewiss nicht zur Hilfe kommen.

Gehetzt sah er sich um, aber Pierre war mit seiner Pfeife beschäftigt und er würde keinesfalls um Hilfe rufen. Hastig wandte sich Simon wieder dem großen Jamaikaner zu, spannte sich an, federte leicht in den Knien durch, um sich gegen den Angriff und die zu erwartenden Schmerzen zu wappnen. Er würde nicht um Gnade betteln. Egal was dieser Pirat ihm antat, er würde es wie ein Mann ertragen. Eventuell würde er es bei ein paar Schlägen belassen, er konnte nur hoffen, dass …

Jorge lächelte, hob die breiten Hände beschwichtigend. »Keine Angst, ich will dir ja gar nichts tun. Mut hast du ja, Junge. Dich gegen vier gleichzeitig zu wehren, da gehört schon was dazu.« Er pfiff durch die lückenhaften Zähne.

Misstrauisch blickte ihn Simon an, noch nicht sicher, was er von ihm halten sollte. Vorsichtig entließ er ein wenig der angehaltenen Luft.

»Was wollt Ihr dann von mir?«, fragte Simon harscher als beabsichtigt, überspielte seine Anspannung.

»Eigentlich nur mit dir reden«, brummte Jorge nachsichtig lächelnd. »Nenn mich Jorge, auf feine Anreden höre ich nicht. Bin ich nicht gewöhnt.« Zumindest für den Moment ging von ihm wohl keine Gefahr aus.

»Sei bloß vorsichtig, Jorge«, ertönte direkt über ihnen eine Stimme und Simon blickte rasch nach oben. Dort saß ein junger Mann, kaum älter als er selbst, auf dem zusammengerollten Segel. Schmutzige, nackte Füße baumelten herab. Mit einem johlenden Laut ließ er sich fallen, rollte seinen Sturz ab, kam elegant auf die Füße und schlenderte heran, als ob nichts gewesen wäre.

»Stör nicht«, grummelte Jorge und sah ihn missbilligend an.

»Stören? Pass besser auf, dass dich Ledoux nicht dabei erwischt, wie du dich an seine Beute heranmachst.« Er bedachte Simon mit einem abschätzigen Blick. Er war etwas kleiner als Simon, sein schmaler, nackter Oberkörper, wurde nur von einer ehemals roten Weste verdeckt, jedoch hatte er sehr kräftige Arme. Ungepflegte, dunkelbraune Haare hingen ihm teilweise ins Gesicht und grüne Augen schauten schelmisch dazwischen hervor.

»Hübscher Bursche. Ganz nach seinem Geschmack würde ich sagen. Da hat er ja ziemlich Glück gehabt.« Er schnalzte anerkennend, zwinkerte Jorge zu, der mit zusammengepressten Lippen dastand. »Und weit und breit keine spanische Konkurrenz.« Laut lachte er auf, schlug sich auf den Oberschenkel.

Simon fühlte sich übergangen und setzte schon zu einer passenden Antwort an, doch Jorge kam ihm zuvor: »Er heißt Simon.«

»Simon? Ein Engländer zum Zeitvertreib? Er liebt das Spiel mit dem Feuer. Ob der ihm genügen wird?« Er leckte sich über die Lippen und Simon wand sich unangenehm berührt. Wieso starrte der ihn so an? Was wollte er implizieren? Wovon sprach er?

»Und Ihr seid?«, fragte er hochmütig. Augenblicklich grinste der Pirat, entblößte drei große Zahnlücken.

»Tito. Es ist mir eine Ehre, Euer vornehme Lordschaft kennenzulernen.«

»Hör auf damit!«, raunzte ihn Jorge ruppig an, aber Tito lachte nur.

»In meinem bescheidenen Leben bin ich noch nie einem echten Lord begegnet. Da werde ich ihn doch entsprechend begrüßen dürfen, nicht wahr?«

Er zwinkerte Simon zu, legte Jorge die Hand auf die Schulter, raunte ihm zu: »Er beobachtet uns, sei sehr vorsichtig.« Damit ging er auch schon wieder. Jorge blickte hastig hoch und Simon wandte sich rasch um. Wen meinte Tito?

Er erkannte Ledoux sofort. Der Piratenkapitän stand auf dem Heck und blickte zu ihnen hinab. Seine Gestalt zeichnete sich deutlich vor dem hellen Himmel ab. Der dunkle Rock bewegte sich im Wind, gab seiner Erscheinung zusammen mit der schwarzen Hose, den langen Stulpenstiefeln und dem dunklen Hemd, etwas düster Bedrohliches. Das klassische Bild eines Piraten, schoss es Simon durch den Kopf. Die braunen Haare waren zu einem Zopf geflochten, der ihm über die Schulter hing. Neben dem schwarzen Kopftuch bedeckte ein Dreispitz seinen Kopf. Trotz des Abstands meinte er die braunen Augen sehen zu können, die ihn genau musterten.

Augenblicklich kam er sich bedrängt vor. Allein der Blick dieses Mannes verursachte eine Gänsehaut auf den Armen, sandte kalte Schauer über seinen Rücken. Abrupt wandte er sich ab und Jorge zu. Der Jamaikaner bedachte Simon mit einem nachdenklichen Blick, der eine Spur Bedauern enthalten konnte. Wie sollte er den seltsamen Ausdruck sonst deuten?

»Ist es etwa nicht erlaubt, mit mir zu sprechen?«

Jorge schüttelte den Kopf. »Nein. Nur hat er es nicht gerne, wenn man ihm in die Quere kommt. Ledoux ist da etwas eigen. Er teilt nicht gerne.«

Verwirrt sah ihn Simon an, verstand nicht: »Teilen? Was sollte er teilen müssen?«

Jorge warf ihm einen belustigten Blick zu. »Ich denke, das wirst du bald schon selbst herausfinden.« Mehr schien er nicht sagen zu wollen und stattdessen wandte er sich dem Meer zu, reckte die kräftigen Arme in die Luft und meinte: »Bald werden wir endlich wieder frisches Wasser und Proviant bekommen. Hach, werde ich mich über was Frisches zu essen freuen.« Mit einer Hand rieb er sich über den Bauch, machte ein bedauerndes Geräusch. »Nur wird es wohl etwas länger dauern, bis wir wieder an Land kommen. Da zieht ein Sturm auf, ich spüre es in den Knochen. Noch täuschen die Sonne und der klare Himmel uns, aber ich kann es riechen und …«

Jorge blickte erschrocken an ihm vorbei. Er wirkte ertappt, duckte sich und nickte Simon zu, zog sich hastig zurück. Simon musste sich nicht umwenden, um zu wissen, wer von hinten an ihn herangetreten war. Er roch bereits den typischen Duft, diese winzige Note Lavendel. Betont langsam drehte er sich um, holte tief Luft, um sich gegen alles zu wappnen, und blickte zu den braunen Augen auf.

»Genießt du die Sonne und die frische Luft?« Ein feines Lächeln umspielte Jeans Mundwinkel, freundlich oder spöttisch. Vielleicht auch beides, Simon war sich nicht sicher.

»Ja.« In Jeans Gegenwart wusste er kaum, was er sagen sollte, um nicht über einen der tückischen Fallstricke zu stolpern.

»Das freut mich.« Jean trat neben ihn an die Reling, kam viel näher, als es Jorge getan hatte, doch Simon traute sich nicht, auszuweichen, blieb, wo er war. Sein Arm prickelte, wo ihn Jeans beinahe berührte und er zwang sich dazu, ruhig zu atmen, sein wild schlagendes Herz zu kontrollieren. Fortwährend brachte ihn dieser Mann aus der Fassung und er konnte rein gar nichts dagegen tun. Seine unmittelbare Nähe wirkte in mehr als einer Hinsicht bedrohlich.

»Das Meer hat mich schon fasziniert, als ich ganz jung war.« Jean ließ seinen Blick über die wellige Oberfläche des Meeres schweifen. »Mein Onkel fuhr zur See. Jedes Mal, wenn er zu Besuch kam, hat er von seinen Abenteuern, von dem Meer, fremden Ländern und dem Leben dort erzählt. Als ich fünfzehn war, hat er mich auf eine Reise nach Spanien mitgenommen. Meine Eltern haben es nicht gerne gesehen, aber es mir schließlich doch erlaubt. Es war wundervoll. So beeindruckend. Diese endlose Weite um mich, das sanfte Schaukeln des Schiffes, das Rauschen des Meeres und all diese faszinierenden Gerüche. So viel Freiheit, meinen eigenen Weg zu gehen, fernab aller Zwänge und dieser verfluchten, engstirnigen Moralvorstellungen.«

Zwar wollte er es nicht, allerdings konnte er nachfühlen, was Jean empfand und lauschte mit angehaltenem Atem den eindringlichen Worten.

»Dort lag es. Alles lag zum Greifen nahe. Danach wollte ich mein Leben nur noch auf See verbringen. Es war immer mein Wunsch, meinem Onkel nachzueifern, nur meine Familie hätte es mir niemals erlaubt.« Versonnen lächelte Jean und zuckte die Schultern. »Es gab nur den einen Weg und ich wollte ihn gehen, also verschwand ich eines Nachts aus ihrem Leben und reiste an die Küste. Dort heuerte ich als Schiffsjunge auf einem Ostindienfahrer an.« Jeans Finger lagen um die Reling, der weiche Duft von Lavendel erschien Simon intensiver geworden. Die Wasseroberfläche glitzerte wie tausend Diamanten auf hellblauem Samt, der Wind kitzelte in der Nase, die Sonne umgab ihn mit einem warmen Mantel. Wer war dieser Mann neben ihm wirklich? Was verbarg er in seiner Vergangenheit, was ihn wirklich dazu getrieben hatte, seiner Familie den Rücken zuzukehren?

Simon sah sich in seiner Vermutung bestätigt, dass Jean eine vornehme Abstammung hatte. Er hatte Wohlstand und ein gesichertes Leben hinter sich gelassen. Was war ihm so wichtig gewesen, dass er es in dem Leben dort nicht finden konnte?

Er musterte Jean sich mit anderen Augen. Dessen Augen wirkten trügerisch sanft, doch in ihnen brannte ein Feuer, welches Simon berührte. Wenn er auf diese Weise redete, wirkte er ungefährlich und Simon war versucht, sich von seiner melodischen Stimme und den schönen Augen einfangen zu lassen. Ein gänzlich anderer Mann, als ob es zwei Jeans geben würde, den harten, grausamen, unberechenbaren Piratenkapitän und einen anderen, einfühlsamen, sanften, ja, wohl auch einsamen Mann. Simon stutzte, aber genau das war der Eindruck, den ihm Jean vermittelte.

»Ich war jung, erst sechzehn, als ich das erste Mal in die Karibik kam.« Er schien Simon gar nicht weiter zu beachten. »Dieses unglaublich schöne, türkisblaue Meer hat mich unglaublich fasziniert.« Die Stimme hatte einen träumerischen Klang angenommen. Simon warf ihm verstohlene Blicke zu, entspannte sich zusehends. Wenn seine gefesselten Hände nicht gewesen wären, hätte dies ein beinahe freundschaftliches Gespräch sein können.

»Die Karibik ist ein wunderschöner Ort, den Gott uns geschaffen hat. Vielleicht ein Platz, der dem Paradies so nahe kommt, wie es nur geht. Die warme Sonne, das weite Meer, Inseln voll Schönheiten, exotischer Früchte, überwältigende Ausblicke und so viel Freiheit, wie nirgends auf der Welt.«

Jean seufzte tief auf, warf ihm einen Blick zu und lächelte ganz fein. »Hier ist jeder Mann frei und gleichgestellt. Frei, sein Leben selbst zu wählen, seine Zukunft, seine … Gesellschaft.«

Sehr wohl bemerkte Simon das kurze Zögern, sah ihn sofort verunsichert an, aber Jean fuhr bereits fort, die Augen noch immer auf ihn gerichtet, als ob er seinen Blick bannen wollte.

»Die Bruderschaft der Küste ist ein starker Bund unter den Bukanieren. Jeder ist für den anderen da. Man hält zusammen, hilft sich. Die Gemeinschaft ist stark.« Seine Stimme klang so weich, einschmeichelnd wie süßer Honig. Simon hatte Mühe, sich ihrem betörenden Klang zu entziehen und sich daran zu erinnern, dass er mit Jean Baptist Ledoux sprach, dem grausamen Piraten, der für den Tod vieler Menschen verantwortlich war. Der auch ihn ohne zu Zögern töten würde, wenn es seinen Zwecken dienlich war. Er war nur ein Gefangener, seine Geisel. Nie würde dieser Mann ihm gegenüber freundliche oder gar intensivere Gefühle entwickeln. Intensiver? Was dachte er denn da? Simon erschrak vor seinen eigenen Gedanken.

Was tat dieser Mann bloß mit ihm? Er fühlte sich seltsam, sein Kopf schwirrte voll merkwürdiger Gedanken. Beinahe fühlte er sich zu Jean hingezogen, zu dem Mann, der sich hinter dem Piraten verbarg, einem Mann der Sehnsucht verspürte, eine ungestillte Leidenschaft … so wie auch er.

»Die Bande unter Männern können sehr stark sein.« Jean senkte die Stimme. Ein Prickeln lief entlang des Rückgrats nach unten, ein Ziehen in Unterleib und Simon wollte hastig den Blick senken, vermochte es nicht, konnte den Blick nicht von diesen hypnotischen Augen abwenden. Was versprachen sie ihm, was wollte Jean sagen? Er hatte keine Ahnung.

»Weit mehr, als nur Freundschaft«, ergänzte Jean lächelnd, seine Hand lag plötzlich auf Simons Arm. Wärme breitete sich von den Fingern durch den Stoff des Hemdes aus und Simon vermochte nicht, sich zu rühren, fühlte sein Herz hoch oben im Hals schlagen, seine Knie ganz leicht zittern. Der Kopf war wie leergefegt, als ob Nebel ihn umgeben würde.

Jean beugte sich vor, sein Gesicht näherte sich.

So schmale Lippen. Jean hatte einen fein geschwungenen Mund, weiße, ebenmäßige Zähne. Was wollte er? Wieso kam er ihm so nahe? Diese braunen Augen so dicht sein Gesicht so nahe, überall sein Geruch, die Wärme seines Körpers …

Gott bewahre, die Versuchung war so groß, die Lippen feucht und rot. Verführerisch. Das Ziehen im Herzen so stark, die Hitze in den Lenden so groß.

Nein! Der Teufel griff nach ihm, flüsterte ihm Dinge ein, die nicht sein durften. Undenkbar.

Gewaltsam riss er sich aus der Erstarrung, wich zurück, die Augen weit aufgerissen.

»Monsieur, ich …«, brachte er stammelnd hervor, konnte nicht klar denken. Jean verhielt, lächelte ihn auf eine ihm ungewohnte Weise an, beinahe … zärtlich? Simon wusste kein anders Wort dafür. Die Hand auf seinem Arm war nicht länger warm und angenehm. Die Kralle eines Dämons, der ihn verführen sollte. Er schüttelte sie entschlossen ab.

Jean trat zurück, richtete sich auf und warf ihm einen undefinierbaren Blick zu. Die Augen veränderten sich, nahmen den gewohnt spöttisch, nachsichtigen Ausdruck an. In ihnen wuchs die bekannte Kälte und vielleicht eine gewisse Enttäuschung? Simon schluckte furchtsam. Dies war der Piratenkapitän Ledoux.

Jean trat zurück, starrte ihn unverwandt an. »Pierre, ich denke, die Stunde ist um. Bring unseren Gast wieder nach unten.«

Zurück ins Dunkle? Ledoux Blick bohrte sich in ihn, er musste das Erschrecken darin sehen. Simon befeuchtete sich die Lippen und hielt dem Blick tapfer stand. Jean hatte Macht über ihn, er bestimmte über sein Leben. Aber seine Seele würde er nicht bekommen.

Simon wandte sich um, ließ sich nichts von den Gefühlen anmerken, als Pierre herankam und ging erhobenen Hauptes voran auf den dunklen Niedergang zu, tauchte hinein in die Finsternis, den Gestank seines Gefängnisses und warf keinen Blick zurück.

Unerwartete Gegenleistungen

Auch wenn er es nach dieser Episode angezweifelt hatte: Jean hielt sein Versprechen. Jeden Tag durfte er eine Stunde an Deck verbringen. Obwohl er es befürchtet hatte, musste er nicht in der Dunkelheit bleiben, stets blieb eine Lampe hängen.

Mehrere Tage lang kam Jean nicht zu ihm. Aus der Entfernung beobachte er ihn sehr wohl, wenn er an Deck war, kam allerdings nicht in seine Nähe. Simon wusste nicht recht, ob er ihn verärgert hatte und wenn, womit? Jean hatte etwas beabsichtigt, dessen war er sich sicher. Nur nicht was. Mit dem seltsamen Verhalten dieses Mannes konnte er nichts anfangen, war indes recht froh, dass er ihn in Ruhe ließ, den jede Begegnung mit ihm war wie ein Spießrutenlauf.

Dafür leistete Jorge ihm gelegentlich Gesellschaft. Sie saßen auf den zusammengerollten Tauen und Jorge erzählte von seiner Heimat, von den Orten, die er schon gesehen hatte und deutete viel zu viel von gewissen Häusern und fleischlichen Freuden an. Jedes Mal wechselte Simon hastig das Thema und nahm dafür auch Jorges belustigtes Schnauben in Kauf. Zu Simons Überraschung kam Tito am zweiten Tag dazu und ließ sich neben ihnen nieder. Freundlich unterhielt er sich mit ihnen, machte Scherze, wirkte nicht mehr so abweisend.

In Simons Gewissen kämpften zwei Seiten einen erbitterten Kampf. Einerseits sollte er sich von den ruchlosen Piraten fernhalten, ihre Gesellschaft, ihren schlechten Einfluss meiden, der ihn in ihren sündigen Sog hinabzuziehen vermochten. Andererseits sehnte er sich nach menschlicher Gesellschaft. Obwohl diese beiden Männer Piraten, seine Feinde waren, unterhielten sie sich freundlich. Er verstand ihre Motive dafür nicht, letztlich war es auch unwichtig, vielleicht war er einfach nur interessant, weil er eben anders als sie war. Er wollte sich darüber nicht so viele Gedanken machen.

Die Sonne empfing ihn wohlwollend und obwohl der Wind aufgefrischt hatte und das Schiff stärker schwankte, machte es ihm mittlerweile nicht mehr viel aus.

»Guten Tag, mein Lord Simon.« Tito ließ sich mit einem Augenzwinkern in den Schneidersitz nieder, legte eine Kokosnuss stolz vor sich auf den Boden ab. »Schaut, was ich beim Kartenspiel gewonnen habe.«

Jorge schnaubte abfällig. »Hast du etwa wieder Will betrogen?« Er stocherte mit einem Holzspan in seinen Zähnen. Tito tat empört, rollte die braune Kugel vor sich hin und her.

»Von wegen betrogen. Will wollte mich betrügen, dieser Mistkerl. Aber ich habe es gemerkt und gedroht, ihm mein Messer in den Magen zu rammen, da hat er mir diese kleine Leckerei als Wiedergutmachung gegeben.« Er lachte auf, warf Simon, der sich bemühte, pikiert dreinzuschauen, einen verschwörerischen Blick zu.

»Er wollte wohl im Gegenzug einen ganz anderen Gefallen von mir haben, aber mir war gerade nicht danach.« Titos linke Hand machte eine Auf- und Abbewegung, als ob er etwas reiben würde, grinste derart anzüglich, dass sich Simon sicher war, keine weiteren Details erfahren zu wollen. Nun auch noch Glücksspiel. Natürlich, diese Männer ließen offensichtlich keine Gelegenheit aus, sich zu versündigen. Ihre Seelen waren auf ewig verloren.

»Oh, verzeiht mir, Eure Lordschaft. Ich vergesse immer, dass du einen anderen Umgang gewöhnt bist. Vergib mir meine rüden Gesten und unreinen Gedanken.« Lachend rollte er die Kokosnuss gegen Simons Füße und sammelte sie geschickt wieder ein, als sie zu ihm zurückrollte. »Aber ich bin sicher, dass dir diese kleine Köstlichkeit ebenso gut schmecken wird, wie mir.«

Überrascht sah Simon ihn an. Tito machte sich einen Spaß daraus, ihn wegen seiner vornehmen Herkunft aufzuziehen, doch dass er bereit war, seinen Gewinn mit ihm zu teilen, verblüffte ihn sehr. Wieso nur waren diese Piraten s widersprüchlich? Diebe und Mörder, die sich mit Leib und Seele dem Teufel verschrieben hatten. Und auf der anderen Seite Männer, die freundlich, ja, kameradschaftlich sein konnten.

Mit einem Beil hieb Tito die Kokosnuss entzwei, schälte das weiße Fruchtfleisch mit dem Messer heraus und bot ihm etwas davon an. »Nimm ruhig. Von dir wäre mir eine entsprechende Gegenleistung ohnehin lieber.« Seine Zunge leckte in obszöner Weise über die Lippen und Simon erstarrte. Was meinte Tito? Was sollte er tun?

»Ich muss ablehnen. Mir scheint dies kein Handel zu sein, den ich reinen Gewissens eingehen kann«, erklärte er, hob die gefesselten Hände abwehrend.

Tito schnaubte und sein Grinsen wurde noch breiter. Jorge stieß ihn hart seitlich an. »Denk nicht einmal mehr daran. Lass ihn in Ruhe. Der kleine Lord kennt noch keinen deiner schmutzigen Gedanken. Also behalte sie auch weiterhin schön für dich.«

Tito zuckte die Schultern. »Ich erwarte wirklich keine Gegenleistung dafür. Nimm schon.«

Zögernd streckte Simon die Hände aus. Das kleine Stück Kokosnuss leuchtete reinweiß und schien betörend zu duften. Wie sehr hatte er den Geschmack vermisst. Konnte er dieses Geschenk wirklich annehmen? Sein Magen entschied sich dafür. Höflich bedankte er sich und ließ das Stück genießerisch über die Zunge wandern, ehe er es zerbiss und sich an dem herrlichen Geschmack erfreute. Nach all der faden Kost schmeckte es wie Ambrosia.

»Das ist etwas Feines, nicht wahr?« Tito reichte auch Jorge ein Stück und verteilte den Rest gerecht unter ihnen. Gemeinsam aßen sie und Simon erfuhr nebenbei, dass Tito halb Spanier halb Franzose war, sein Vater Fischer gewesen und seine Mutter noch vier weitere Söhne geboren hatte. Er erzählte von dem harten Leben in Armut, dass es oft genug zu wenig zu essen gegeben hatte.

Lachend berichtete er, wie er betrunken im Hafen einem Heuerkommando in die Hände gefallen war und gänzlich unfreiwillig an Bord eines Schiffes gekommen war. Entsetzt vernahm Simon, dass eben jenes Schiff später von Piraten überfallen worden war und man ihn vor die Wahl gestellt hatte, sich ihnen anzuschließen oder zu sterben.

»Eine schwere Wahl. Aber ich lebe noch, also war meine Wahl wohl die Richtige.« Er lachte über Simons Gesichtsausdruck, der sich nicht genug im Griff hatte, um seine Verwunderung darüber zu verbergen, dass er ohne jede Scham darüber sprach.

»Also seid Ihr selbst aus Feigheit zum Piraten und Mörder geworden. Ein wahrer Ehrenmann hätte den Tod gewählt, bevor er sich selbst erniedrigt und derart versündigt.«

Titos Augen blitzten belustigt. »Ja, Euer Lordschaft. Ich bevorzuge es eindeutig unehrenhaft zu sein, jedoch zu leben. Ehre ist nichts für so einen einfachen Mann wie mich. Das Leben ist viel zu schön und bunt, um es zu früh auf dem Grund des Meeres zu beenden.« Schallend lachte er, zwinkerte Jorge zu, der ihn breit angrinste, seine Zähne zeigte.

»Ihr nehmt unschuldige Leben, um Eures zu erhalten? All jene Menschen, die Ihr tötet, haben auch eine Familie, Freunde, ein Leben.« Simon gelang kein wirklich harscher Ton. Tito verstummte und, blickte ihn nachdenklich an. Dann zuckte er schnaufend mit den Schultern.

»So oder so werde ich im Fegefeuer brennen, Lord Simon. Ob wegen einer Todsünde oder der diversen anderen, was soll es. Meine Seele ist verdammt, also was schert es mich noch?«

Simon schluckte, wollte ihm heftig entgegnen, just in dem Moment trat Pierre hinzu, bedeutete ihm, dass er ihn wieder unter Deck bringen würde.

Tito erhob sich ebenfalls. »Du wirst deine hohe Meinung ganz gewiss auch noch ändern. Wer unter Piraten lebt, wird irgendwann selbst zu einem, ob er es will oder nicht. Denk an meine Worte.«

Abermals lachte er, schlenderte kauend davon.

»Bis morgen«, meinte Jorge, während Pierre Simon am Arm ergriff und zum Niedergang schob. Simon nickte ihm zu, die Worte Titos wühlten ihn mehr auf, als er gedacht hätte. Sünde und Verderben waren ihm nie so nahe gewesen wie auf diesem Schiff und es war unglaublich schwer, die Grenzen klar zu ziehen.

Noch Stunden später, in dem Dämmerlicht seines Verschlages, dachte er darüber nach. Die Wahl zwischen einem Leben ohne Ehre oder dem Tod. Wie hätte er sich entschieden? Natürlich für den Tod. Natürlich. Jeder Gentleman hätte keine Sekunde gezögert.

Gleichwohl hatte Tito nicht Recht? Immerhin war er auch schon so weit gesunken, sich mit ihnen zu unterhalten und zu speisen. Ihr Gift sickerte langsam in ihn, bereit, ihn schleichend zu vergiften, wenn er nicht achtgab. Zum ersten Mal, seit er an Bord gekommen war, betete Simon.

Am folgenden Tag brachte ihm Pierre seine zweite Mahlzeit, machte aber keinerlei Anstalten, ihn zu fesseln. Erst als er wortlos den Verschlag verlassen hatte und abschloss, stand Simon auf, trat an die Gitterstäbe und wagte es ihm hinterherzurufen: »Darf ich heute nicht nach oben?«

Er biss sich auf die Lippe, denn es klang so erbärmlich bittend, aber er sehnte sich stündlich nach der Sonne, dem Licht, dafür konnte er gewiss ein wenig Stolz hinab schlucken.

Pierre drehte sich um, warf ihm einen finsteren Blick zu. »Bleibst unten, hat der Kapitän gesagt. Wir laufen einen Ankerplatz an, da will er dich nicht oben haben. Pech gehabt.«

Hastig versuchte Simon den enttäuschten Gesichtsausdruck zu verbergen, wandte sich rasch ab.

Sie waren also in der Nähe von Land. Wütend ballte er die Fäuste. Er hätte doch gewiss aus dem Verschlag entkommen können, Pierre niederschlagen, wenn er nur schnell genug gewesen wäre. Land so dichte bei. Ganz bestimmt hätte er von Bord springen und es schwimmend erreichen können, aber die Chance war nun vertan.

Zornig rüttelte er an den Gitterstäben. Weiter ein Gefangener.

Rastlos wanderte er durch den Verschlag und verfluchte seine erzwungene Passivität und insbesondere den französischen Halunken Ledoux der ihm dies alles antat.

Im dämmerigen Inneren dieses Schiffes bekam er nicht viel von den Aktivitäten an Deck mit, konnte nur aus den anders schaukelnden Bewegungen schließen, dass das Schiff Anker warf. Ein paar Stunden später vernahm er laute Stimmen vom Niedergang her. Kurz danach polterten auch schon ein paar Gestalten herab, schwer beladen mit Fässern und Kisten passierten sie seinen Verschlag.

Simon trat dichter an die Gitterstäbe heran und beobachtete, wie sie ihre Ladungen weiter hinten unterbrachten und verschnürten. Bald schon entstand ein reges Kommen und Gehen. Ab und an warf ihm einer der Männer einen finsteren oder belustigten Blick zu.

Die stickige Luft trug bald zusätzliche Schweißnoten. Schweigend betrachtete Simon die Piraten. Das eine oder andere Gesicht hatte er schon einmal gesehen, er erkannte Tito unter ihnen, der ihm zu zwinkerte, ihn allerdings nicht ansprach.

Auf dem Rückweg nach oben blieb einer vor seinem Verschlag stehen und starrte ihn unverhohlen neugierig an. Das Gesicht war wettergegerbt und mit Narben durchzogen. Die Kleidung wirkte fleckig und ungepflegt. Wilde schwarze Haare standen in alle Richtungen ab, ein ehemals rotes Halstuch hing um seinen Hals und das offene Hemd offenbarte eine stark behaarte Brust.

Abrupt trat er dichter heran und Simon wich augenblicklich einen Schritt von den Gitterstäben zurück. Himmel, wie dieser Kerl stank. Widerlich. Der Mann kaute genüsslich Tabak und entblößte schwarze, lückenhafte Zähne.

»Schau dir nur dieses ein piekfeines Jüngelchen an. So edle Seidenstrümpfchen und das stramme Samthöschen.« Er spie vor Simons Füße. »Das ist eine feine Beute, die der Kapitän da gemacht hat«, meinte er zu einem anderen, dunkelblonden Piraten, der mit einem schweren Bündel über der Schulter an ihm vorbei ging. Simon hatte ihn schon ein paar Mal an Deck gesehen.

»Der gehört alleine dem Kapitän. Seine Geisel. Ein echter englischer Lord.« Der Pirat drängelte sich vorbei, stieß bei den letzten Worten die Luft abfällig aus.

Der andere Mann pfiff durch seine zahlreichen Zahnlücken und musterte Simon von oben nach unten. »Deshalb wollte er den Brief so schnell losschicken. Verstehe.«

»Der gibt bestimmt ein gutes Lösegeld«, brummte ein anderer hinter ihm, der ein dunkles Kopftuch an einer Seite tief herunter gezogen trug. Als er näher ins Licht kam, bemerkte Simon erschrocken, dass er nur ein Ohr hatte, das Tuch flach am Kopf anlag.

»Was für ein schöner Zeitvertreib für Ledoux, der weiß die Gesellschaft eines solchen Burschen durchaus zu schätzen.« Er lachte meckernd auf.

»Hüte besser deine Zunge, Pedro«, zischte der Pirat mit dem Bündel, schnaubte und verschwand nach hinten. Die anderen beiden sahen sich an und musterten Simon mit großem Interesse.

»Komm doch mal näher, hübscher Engländer«, lockte Pedro. »Lass mal sehen, was an dir so dran ist.« Kichernd streckte er die Hände durch die Gitterstäbe, doch zum Glück stand Simon außerhalb seiner Reichweite und dachte natürlich nicht daran, der Aufforderung nachzukommen. Pedro machte ein enttäuscht klingendes Geräusch. »Oh? Etwa noch ein wenig schüchtern?« Abermals kicherte er, stieß den anderen Mann in die Seite. »Vermutlich noch ganz unschuldig und rein. Ein Festessen.«

Angewidert verzog Simon den Mund. Wie ein Stück Vieh begutachteten ihn die beiden Männer. Vielleicht war er das ja auch in ihren Augen. Aber er bewegte sich nicht, wich nicht weiter zurück, hielt ihrer Musterung einfach gleichmütig stand. Widerliches Gesindel. Hoffentlich verschwanden sie bald.

»Macht endlich voran«, knurrte sie der andere Pirat an, als er zurückkam. »Lasst bloß die Finger von ihm, wenn ihr euch nicht verbrennen wollt. Ledoux zerreißt euch in der Luft, wenn ihr ihm zu nahe kommt.«

Beide Männer warfen ihm einen genervten Blick zu und schnaubten verächtlich, gingen dann doch wieder ihrer Arbeit nach. Simon wich nun weiter nach hinten in seinen Verschlag zurück, beobachtete die Männer aus sicherer Entfernung. Er wollte mit keinem von ihnen näheren Kontakt haben und war froh, als der Ladevorgang abgeschlossen war und Stille zurückkehrte. Gleichzeitig dachte er sehnsuchtsvoll an das nahe Land. Völlig unerreichbar für ihn.

Bald darauf legte das Schiff ab und er sank enttäuscht auf sein Lager.

Erst am folgenden Tag durfte er wieder an Deck. Zu seiner Verblüffung segelte das Schiff in Sichtweite des Landes, eine ferne, blaugrüne Silhouette. Pierre hatte seine Hände gefesselt und so begrub er jeden Gedanken daran, sich über Bord zu stürzen. Enttäuscht und mit sich hadernd stand er an der Reling und sah dem schwindenden Streifen Hoffnung nach, während das Schiff aufs offene Meer segelte.

Der Wind war frisch und böig und zerrte an seiner Kleidung, die Luft war deutlich abgekühlt. Die Männer waren mit ihren Arbeiten beschäftigt, selbst Jorge und Tito schienen heute keine Gelegenheit zu finden, sich zu ihm zu gesellen, und sogar Pierre war verschwunden. Simon blickte sich mehrfach nach ihm um, er war nirgends zu sehen. Ob es jemand bemerken würde, wenn er das Vordeck verließ?

Mutig ging an der Reling entlang zum Heck des Schiffes. Sein Blick strich über die Ladeluke und hinüber zum Heck und er erstarrte augenblicklich. Dort stand Jean in ein Gespräch mit einem anderen Mann vertieft und Simon drehte sich hastig um, hoffte, dass er ihn nicht bemerken würde. Eilig wollte er wieder zurückgehen, als er auch schon seinen Namen rufen hörte und abrupt innehielt.

Natürlich hatte Jean ihn bemerkt. Widerwillig drehte er sich um, straffte sich und beherrschte seinen Körper, um sich nichts anmerken zu lassen.

»Wie ich sehe, erkundest du bereits alleine mein Schiff?« Jean lächelte freundlich, während er die Treppe hinab kam und auf ihn zu trat.

Simon verspürte ein schlechtes Gewissen und schalt sich prompt einen Idioten. Er nickte er stumm. Ob Jean ihn bestrafen würde? Aber niemand hatte ihm explizit verboten, sich auf dem Schiff weiter zu bewegen.

»Das freut mich.«

Ein überraschtes Keuchen entkam Simon, als Jean seine gefesselten Hände packte. Unter dem festen Griff spannte er sich augenblicklich an und blickte erschrocken hoch. Also würde er ihn doch bestrafen. Er hatte einen Fehler begangen.

Zu seinem Entsetzen zog Jean ein Messer aus dem Gürtel. Augenblicklich beschleunigte sich Simons Atem. Bei Gott, was hatte er denn vor? Er hatte sich doch nur wenige Schritte über das Deck fort gewagt. Wohin sollte er schon entkommen?

Er wollte eine Entschuldigung stammeln und brachte doch nichts hervor. Das Sonnenlicht gleißte auf der Klinge, als Jean seine Hände höher hob. Simon wünschte sich sehr, er würde nicht zittern, der Blick hing wie hypnotisiert an dem blanken Messer. Sein Körper schien ihm nicht mehr zu gehorchen, war starr vor Angst. Verzweifelt suchte er Jeans Blick. Auf seinen Lippen lag ein Flehen, welches sein Stolz partout nicht zulassen wollte. Jean zog ihn näher an sich heran, bis sie sich berührten.

Gewiss spürt er das verräterische Herz angstvoll schlagen. Was würde er ihm nur antun? Gott, er hatte doch nichts getan.

Jean lächelte nachsichtig. »Nun ich denke, hierauf können wir verzichten.« Simon versuchte zurückzuzucken, als er das Messer ansetzte. Kaltes Metall, so scharf. Kein Schmerz folgte, stattdessen war der Druck der Fesseln fort. Jean hatte die Seile durchtrennt. Reflexartig rieb Simon sich die Handgelenke, atmete tief und erleichtert ein. Die Seilreste warf Jean schwungvoll über Bord.

»Komm, ich zeige dir mehr von meinem Schiff.« Jean machte eine auffordernde Geste. Immer noch entgeistert starrte ihn Simon an, fing sich und gab sich schließlich einen Ruck. Wieder einmal hatte ihn Ledoux verblüfft.

»Es ist gut, wenn du alles kennst. Immerhin wirst du noch lange bei mir bleiben. Bis wir unser Ziel erreichen, wird in etwa noch eine Woche vergehen.«

Simon konnte die Frage nicht zurückhalten: »Welches Ziel?«

Jean musterte ihn und Simon rechnete damit, dass er nicht antworten würde, aber Jean lächelte und erwiderte: »Wir werden die Insel anlaufen, auf der ich meine Heimat gefunden habe. Es wird dir gefallen.« Er maß Simon mit einem langen Blick. »Es wird auch bald schon deine Heimat werden, hoffe ich.«

Simon starrte ihn perplex an.

»Komm, lass mich dir mein Schiff zeigen.« Jean machte eine auffordernde Geste. Zu verwirrt, um etwas zu sagen, stolperte Simon ihm nach, während seine Gedanken sich überschlugen. Jeans Heimat? Wollte er ihn dort festhalten? Was zur Hölle hatte er nur mit ihm vor?

Exquisite Gesellschaft

Jean erklärte ihm vieles, von dem ihm bald schon der Kopf schwirrte, denn bislang hatte er sich nie viel mit der Funktionsweise eines Schiffes beschäftigt. Jean verstand es, die Dinge interessant zu machen, sodass Simon ihm tatsächlich gebannt lauschte und zwischendurch sogar vergaß, warum man ihn festhielt. So lange bis Jean zum Niedergang deutete. »Ich denke, wir sollten den Rest morgen fortsetzen.«

Simon verstand den Hinweis zu gut, ging schweren Herzens auf die dunkle Treppe zu und hinab in sein Gefängnis. Als Jean sich verabschiedete, sah er ihm beinahe sehnsüchtig hinterher. Selbst die Gesellschaft dieses Mannes zog er der Einsamkeit vor.

Noch lange, nachdem ihn Jean in den Verschlag zurückgebracht hatte, dachte er daran, wie er ihn herumgeführt hatte. Er hatte sich Zeit genommen und ganz gewiss waren sie länger als die bisherige Stunde an Deck gewesen.

Ehrlicherweise hatte er Jeans Gesellschaft genossen. Dieser Mann war faszinierend anders, als jeder, den er bislang kennengelernt hatte. Oft genug hatte er sich bei dem Gedanken daran ertappt, wie es wohl sein würde, wenn er ihn unter anderen Umständen getroffen hätte. Vielfach drückte er sich so gewählt aus, dass Simon seine Vermutung bestätigt sah, er könne einer hochgestellten Familie entstammen. Von seiner Vergangenheit hatte Simon indes nichts mehr erfahren. Stattdessen berichtete Jean von dem einfachen Leben auf den Inseln, schwärmte von den Landschaften und wusste viele Details der Tier- und Pflanzenwelt, die ihm gänzlich unbekannt waren.

Nebenbei fragte er Simon subtil über sein Leben und Kindheit aus und wohl oder übel gab er ihm Details preis, die er lieber für sich behalten hätte. Dieses ständige auf der Hut sein müssen, um über keinen von Jeans Fallstricken zu fallen, hatte ihn unerwartet erschöpft, ebenso wie der frische Wind und die vielen Eindrücke ihn schläfrig machten. Daher schlief er an diesem Abend auch rasch ein. Keiner seiner gefürchteten Träume suchte ihn in der Nacht heim. Die Dämonen schienen vorerst gebannt zu sein.

Auch in den folgenden Tagen durfte er länger an Deck bleiben. Jean suchte häufiger seine Gesellschaft, unterhielt sich mit ihm über diverse Themen. Wobei Simon selten sprach, er wusste nie recht, wie er dem Mann begegnen sollte, der sein Leben in der Hand hielt und von dessen Laune er abhängig war. Jean allerdings schien seine Zurückhaltung nicht im Mindesten zu stören.

Der Wind blieb stark, nahm mal zu, wurde wieder weniger, Simons Magen hatte sich indes an das Schaukeln sowie an die Mahlzeiten gewöhnt, um nicht mehr zu rebellieren. Nachdem sie den letzten Hafen angelaufen waren, hatte sich die Verköstigung deutlich verbessert.

Zu ihrem üblichen Rundgang sprach Jean sogar eine anschließende Einladung zu einem Essen in seiner Kabine aus. Simon zögerte, sie anzunehmen. Sollte er nicht ablehnen? Sein Stolz gebot es ihm und doch war die leise warnende Stimme da, die ihm riet, Ledoux nicht zu verärgern. Zudem überlagerte die Aussicht auf einem Stuhl, an einem Tisch und in Gesellschaft zu speisen einen Teil seiner Bedenken, auch wenn es nur die Gesellschaft eines ruchlosen Piraten war. Also akzeptierte er höflich. Mittlerweile fühlte er sich ein wenig sicherer im Umgang mit Jean, der sich stets von seiner freundlichen, sogar zuvorkommenden Seite zeigte. Teilweise empfand Simon sogar etwas, was Sympathie sein konnte und die Vorsicht im Umgang mit ihm schwand immer mehr.

Simon beobachtete ihn von der Reling aus, wie er mit zwei der Piraten etwas besprach. Die Männer nickten und gingen, dann wandte sich Jean wieder lächelnd ihm zu.

Befehle wurden gebrüllt und das Schiff geriet während ihres Rundgangs in hektische Aktivität. Offenbar bewaffneten sich die Männer. Irgendetwas Außergewöhnliches ging vor sich. Die Aufregung war nahezu greifbar. Nur ganz kurz kam bei Simon die Hoffnung auf, ein Kriegsschiff seines Vaters hätte sie womöglich ausgemacht und würde zu seiner Rettung kommen. Er verwarf den Gedanken sofort wieder. Woher sollten sie wissen, wo er gerade war?. Selbst wenn, sollte er sich eher Sorgen, als Hoffnung machen.

Immer wieder während ihres Rundgangs kamen Männer zu ihnen, wechselten Worte mit Jean. Leider verstand Simon sie nicht und wagte auch nicht zu fragen. Es wurde jedoch rasch klar, dass das Schiff für einen Kampf gerüstet wurde. Wollten die Piraten ein Schiff überfallen? Wurden sie angegriffen? Die Aufregung ging auf ihn über. Verstohlen warf er Blicke um sich, nirgends jedoch war die Silhouette eines anderen Schiffes zu sehen. Noch nicht.

Ein mulmiges Gefühl bemächtigte sich seiner. Er hatte davon gelesen und den Berichten der Kommandeure gelauscht. Wenn dieses Schiff in einen Kampf verwickelt wurde, war auch er in höchster Gefahr.

»Komm, Simon. Lass uns speisen gehen. Wir haben gewiss noch etwas Zeit und ich bin sicher, es wird dir gefallen, was mein Schiffskoch uns bereitet hat.«

Wofür Zeit, wollte er fragen, nur ob Jean ihm etwas verraten würde? Nun ja, eventuell bot sich während ihrer Mahlzeit dazu eine Gelegenheit. Er war ohnehin neugierig, wie Jean an Bord eines solchen Schiffes leben würde. Viel Luxus würde es gewiss nicht geben, vielleicht würde ihm aber die persönliche Einrichtung noch mehr von diesem Mann verraten. Gespannt folgte er ihm Richtung Niedergang.

Unter Deck öffnete Jean eine Tür, trat zur Seite, um ihn einzulassen. Neugierig blickte er sich um. Im hinteren Bereich war durch das Spiegelheck das Meer zu sehen. Alles war sparsam eingerichtet, einfache Holzmöbel ohne Verzierungen, kein Samt, keine Seide, nur einfachste Materialien. Jean trat an ihm vorbei und lud ihn an den kleinen Tisch.

»Nimm Platz. Unser Essen wird gleich serviert. Ich freue mich sehr, heute in deiner Gesellschaft speisen zu dürfen.«

Simon zögerte nur kurz, trat an den Tisch heran und setzte sich. »Ich danke Euch auch dafür«, brachte er steif hervor, als sich Jean ihm gegenüber niederließ. Er blickte ihn lächelnd an und Simon schluckte, bevor er erneut ansetzte: »Auch für die mir gewährten Annehmlichkeiten, die es mir deutlich leichter machen, meine Gefangenschaft zu ertragen, möchte ich Euch danken.«

Der Blick der braunen Augen bohrte sich in ihn und Jean setzte zu einer Antwort an, als es klopfte und gleich darauf zwei Männer mit Schüsseln und Tellern den Raum betraten.

Während aufgetischt wurde, und die anderen Männer im Raum waren, schwiegen sie. Simon betrachtete verblüfft das reichliche Essen, welches man ihm auf den Teller gab. Ganz offenbar hatte der Koch sich diesmal besondere Mühe gegeben, denn es roch überaus angenehm und er vermochte den einzelnen Speisen überwiegend Namen zu geben.

»Bitte iss. Lass es dir schmecken.«

Das ließ sich Simon nicht zweimal sagen. Es schmeckte so gut, wie es roch und sein Magen nahm dankbar an, was ihm geboten wurde. Verzückt kostete er von allen Gerichten, fühlte sich so wohl, wie lange nicht mehr.

»Gerne würde ich dir deinen Aufenthalt noch angenehmer machen. Es hängt alleine von dir ab.«

Simon blickte verblüfft auf, ließ die Gabel auf dem Weg zum Mund wieder sinken. »Von mir, Monsieur?« Verwirrt betrachtete er Jean, dessen Stimme so melodisch klang und der ihm lächelnd Wein nachschenkte.

»Wie meint Ihr das?« Da war es wieder, das mulmige Gefühl im Magen, die Unsicherheit, die seine Hände beben ließ. Was konnte Jean meinen? Was sollte er tun?

Jean setzte sein Glas an, nippte an dem guten, schweren roten Wein. Seine Lippen hatten fast die Farbe des Weins angenommen, seine Zunge blitzte für den Bruchteil einer Sekunde dazwischen auf. »Wie du gewiss schon bemerkt hast, ist das Leben an Bord eines Schiffes durchaus recht eintönig.«

Simon schaffte es nebenbei den Rest seines Essens, ganz und gar nicht gentlemanlike, hastig zu verzehren. Zufriedene Wärme breitete sich in ihm aus, die sicherlich auch ein wenig von dem schweren Wein herrührte. Das Gefühl im Magen konnte es nicht verdrängen und rasch nahm er einen weiteren Schluck.

»Oft genug vermisse ich ein wenig … Gesellschaft.« Die kurze Pause zwischen seinen Worten entging Simon nicht und er krauste fragend die Stirn. Jean prostete ihm zu und auch er erhob automatisch sein Weinglas.

»Ich würde mich sehr darüber freuen, wenn du mir fortan ein wenig mehr Gesellschaft leisten würdest.«

Beinahe verschluckte Simon sich an seinem Wein und starrte ihn überrascht an. »Ich, Monsieur?«

»Ich würde gerne ein wenig mehr Zeit mit dir verbringen dich näher kennenlernen, mehr über dich erfahren.«

Ein Tropfen des herrlichen Weins perlte über Jeans Lippen und er wischte ihn grazil mit dem Daumen fort. Sein Lächeln wirkte versonnen, der Blick ruhte unablässig auf Simon.

Was bedeutete das? Was wollte Jean von ihm? Seine Gesellschaft?

Schnell nahm Simon noch einen Schluck des Weins, betrachtete Jean über den Rand seines Glases hinweg.

»Ich habe ja kaum eine andere Wahl«, antwortete er etwas schärfer, als beabsichtigt, um seine Unsicherheit zu überspielen. »Ihr verfügt ohnehin derzeit über mein Leben.«

Jeans Lächeln wurde breiter und er beugte sich vor, kam ihm über den Tisch recht nahe. Seine Hand lag auf einmal nur wenige Zentimeter neben Simons. Zum wiederholten Mal fühlte er seine Haut in Erwartung einer Berührung prickeln und musste sich beherrschen, die Hand nicht wegzuziehen.

»Das muss ja nicht immer so bleiben«, meinte Jean geheimnisvoll und verwirrte Simon noch weiter.

»Was meint Ihr damit?«

»Es hängt ein wenig von deinem … Entgegenkommen ab.«

Wärme puckerte in Simons Hand, Jean hatte seine Finger darauf gelegt. Prompt zog er sie fort und starrte Jean aus aufgerissenen Augen an.

Was deutete dieser Mann an? Entgegenkommen? Wie stellte er sich das vor? Diese braunen Augen … Sie gehörten einem Dämon. So täuschend sanft, nur trauen durfte er ihnen nicht.

»Was wollt Ihr von mir? Was erwartet Ihr?« Seine Stimme klang brüchig, er wusste es, aber er konnte sie nicht beherrschen. Er hatte Angst vor der Antwort. Alles in ihm schrie danach, aufzuspringen, den Raum zu verlassen, vor diesem Mann zu fliehen, der seine Seele einfing und seinen Körper merkwürdig reagieren ließ. Sitte und Anstand waren Fremdwörter für Ledoux.

Jean lächelte unglaublich zärtlich und Simons Magen zog sich stärker zusammen. In seinem Mund war ein bitterer Geschmack, der nicht vom Wein rührte und auch durch diesen nicht fortzuspülen war.

»Bitte nenne mich Jean. Mein Name ist Jean.« Jedes Wort war wie eine Liebkosung, so behutsam, so weich.

Simons Mund öffnete sich, er brachte indes kein Wort hervor. Die Hitze, die Jean ausstrahlte, spürte er beinahe körperlich. Sie würde ihn verbrennen. Das Fegefeuer glomm in seinen Augen; es weckte unreine Gedanken, beschwor herauf, was er tief und sorgfältig in sich verschlossen hatte.

»Ich …« Bei Gott, er hatte immer dagegen gekämpft. Diese sündigen Gedankenbilder waren kindische Fantasien, bösartig, vom Teufel selbst gesandt. Er hatte ihnen entsagt, geschworen, nie wieder, auch nur ansatzweise … Die Finsternis würde ihn holen und nichts fürchtete er mehr.

Jean erhob sich und trat um den Tisch herum auf ihn zu. Augenblicklich sprang Simon auf und stellte hastig das Weinglas ab. Er war zu langsam, denn noch bevor er sich aufrichten konnte, fühlte er bereits Jeans Hand auf seinem Arm. Fassungslos starrte er ihn an, unfähig sich zu rühren. Zu nahe, zu gefährlich. Der Abgrund der Hölle öffnete sich vor ihm und wenn er nicht verschlungen werden wollte, dann sollte er …

Von draußen erschallten Stimmen. Jeans Lächeln wurde breiter, sein Griff fester und er zog Simon an sich heran.

»Ich fürchte, wir werden unser Gespräch ein anderes Mal fortsetzen müssen«, flüsterte er ihm ins Ohr. Simon zitterte, ihm wurde heiß und gleich darauf kalt wurde, der warme Atem ließ ihn schaudern, seine Lider flattern. In seinem Magen rumorte ein Eisblock, seine Kehle war durch ein unsichtbares Seil eingeschnürt worden. Der Griff des Teufels, der seine Seele holen wollte.

»Du wirst leider noch einmal unter Deck müssen, denn unsere Beute ist in Sichtweite aufgetaucht. Früher als erwartet und ich möchte nicht, dass dir etwas passiert, mein Lieber.«

Es klopfte an der Tür »Kapitän! Monsieur! Das Schiff ist jetzt in Reichweite.«

»Ich bin gleich an Deck, bereitete alles vor, Didier!«, rief Jean und Simon befreite seinen Arm hastig, wich vor ihm zurück. Viel zu spät reagierte er, als ob Jean einen Zauber über ihn geworfen hatte.

»Was tut Ihr mit mir, Monsieur?«, würgte er angstvoll hervor, stolperte zwei weitere Schritte zurück und rieb sich erschrocken seinen Arm.

Jean betrachtete ihn und etwas von dem gewohnten Spott war darin. Er machte eine Bewegung mit der Hand zur Tür. »Komm, wenn die Kämpfe anfangen, möchte ich dich in Sicherheit wissen.«

Die Tür öffnete sich und ein wenig benommen torkelte Simon hinaus, schritt eilig vor Jean aufs Deck. Die frische Luft tat gut, ließ ihn leichter atmen.

Ringsum eilten Männer hin und her, Befehle wurden geschrien. Piraten hasteten mit Kanonenkugeln und Waffen an ihnen vorbei. Erschrocken blickte er sich um, konnte allerdings noch kein anderes Schiff erkennen.

»Alles klar zum Gefecht?«, erkundigte sich Jean, als er auf Didier zutrat.

Simons Herz begann hektischer zu schlagen. Wollten diese Piraten tatsächlich ein anderes Schiff angreifen? Oh Gott und er steckte mitten drin.

»Pierre, bring Simon unter Deck.«

Ehe er es sich versah, hatte ihn der große Mann auch schon gepackt und zerrte ihn grob zum Niedergang. Simon stolperte, wehrte sich allerdings nicht, zu betäubt war er von dem Gedanken, was passieren würde. Wahrhaftig, er würde an Bord sein, wenn dieses Schiff in ein Seegefecht ging.

Seine Beine fühlten sich seltsam wackelig an und das mulmige Gefühl im Magen verstärkte sich fast bis zur Übelkeit. Pierre zerrte ihn rücksichtslos mit sich und stieß ihn schließlich in den Verschlag. Mit Entsetzen beobachtete Simon, wie er die Lampe fortnahm und ihn im Dunklen zurückließ.

Alleine, gefangen in der ungewissen Dunkelheit, während um ihn her der Lärm zunahm, hockte er in seinem Verschlag und lauschte auf die Geräusche. Stimmengewirr, schleifende Geräusche, hastige Bewegungen von nackten Füßen. Das dumpfe Donnern verriet ihm, dass Kanonen abgefeuert wurden. Die Planken des Schiffes schienen zu beben, der ganze Schiffsrumpf erzitterte. Er versuchte sich vorzustellen, was vor sich ging und wie die zwei Schiffe sich bewegen würden. Die Dunkelheit gab ihm keine rechten Hinweise.

Es donnerte immer häufiger, der scharfe Duft von Schießpulver und Rauch drang zu ihm. Plötzlich erbebte das ganze Schiff unter einem Schlag. Halt suchend griff er an die Gitterstäbe. Stimmen drangen herab, laute Schreie, Schmerzensschreie! Erschrocken kam Simon auf die Beine. Sie waren getroffen worden, eine Kugel musste das Schiff getroffen haben. Panik drohte ihn zu überwältigen. Wenn das Schiff so schwer getroffen wurde, dass es sinken würde … Und er war hier unten eingesperrt. Entsetzt rüttelte er an den Gitterstangen. Sein Atem ging keuchend. Abermals erzitterte das Schiff und Simon entkam ein erschrockener Aufschrei.

»Verflucht! Lasst mich hier raus!«, brüllte er in die Dunkelheit, aber seine Stimme blieb im übrigen Lärm ungehört. Verzweifelt warf er sich mit der Schulter gegen die Stäbe, aber sie waren viel zu solide gebaut. Dieses verfluchte Piratenpack! Er wollte hier unten nicht sterben, absaufen wie eine Ratte. »Bitte, lasst mich hier raus!«

Niemand hörte ihn, niemand kam. Wieder und wieder erzitterte das Schiff und das Donnern nahm beständig zu.

»Bitte!«, flehte Simon immer leiser, rutschte an den Gitterstäben zu Boden, die Stirn dagegen gepresst. Sein überforderter Verstand gaukelte ihm Schreckensbilder vor und er fühlte sich so entsetzlich alleine.

»Bitte nicht. Lass mich nicht so sterben.« Einzelne Tränen rannen über seine Wangen. Er wischte sie hastig weg, aber es war ja niemand da, der sie sehen würde.

Ob Gott ihn hören konnte? Ob er jemanden senden konnte, der ihm half zu entkommen? Irgendjemanden, der ihm heraushalf, aus diesem Verschlag, aus der Finsternis, aus dem Sumpf in den er geraten war? Fort von Jean, weg von der Sünde, der er zu verfallen drohte.

Zusammen gekauert, die Hände über dem Kopf, wimmerte er: »Bitte hilf mir irgendjemand. Bitte hilf mir raus.«

Der Tod zeigt sein wahres Gesicht

Irgendwann hörte das Donnern der Kanonenkugeln endlich auf, indes hallten noch immer Schreie zu ihm hinab. Simon lauschte angestrengt und vermeinte bald darauf das Klirren von Metall auf Metall und vereinzelte Schüsse zu hören. Griffen die Piraten an, wurden sie angegriffen? Wenn er doch nur wüsste, was geschah. Wenn er doch nur einen Funken Licht sehen könnte.

Es dauerte lange, bis der Lärm nach und nach abnahm und noch länger, bis sein Herz endlich ruhiger schlug, das Zittern nachließ, seine schmerzenden Lungen eine ruhige Atmung zuließen.

Vorsichtig nahm er die Arme herunter. Scheinbar war das Schiff soweit intakt, nirgends war Wasser zu sehen. Konnte er hoffen, dies zu überleben? Oder man hatte ihn vergessen, die Männer das Schiff verlassen? Nein, da waren Geräusche und Stimmen.

Bei Gott, man hatte ihn unfreiwillig in ein Seegefecht verwickelt. Wenn er dies Zuhause nur erzählen könnte … Immer hatte er gespannt und mit angehaltenem Atem den Erzählungen der jungen Offiziere gelauscht, wenn sie berichteten, wie sie heldenhaft gegen feindliche Schiffe und die Piraten gekämpft hatten. So oft hatte er an ihren Lippen gehangen und sie für ihren Mut bewundert.

Langsam gab er seine zusammengekauerte Haltung auf und schämte sich entsetzlich für sein kindisches Verhalten. Niemand von diesen tapferen Männern würde sich vor Angst schlotternd verkriechen, wie er es getan hatte. Seine Wangen brannten noch nachträglich. Wie ein erbärmlicher Feigling hatte er sich hier eingerollt und wie ein kleines Kind geweint. Zu seinem Glück, hatte ihn niemand gesehen, die Schande wütete nichtsdestotrotz tief in ihm und kratzte an seiner Ehre.

An Deck wurde es still und Simon schloss die Augen, bemühte sich, ein wenig Schlaf zu finden, um dieses Erlebnis zu vergessen. Stunden, nachdem alles wieder ruhig geworden war, dämmerte er endlich im Halbschlaf vor sich hin. Jäh schreckte er hoch, wenn er das Geräusch von plätscherndem Wasser oder Schüssen zu vernehmen meinte und sah sich augenblicklich gehetzt um, aber ringsum war nur die entsetzliche, undurchdringliche Finsternis.

Irgendwann schlief er doch ein und wurde erst von dem Geräusch näherkommender Schritte auf der Holztreppe wach. Ein Licht näherte sich ihm und sofort sprang er auf die Füße. Im flackernden Schein der Öllampe erkannte er Pierres Gestalt. Der Pirat hatte eine frische, blutige Schramme im dunklen Gesicht und knurrte ihn grob an, während er aufschloss: »Los, komm mit hoch, Engländer.« Simon zögerte nicht lange, folgte ihm und dem gelben Lichtschein erleichtert nach oben.

Pierre sagte nichts weiter zu ihm, als sie an Deck kamen, ließ ihn stehen und ging seiner Wege. Simon erkannte auch sofort warum. Sein Blick streifte übers Deck und er erfasste schockiert die ganzen Veränderungen. Die Spuren des vorangegangenen Kampfes waren deutlich zu sehen und die Piraten allesamt mit Reparaturen beschäftigt. An mehreren Stellen war die Reling zerstört und ein Teil des vorderen Segels war heruntergekommen, der Mast geknickt.

Langsam ging Simon weiter, wich dabei immer wieder arbeitenden Männern aus. Von dem anderen Schiff war nichts zu sehen. Wahrscheinlich hatte es sich zu gut gewehrt, wenn man sah, was alles getroffen worden war. Scheinbar war es entkommen. Gut so.

Was für ein entsetzlicher Kampf musste gewütet hier haben, während er unter Deck gehockt hatte.

Jean war nirgends zu sehen und dafür war er wirklich dankbar. Er entdeckte Jorges große Gestalt, der zu beschäftigt war, um ihn zu beachten. Simon beobachtete die Männer, wie sie gemeinsam ein Segel bargen. Ungewollt bewunderte er, wie gut sie zusammenarbeiteten, sich gegenseitig kurze Anweisungen zuriefen und die kräftigen Arme und Körper sich anspannten, wenn sie an den Tauen zerrten.

Diese Männer wussten genau, was sie taten. Jeder von ihnen war es gewohnt körperlich zu arbeiten, die Aufgaben zu erfüllen, die auf einem Schiff anfielen und widerwillig zollte ihnen Simon einen gewissen Respekt. Bislang waren sie nur seine Feinde gewesen, wenn er ihnen jedoch beim Arbeiten zusah, erschienen sie, mit ihren wettergegerbten und sonnenverbrannten

Körpern, dem Geruch von Schweiß und den ernsten, zum Teil verbissen angestrengten Gesichtern, viel menschlicher, als zuvor.

Ein seltsamer Gedanke, befand er, ganz in den Anblick versunken. Jemand zischte etwas in einer fremden Sprache und gleich darauf wurde er zur Seite gestoßen. Simon beeilte sich, den Männer aus dem Weg zu kommen, und ging weiter bis zum Niedergang. Unentschlossen lehnte er sich gegen den Türrahmen und beobachtete weiterhin die Piraten bei ihren Arbeiten.

Welchen Weg sie wohl gekommen waren, der sie auf dieses Schiff, in dieses Leben geführt hatte? Es waren Männer gänzlich unterschiedlicher Herkunft, von Franzosen über Spanier, Niederländer hin zu Jamaikanern und auch der ein oder anderen Dunkelhäutige.

Simon beäugte sie verstohlen. Ähnlich wie Jorge, schienen sie sich von den anderen Männern wirklich nur durch ihre dunklere Haut zu unterscheiden. Noch nie zuvor hatte er so viele unterschiedliche Menschen gesehen. Mehr als die Hälfte von ihnen arbeitete mit blankem Oberkörper und er konnte nicht umhin das Spielen kräftiger Muskeln zu bestaunen, ein Anblick, der ihn durchaus anzog.

Diese Männer waren ganz anders, als die vornehmen, stets adrett gekleideten, höflichen Offiziere und Adeligen, die ihm sonst begegnet waren. Sie erschienen ihm ursprünglicher, verwegener, animalischer und auf eine faszinierende Art auch … männlicher. Der Gedanke war da, setzte sich in seinem Kopf fest und weigerte sich hartnäckig, seinen Moralvorstellungen zu weichen, die er wieder und wieder heraufbeschwor.

Missmutig schloss er die Lider, hoffte, dass sein, von der Gefangenschaft offenbar verwirrter Verstand, wieder in gewohnten Bahnen funktionieren würde und ihm nicht mehr so abartige Gedanken kamen. Daran war nur Jean schuld, der ihm zu viel Wein eingeflößt hatte.

Hinter sich vernahm er ein leises, wimmerndes Geräusch und lauschte angestrengt. Es wiederholte sich, er hatte sich nicht verhört. Er wandte sich um und horchte in den dunklen Niedergang hinein. Eindeutig, von unten drang ein schmerzvolles Stöhnen und Wimmern herauf. Dort waren die Schlafplätze der Mannschaft, Jean hatte sie ihm gezeigt. Die Piraten schliefen in Hängematten oder auf dem Boden.

Simon zögerte, der Laut drang ihm ins Herz und auch wenn er die Dunkelheit hasste, dort litt ein Mensch Schmerzen, benötigte vielleicht Hilfe. Kurzentschlossen folgte er dem Geräusch und stieg die Treppe hinab. Unten folgte er dem Gang und bemerkte einen schwachen Lichtschein. Das Wimmern wurde lauter, als er eintrat.

Dort lag ein Mann seitlich zusammengerollt auf einer der Matten und gab diese entsetzlichen Laute von sich. Der Raum war verlassen, offenbar waren alle anderen an Bord. Simons Herz schlug hart gegen seine Brust und er fühlte sich dennoch magisch von dem Anblick angezogen, obwohl seine Hände leicht zitterten und er eigentlich nicht wirklich sehen wollte, warum dieser Mann so qualvolle Geräusche von sich gab. Vorsichtig näherte er sich dem Lager und blieb zögernd davor stehen.

Neben ihm an dem Pfosten hing eine Öllampe und beleuchtete den Körper des Mannes leidlich. Die schwarze Haut wirkte fremdartig und war von feinen Schweißperlen überzogen, die schwach schimmerten. Kräftige, vernarbte Arme und schwarze, krause Haare. Der Mann trug ein einfaches, ehemals blaues Hemd und eine gestreifte Hose.

Abermals stöhnte er gepeinigt auf. Kaum menschlich, eher wie der Laut eines verletzten Tieres. Simons Herz schlug ihm bis zum Hals, aber er zwang sich, noch näher zu kommen.

Just in dem Moment, als er sich über die Gestalt beugte, warf sich der Mann herum und stieß einen erneuten Schmerzlaut aus. Das dunkle Gesicht war grausam verzerrt, das zerfetzte Hemd blutdurchtränkt. Entsetzt rang Simon nach Atem, wich hastig zurück. Blut überall. Es sickerte aus der Wunde in der Brust, ein Stück Holz hatte den Mann wie ein Speer durchbohrt und musste unvorstellbare innere Verletzungen angerichtet haben. Schwindel erfasste Simon und er musste sich mit einer Hand am Pfosten festhalten. Der Geruch des Bluts stieg ihm ekelerregend in die Nase und beinahe hätte er sich umgedreht und wäre vor diesem entsetzlichen Anblick geflohen. Genau in dem Moment schlug der Mann die Augen auf und sah ihn direkt an.

So viel Schmerz, so viel Leid. Simons Lippen bebten, sein Mund war trocken. Augenblicklich sank er auf die Knie und griff nach der Hand des Mannes. Dunkle Finger, die Innenseite heller, fremdartig war der Geruch, der von dem Mann ausging. Undeutlich genuschelte Worte kamen ihm von den Lippen, Simon konnte kein Wort verstehen. Der Mann umklammerte seine Hand fester und seine Stimme wurde flehend.

Unsicher blickte Simon ihn an, wusste nicht, was er tun sollte. Dieser Mann musste augenblicklich verarztet werden, wenn er wenigstens eine geringe Überlebenschance haben sollte. Suchend sah er sich nach Hilfe um, aber sie waren ganz alleine.

»Ich …«, begann er, brach aber jäh ab. Was konnte er nur tun? Er musste Hilfe holen, irgendjemand musste hier helfen. Wo konnte er den Schiffsarzt finden? Wenn er Jean fand, der wüsste es.

»Ich hole Hilfe.« Er wollte aufstehen, dem Verletzten die Hand entziehen, doch dieser umklammerte sie nur umso fester. Ein Wortschwall ergoss sich über Simon, von dem er nichts verstand, dessen Tonlage indes derart bittend, ja flehend war, dass er sich zurücksinken ließ.

»Ich weiß nicht, was Ihr sagt. Ich verstehe Eure Sprache nicht. Aber Ihr braucht Hilfe. Ich muss jemanden finden, der Euch helfen kann, bitte lasst mich gehen und Hilfe holen.« Der Mann blickte ihn wortlos an und krümmte sich stöhnend wieder zusammen. Oh Gott, welche Schmerzen musste er erleiden. Simon wollte sich losreißen, vor diesem entsetzlichen Anblick fliehen und konnte es nicht. Stattdessen sah er sich um und entdeckte einen Eimer Wasser, eine Flasche und mehrere, schmutzige, blutige Lappen daneben.

Entschlossen griff er nach einem davon, tauchte ihn in das unangenehm riechende Wasser und wrang ihn ungeschickt mit einer Hand aus. Vorsichtig wischte er über die schweißnasse Stirn des Mannes, der weiter in seiner fremden Sprache redete und wimmerte. Simon fühlte sich erbärmlich hilflos, wollte den Mann nicht alleine lassen. Immer wieder fuhr er ihm mit dem Lappen über die Stirn. Der Verletzte hielt seine Hand noch immer umklammert und schien nicht gewillt, sie freizugeben.

Simons Blick fiel auf die Flasche neben dem Eimer. Ah, es war Alkohol. Jäh erinnerte er sich, wie ein paar der Offiziere davon erzählten, dass man Kranken Alkohol gab, um ihre Schmerzen zu lindern oder sie zu betäuben, wenn ihnen Arme oder Beine amputiert werden mussten.

Hatte man dem Mann deshalb diese Flasche hingestellt? Zögernd griff Simon danach und betrachtete sie nachdenklich. Vorsichtig schnupperte er daran und verzog angewidert das Gesicht. Kein Zweifel, es war Alkohol, und zwar sehr starker. Vermutlich Rum.

Erneut stöhnte der Verletzte qualvoll auf und wandte den Kopf.

»Helfen …«, brachte er in gebrochenem Englisch hervor. »Schmerz zu viel … Mach Ende.« Sein Blick bohrte sich in Simon, der heftig an dem Kloß im Hals schlucken musste.

»Ich weiß nicht, was ich machen muss«, flüsterte Simon verzagt. »Ich kann nichts tun. Ich weiß nicht was und wie.«

Diese schwarzen Augen sahen ihn so verzweifelt an und nun griff der Mann auch mit der anderen Hand nach ihm, umklammerte seinen Arm.

»Schmerz …. Ende machen.« Gequält röchelte er, hustete und packte Simons Arm schmerzhaft fest.

Blut quoll über die schrundigen Lippen, Tropfen flogen beim Husten heraus. Hastig wischte Simon es ihm von den Lippen. Was sollte er nur tun?

Irgendwie musste dieses Holzstück aus der Brust bekommen, aber wie? Simons Gedanken rasten und er versuchte sich zu erinnern. Was hatten jene Seemänner erzählt? Wie half man einem so schwer Verletzten?

Entschlossen hielt er dem Mann die Flasche an die Lippen. »Trinkt, es wird Euch den Schmerz nehmen.« Seine Stimme zitterte, aber er bemühte sich, zuversichtlich zu lächeln. »Rum, guter Rum.« Langsam öffnete der Verletzte den Mund und ließ zu, dass Simon ihm den Alkohol einflößte.

Er hatte absolut keine Ahnung, wie viel er ihm geben sollte oder ob es ihm helfen würde. Wieder hustete der Mann und er stellte die Flasche hastig ab und stützte ihn, wischte ihm sofort wieder das Blut von den Lippen. Es war überall, befleckte auch sein Hemd und die Hose. Es sollte ihn anekeln, jedoch war er nur von dem Wunsch beseelt, diesem Mann zu helfen. Abermals flößte er ihm Rum ein. Der Mann versuchte zu schlucken, krümmte sich immer wieder zusammen und stöhnte auf.

Sollte er versuchen, das Stück Holz herauszuziehen? Wie konnte er die Blutung stoppen? Unschlüssig betrachtete er den Verletzten. Nie zuvor war er mit dergleichen konfrontiert worden und fühlte sich total hilflos. Er murmelte irgendetwas beruhigendes, unsinniges Zeug, und wischte ihm immer wieder die Stirn ab, versuchte das Gesicht zu kühlen und hoffte inständig, dass einer der anderen Piraten kommen und helfen würde.

Eine Ewigkeit schien zu vergehen, niemand kam und langsam wurde der Mann ruhiger.

»Gut …«, raunte er und lächelte Simon an. »Du gut … Schmerz weniger.« Er löste die Hand vom Arm und umschloss die rechte Hand mit beiden Händen.

»Geister kommen«, nuschelte er, verfiel wieder in die fremde Sprache und erhob schließlich seine Stimme zu einem merkwürdigen Singsang.

Fasziniert und betroffen starrte Simon auf ihn, als er seine Hand fest auf die Brust presste, direkt auf den blutigen Stoff, an sein Herz. Er spürte es schwach schlagen. Unaufhörlich sickerte das Blut aus der Wunde, rann unter dem Stoff entlang und tropfte zähflüssig zu Boden. Die Stimme des Mannes wurde stetig leiser, brach immer wieder und Simon beugte sich näher, versuchte die Worte zu verstehen. Wenn er nur helfen könnte.

Schließlich verstummte er ganz und lächelte Simon an. Der Herzschlag unter seiner Hand wurde immer langsamer. Das Herz eines Sterbenden.

»Nein, bitte nicht. Nicht so …«, flüsterte er bestürzt. Aber er wusste es, fühlte es und erkannte es in den Augen. Das Licht in ihnen erlosch, wich einem starren Ausdruck. Das Herz machte noch zwei, drei schwere

Schläge, die Brust hob sich langsam und sank dann zurück. Egal wie verzweifelt Simon auf die nächste Bewegung wartete, sie kam nicht mehr. Der Mann war tot.

»Nein«, flüsterte er tonlos, vermochte seine Hand nicht wegzuziehen, starrte in die gebrochenen Augen in dem fremdartigen Gesicht mit den wulstigen Lippen. Es wirkte fremd, die Stirn anders, die Nase breiter, der Mund, so dunkel die Haut, dennoch war es ein menschliches Gesicht. Ein Mensch wie er auch.

Simons Augen brannten, Tränen liefen ihm unaufhörlich über die heißen Wangen. Er fühlte sich leer und losgelöst, saß minutenlang fassungslos am Lager des Mannes, bis er seine Hand lösen konnte und zurückzog. Er sollte wohl beten, irgendetwas sagen, die Seele des Mannes Gott übergeben. Er brachte keinen Ton über die Lippen.

Hinter ihm erklangen Schritte. Nichtsdestotrotz konnte er sich kaum vom Anblick des Toten lösen.

»Hat er es überstanden?«

Simon brauchte einen Moment, bis er den Kopf heben konnte und ein Gesicht erkannte. Der Pirat trat heran und betrachtete mit reglosem Gesicht den Toten. »Ist er tot?«

Selbst das zaghafte Nicken fiel Simon schwer. »Er … Ich … wusste nicht, was …«

»Nichts«, unterbrach ihn der andere Mann abrupt und kam näher. Er war klein, stämmig und untersetzt, mit kahlem Schädel und einer bläulichen Tätowierung an der Stirn. Sein grünes Hemd war schmutzig und nur halb in die dunkle Hose gesteckt. Darüber trug er eine dunkelgrüne Weste, die zahlreiche, andersfarbige Stoffflicken aufwies.

»Du hättest nichts für ihn tun können. Bei so einer Verletzung hatte er Glück, dass es schnell ging. Zwei andere hat es vorhin erwischt, als der Mast runterkam, aber die waren gleich tot.«

»Aber …«, hob Simon an und sein Blick blieb an dem Holzstück hängen. »Ich hätte es vielleicht nur herausziehen müssen, dann …«

»Das hätte es nur noch schlimmer gemacht.« Der Mann griff nach der halbleeren Flasche und grinste. »Hast du ihm das eingeflößt?«

»Ja.« Noch immer hing Simons Blick an den leeren Augen. Es fiel ihm schwer zu glauben, dass dieser Mann wirklich gestorben war und es nichts gab, was er hätte tun können. Irgendetwas hätte er machen sollen. Nicht nur passiv zuschauen. Er fühlte sich elend.

»Gut, das hat ihm wenigstens die Schmerzen genommen.« Er kniete sich neben Simon und betrachtete den Toten nachdenklich. »Schätze mal, Samuel hätte nichts dagegen, wenn du einen Teil seiner Sachen bekommst. Nimm dir die Stiefel, die sind gut gearbeitet und er hat irgendwo auch so eine Kette mit einem Anhänger. Kein Gold, aber bestimmt was wert.«

»Was?« Simon löste den Blick von den toten Augen und blickte den anderen Mann verunsichert an. Ein breites Grinsen überflog dessen Gesicht.

»Willst du dir was nehmen? Er kann nichts davon mehr gebrauchen. In der Hölle nützt es ihm nichts, also nimm dir schon, was du gebrauchen kannst, bevor es die anderen tun. Noch hat keiner mitbekommen, dass er krepiert ist.«

Fassungslos starrte ihn Simon an und er sprang hastig auf. Nie im Leben würde er einen Toten bestehlen, seine Leiche entehren. »Ich will ihn nicht berauben. Er ist tot. Was denkt Ihr nur von mir?«

Der andere Mann zuckte lässig die Schultern und griff nach den Stiefeln. »Wenn du sie nicht haben willst, dann nehme ich sie mir, aber überlege es dir später nicht anders, da verstehe ich keinen Spaß, hörst du?« Simon wich vor ihm zurück, als ob er der Teufel persönlich wäre. Hastig zog der Pirat die Stiefel aus und begann die Taschen des Toten zu durchsuchen.

Bestürzt beobachtete Simon, wie er die Taschen entleerte und den Inhalt einsteckte. In ihm tobten die Gefühle, wirbelten im Sturm immer um den einen Gedanken: Der Mann war tot, er verdiente Respekt. Man musste die Ruhe eines Toten achten. Er wollte diesen Piraten von dem Toten fortziehen, ihn anschreien, aber er stand stumm da und konnte einfach nicht fassen, wie wenig diesem Mann die Ehre des Toten bedeutete.

Diese Augen! Wie sie ihn angesehen hatten. Niemals würde er diesen Ausdruck vergessen können.

Der Pirat fand ein paar weitere Dinge in den Hosentaschen und stopfte sie hektisch in seine und schielte dann zu Simon hinüber, der ihn schockiert ansah.

»Beschwere dich nicht.« Schnaubend richtete er sich auf und trat drohend auf Simon zu. »Was willst du? Dich etwa mit Enrico anlegen? Das dürft dir schlecht bekommen, Bursche.« Verächtlich spuckte er aus.

Simon straffte sich und blickte ihn abfällig. In ihm entstand eine kalte, ruhige Wut und er trat seinerseits einen Schritt auf den kleineren Mann zu.

»Vergreift Ihr Euch etwa auch an Lebenden?«, zischte er. »Ich würde es Euch gewiss nicht so leicht machen, wie der Tote.« Er hatte keine Waffe, dessen war er sich voll bewusst, allerdings widerte dieser Mann ihn derart an, dass es ihm egal war. Er würde ihn mit den Fäusten niederschlagen, wenn er ihn angreifen sollte.

Augenblicklich wich Enrico vor ihm Mann zurück, blickte ihn misstrauisch und abschätzend an. Rasch bückte er sich, griff nach der Rumflasche und richtete sich schnell wieder auf. Er presste sie an sich, als ob er Angst hätte, Simon würde sie ihm entwenden. »Dummer Engländer.« Hastig wandte er sich um und eilte zur Tür.

Simon sah ihm nach, spürte eine abgrundtiefe Verachtung, warf noch einen Blick auf den Toten und wandte sich ruckartig ab. Aufgewühlt und zornig ging er zurück an Deck. Diese gottlosen Menschen, unter die er geraten war. Abschaum waren sie. Der Tod des Mannes schien keinen weiter zu kümmern.

Tief einatmend trat an die Reling und starrte auf das Meer. Immer wieder hatte er diese schwarzen, leeren Augen vor sich. Ein Afrikaner, in seiner fernen Heimat versklavt und hierher verschifft. Wie war er zu den Piraten gekommen? Seinem Besitzer entflohen? Welches Schicksal hatte ihn in die Freiheit, auf ein Piratenschiff geführt, wo sein Leben so grausam beendet wurde?

Simons Augen brannten im frischen Wind, aber er wollte keine weiteren Tränen zulassen, seine Hände umklammerten schmerzhaft hart das Geländer. Er fühlte noch den Druck der fremden Hand mit der seltsamen, dunklen Haut. Noch immer fühlte er sich wie betäubt, der Realität entrückt. War das wirklich passiert?

Jemand trat neben ihn. »War ein hübscher Tanz mit dem spanischen Schiff«, bemerkte Tito. »Hat uns ganz schön zugesetzt. Drei Treffer. Zwei an Deck und einer in die Takelage.«

Simon hatte Mühe, sich von der Erinnerung an die leeren Augen zu lösen und sich auf das Gespräch zu konzentrieren.

»Ist es entkommen?« Seine Stimme war schleppend und seine Schultern bebten.

»Was?« Verblüfft schaute Tito ihn von der Seite an.

»Das andere Schiff. Es ist nicht mehr zu sehen.«

Tito stutzte, krauste die Stirn, dann brach er in Lachen aus, schlug Simon auf die Schulter und brachte dazwischen kichernd hervor: »Na logisch. Er hat es doch versenkt. Da, schau. Dort treiben noch ein paar Trümmer.«

»Was?« Simon wollte nicht glauben, was er hörte. Kälte kroch über seinen Rücken, das Beben verstärkte sich und seine Knie fühlten sich butterweich an. Abermals lachte Tito und löste seine Hand von Simons Schulter.

»Dieser dumme, stolze spanische Kapitän wollte sich einfach nicht ergeben. Wir hatten ihnen schon den größten Teil der Takelage weggeschossen und trotzdem wollten sie nicht beidrehen. Wir haben sie geentert, aber sie haben sich ganz schön gewehrt. Heissa, das war ein Kampf. Vier von uns sind draufgegangen und ein paar wurden verletzt, als wir ihre Kugeln abgekommen haben.«

Tito zuckte mit den Schultern. »Dieser sture Kapitän wollte sich einfach nicht ergeben, selbst als wir sie zusammengetrieben hatten. Also hat Ledoux sie allesamt auf den Grund des Meeres geschickt. Natürlich erst, nachdem wir sie um ihre kostbare Ladung erleichtert haben.«

Tito feixte, als er Simons schockiertes Gesicht sah.

Bei Gott, Jean hatte das Schiff versenken lassen? Mit allen Menschen an Bord? Grauen erfasste ihn, er schüttelte sich, sein Atem flog.

»Alle?«, hauchte er und Tito nickte eifrig.

»Allesamt! Niemand widersetzt sich Jean Baptiste Ledoux ungestraft. Zumindest lebt niemand mehr, der es gewagt hat.« Damit verschwand Tito pfeifend und Simon blieb geschockt und von Abscheu geschüttelt zurück.

Mörder! Das Wort durchfuhr ihn wie der Stich eines Degens. Genau das war Jean, waren sie alle: Mörder.

Der Mann mit den sanften Augen und der grausame Mensch, der derart leichtfertig mordete, war das wirklich ein und derselbe?

Wer war Jean Baptiste Ledoux wirklich?

Im Sturm der Gefühle

Noch immer völlig aufgewühlt wanderte Simon ziellos über das Deck, wich den hin und her eilenden Piraten aus, bis er schließlich den Bug erreicht hatte. Die Gischt spritzte hoch, wann immer Wellen gegen den Rumpf schwappten. Vor ihm breitete sich die endlose Weite aus, strahlend blau, gekrönt von dezenten Schaumkronen. Eine solche Idylle und unter der Oberfläche lauerte das Grauen, hatte die Besatzung eines ganzen Schiffes den Tod gefunden. Der Teufel herrschte an Bord dieses Schiffes und würde auch ihm den Untergang bringen. Vielleicht sollte er sich in die Wellen stürzen, dem ein Ende bereiten, ehe die Klaue nach ihm greifen, ihm endgültig die reine Seele rauben konnte.

Ein Stöhnen riss ihn aus seinen Gedanken und als er sich umwandte, stolperte er. Da lag ein verletzter Mann, mit dem Rücken an die Reling gelehnt. Das rechte Bein wies eine lange Wunde auf, der Stoff der Hose war zerrissen und blutdurchtränkt. Noch mehr Blut. Mit aller Macht musste Simon den Würgereiz unterdrücken. Der Tote verfolgte ihn mit seinen toten Augen. Nein, denn dieser Mann lebte noch, seine Augen waren grünblau und er grinste ihn mit einem lückenhaften Gebiss.

Zwei fremde Worte kamen ihm über die Lippen, doch als Simon nicht reagierte, wechselte er ins Englische: »Na, mein Junge, hast du Freigang?«

Hart schluckte Simon, roch das Blut und kämpfte die bittere Galle tapfer hinab. Stark sein, sich wie ein Mann benehmen.

»Verdammter Spanier. Diese Burschen waren hartgesottene Kerle. Hat mir doch einer von denen seinen Säbel da reingebohrt.« Der Pirat kicherte und Simon schlug eine Alkoholfahne entgegen. Rum. Derselbe Geruch wie unten bei dem Toten. Angewidert stieß Simon die Luft durch die Nase aus.

»Kannst du mir wohl etwas zu trinken holen?« Der Pirat zog einen hölzernen Becher zu sich heran, den er Simon auffordernd hinhielt und machte eine Geste zur Wassertonne hinter ihnen. »Ich bin gerade nicht so gut zu Fuß, aber meine Kehle brennt wie das Fegefeuer der Hölle.«

Simon maß ihn mit einem abschätzenden Blick. Dieser Mann war mit verantwortlich für den Tod der unbekannten Besatzung des spanischen Handelsschiffes. Er sollte ihm nicht helfen. Piraten, ruchloses Gesindel. Fern sollte er jedem von ihnen bleiben. Allerdings sah sein Bein nicht gut aus und er musste gewiss Schmerzen leiden.

Er zögerte nur kurz, nahm den Becher, wandte sich um und trat an die Tonne heran. Noch immer fühlte er sich wie betäubt von dem Erlebnis, seiner ersten Konfrontation mit dem Tod. Aber er füllte den Becher mit nur minimal zitternder Hand und brachte ihn dem Verletzten, der gierig trank.

Seine Wunde sollte versorgt werden, dachte Simon, während sein Blick wieder über das verletzte Bein wanderte. Sie musste gereinigt und verbunden werden, sonst würde sie sich entzünden. Der Mann würde Fieber bekommen, wenn der Dreck von seiner Hose in die Wunde geriet.

Die Kleidung des Mannes war über und über voller Blut und nun erst schaute Simon auch an sich hinab. Er sah mittlerweile kaum besser aus. Seine feinen, ehemals weißen Seidenstrümpfe waren an mehreren Stellen zerrissen, die Kniehose wies Blutflecken auf und auch sein Hemd war dreckig und mit Blut besudelt.

Kurzentschlossen zog er die Schuhe aus und entledigte sich der nutzlosen Strümpfe, stand erneut auf und tauchte den weichen Stoff in das Wasser. Neben dem Mann kniete er sich hin und begann vorsichtig die Wunde zu reinigen. Es war schwer, der üblen Geruchsmischung aus Rum, Blut und vermutlich Fäkalien zu entgehen, dennoch biss er tapfer die Zähne zusammen und ertrug es.

Der Pirat beobachtete ihn mit ernstem Gesicht, während er die Wunde auswusch und anschließend mit den Resten des zweiten Strumpfs unbeholfen verband.

»Danke. Das wird schon helfen.« Der Pirat lächelte ihn an.

Simon wollte sich erheben, aber der Mann griff nach seinem Arm und hielt ihn zurück. »Wie heißt du, Bursche?«

»Simon.« Erstmals betrachtete er das Gesicht des Piraten genauer. Der fast zahnlose Mund wirkte zwar abstoßend, ebenso wie die pockennarbige Haut und die leicht schiefe, vermutlich gebrochene Nase, indes machten hellbraune, freundliche Augen diesen Eindruck rasch zunichte. Das braune Haar war halblang und ebenso verfilzt, wie bei vielen anderen. An diesen Anblick hatte Simon sich schon zu gut gewöhnt, um sich daran zu stören.

»Danke, Simon.« Eine Spur lallend sprach der Pirat. Vermutlich hatte man diesem Mann auch von dem starken Rum gegeben, um die Schmerzen zu lindern. Offenbar kümmerte sich sonst niemand um die Verletzten. Oder die Toten. Entschlossen verdrängte er das Bild des Toten aus seinem Kopf. Wenn er ständig daran dachte, würde er noch verrückt werden.

»Mein Name ist Godfredo. Aber alle nennen mich nur Fredo.«

Simon nickte ihm zu und zog seinen Arm zurück. Ein Spanier also, ein Landsmann jener Unglücklichen. Und einer ihrer Mörder.

»Ihr seid selbst Spanier, wieso kämpft Ihr in Gottes Namen gegen Eure eigenen Landsmänner?«, brach es fassungslos aus ihm hervor. Fredo sah zu ihm hoch, schob sich etwas aufrechter hin und schenkte ihm ein weiteres zahnloses Grinsen.

»Weil die Bastarde reiche Beute bedeuten. Silber. Die hatten jede Menge an Bord. Sie bringen es aus den Kolonien in ihre Heimat.«

Simon stand auf und sah verächtlich auf den Mann hinunter. »Das rechtfertigt, dass Ihr sie alle tötet? Was seid ihr nur für Menschen?«

Fredo zuckte ungerührt die Schultern. »Wir sind nun mal Piraten. Wenn wir reiche Beute machen, haben wir alle was davon. Jeder bekommt seinen Anteil. Ledoux hält sich immer an die Gesetze der Bruderschaft.«

»An die Gesetze von Anstand und Ehre hält er sich nicht«, brachte Simon voll Verachtung hervor und wandte sich zum Gehen. »Er ist nichts weiter als ein ruchloser Mörder.« Mehr zu sich selbst wiederholte es leiser, beschwörender: »Nur ein Mörder.«

Zu gerne hätte er daran geglaubt, dass sich hinter den sanften Worten und dem vornehmen Auftreten Jeans ein anderer Mensch verbarg. Indes die Ereignisse ließen nicht darauf schließen. Ledoux war zurecht gefürchtet, entsprach voll und ganz seinem Ruf, des grausamen Piratenkapitäns.

Simons Herz schlug hart und schwer. In ihm wütete ein seltsamer, feiner Schmerz wie eine leise Enttäuschung.

Nichts weiter, als ein gewissenloser Mörder mit braunen Augen und Händen, die ihn so angenehm berührt hatten. Noch immer konnte er den warmen Hauch seines Atems spüren, vermeinte die prickelnde Berührung zu fühlen.

Ledoux war verachtenswert, abstoßend und doch wusste Simon, dass ihn dieser Mann mit seiner anderen Art unwiderruflich in seinen Bann gezogen hatte. Er hing fest in dem klebrigen Netz einer Spinne, die ihr Opfer lauernd umkreiste, bereit, die Wirkung ihres Giftes abzuwarten. Gefährlich und absolut tödlich.

Unten in seinem Verschlag fand Simon in der folgenden Nacht kaum Schlaf. Pierre hatte die kleine Öllampe wieder aufgehängt und er starrte stundenlang auf den schwankenden Lichtkegel während seine Gedanken sich um Jean, dessen Worte, seine Gesten, um den toten Mann, den verletzten Piraten, seine ausweglose Situation drehten.

Das Schiff bewegte sich heftiger und Simon musste an Jorges Worte denken, dass bald schon ein Sturm heraufziehen würde. Dieser Sturm wütete bereits in ihm.

Am folgenden Tag vermied er die Nähe Jeans und dieser schien es zu merken, denn er bedrängte ihn nicht und wechselte nur wenige Worte mit ihm. Simon war erleichtert und angespannt zugleich, denn er wusste genau, dass zwischen ihnen nicht alles gesagt worden war und je länger er in dieser quälenden Ungewissheit blieb, desto mehr fürchtete er, was ihn noch erwarten mochte. Aus der Entfernung beobachtete er Jean, wenn er an Deck stand. Jean war ein starker Mann, der wusste, was er tat. Simon spürte eine gewisse, unangebrachte Bewunderung für ihn, wie souverän er wirkte, wenn er über die Männer und sein Schiff befahl. Harmlos, respekteinflößend erschien er, aber nicht derart grausam und unberechenbar, wie er sich ihm gezeigt hatte, wie seine Taten vermuten ließen. Simon wusste sich keinen Reim auf seine merkwürdigen Gefühle zu machen.

Den nächsten Tag frischte der Wind während seiner Zeit an Deck so stark auf, dass Jean auf ihn zutrat und ihn bat, wieder unter Deck zu gehen, weil sich das Wetter sicher in einen Sturm verwandelte.

»Ich möchte schließlich nicht, dass dir dabei etwas passiert, mein lieber Simon«, fügte Jean lächelnd hinzu, aber in seinen Augen zeigte sich eine gewisse Anspannung.

Simon widersprach nicht. Wozu auch? Er war an Deck zu nichts nütze. Die Vorstellung, während des Sturmes im Innern des Schiffes hin und her geschaukelt zu werden, erschien ihm nicht sehr verlockend.

Mit einem mulmigen Gefühl sah er durch die Gitterstäbe Pierre nach. Bereits jetzt machte der starke Wellengang es ihm unmöglich, ohne sich festzuhalten zu stehen. Seufzend hangelte er sich entlang der Gitterstäbe zum Lager und ließ sich darauf nieder. In seinem Magen begann es unangenehm zu ziehen. Er war recht sicher, dass er bald schon wieder mit der gefürchteten Seekrankheit zu kämpfen haben würde und zog sich den Eimer in greifbare Nähe. Wie verfluchte er sein Schicksal und seinen schwachen Körper, die ihn ständig in eine wenig würdevolle Lage brachten.

Das Schwanken steigerte sich immer mehr und als der Sturm das Schiff hin und her warf, lag Simon zusammengekrümmt auf der Matratze und wünschte sich wahlweise weit weg oder seinen Magen zum Teufel. Stundenlang schien die Welt nur aus schwankenden, schaukelnden Bewegungen, dem Knarren der Holzplanken und dem alles übertönenden Heulen des Sturmes zu bestehen.

Irgendwann beruhigte sich sein Magen, wie auch der Sturm wieder. Er fühlte sich zerschlagen und elend, als er mit angezogenen Beinen auf der Matratze hockte und zur Lampe hoch starrte. Nichts wünschte er sich gerade sehnlicher als frische Luft, den Geruch von Erde und Blumen, sein normales, ruhiges, geordnetes Leben zurück. Seine behütete Kindheit, das Leben in England, die Zeit bei seinem Vater, alles schien so weit weg, als ob es nie wirklich existiert hätte und nur ein Traum gewesen sei.

Der Albtraum, der er gerade durchlebte, schien hingegen nicht enden zu wollen. Wie gerne würde er wieder festen Boden unter den Füßen spüren, die Sicherheit eines Lebens an Land genießen.

Simon begann sich zu fragen, ob sie ihr Ziel, die »Heimat« von der Jean gesprochen hatte, je erreichen würden. Aber selbst wenn, welches Schicksal würde ihn dort erwarten? Ein anderes Gefängnis. Eine Stunde Licht und Luft am Tag. Endlose Tage, einer wie der andere.

Wie lange mochte er schon an Bord sein? Seit seiner Gefangennahme war ihm jedes Zeitgefühl abhandengekommen. Es konnten Wochen oder Monate sein, er wusste es nicht. Nur eins war ihm klar, dass er hier unten irgendwann verrückt werden würde. Er war nicht für das Leben auf einem Schiff geschaffen.

Natürlich hatten ihn die Geschichten darüber fasziniert. Alles, was jene jungen Offiziere davon berichteten, denen er so gerne nachgeeifert hätte. In der grausamen Realität hatte jede dieser Geschichten ihre Faszination verloren. Ebenso, wie das Bild eines verwegenen Piraten, welches Simon in seiner Fantasie vor Augen gestanden hatte.

Ein Mann mit sonnengebräunter Haut, dem Hauch von Fremdartigkeit und Exotik im Gesicht, kräftigen Armen, einer breiten Brust, schwarzen, langen Haaren und pechschwarzen Augen, die ihn in seinen Träumen immer spöttisch und verwegen ansahen. Schuft und Gentleman zugleich. Eine seltsame Sehnsucht ergriff ihn, wenn er daran zurückdachte.

Seit er fünfzehn oder sechzehn war, erschien ihm dieses Bild öfters in seinen Träumen. Nicht nur in denen, an die er sich gerne erinnerte, sondern auch in jenen, die ihm der Teufel persönlich sandte, um ihn zu verführen, seine schwache Seele zu quälen und aus denen er schweißgebadet und feucht im Schritt erwacht war.

Niemals hatte dieser Mann sanfte, braune Augen gehabt, wie Jeans. Augen, die ihn täuschten, vorgaukelten, etwas zu sein, was er nicht war. Dieser Pirat war wirklich, grausam und hart, absolut gnadenlos und er war ihm ausgeliefert. Nichts hatten seine Träume mit der Realität zu tun, in der er sich nun befand. Dreck, Blut und Elend.

Allerdings musste er sich auch eingestehen, dass er niemals zuvor die Berührung eines anderen Mannes so zärtlich erregend erlebt hatte. Jean musste der Teufel selbst sein, gesandt, ihn in den Abgrund der Hölle zu zerren.

Schaudernd lehnte er sich an die Wand zurück und schloss die Lider. Er schlug sie erst auf, als er Schritte hörte, die sich ihm näherten.

Zu seiner Überraschung war es diesmal Jean selbst, der zu ihm kam, den Verschlag aufsperrte und sich auf den Hocker setzte. Schweigend musterte er ihn, dabei konnte ihm der Geruch kaum entgehen, der von dem Eimer ausging, in den sich Simon während des Sturms erbrochen hatte. Simon fürchtete seinen mitleidigen Ausdruck und vermied es daher, ihn direkt anzusehen. Warum musste er vor diesem Mann immer derart schwach wirken? Noch immer fühlte er sich elend und leicht schwindelig.

»Der Sturm ist endgültig vorbei.« Abgespannt und müde wirkte der Piratenkapitän, tiefe Linien hatten sich in sein Gesicht gegraben, aber seine Augen waren hell und wach wie immer. »Er hat uns wirklich hart erwischt. Zumal das Schiff schon vom Kampf angeschlagen war.«

Simon blickte ihn nur kurz direkt an und senkte abrupt den Blick. In ihm tobte der Sturm weiter. Wie sollte er sich diesem Mann gegenüber nur weiter verhalten? Einem vielfachen Mörder. Wie konnte er vor ihm verbergen, wie er sich fühlte, was er in ihm auslöste?

Schließlich hob er doch den Kopf und bemühte sich, ihm geradewegs in die Augen zu sehen. Sekundenlang sahen sie sich an. Ein feines Prickeln lief über seinen Nacken die Wirbelsäule entlang, breitete sich nach unten aus. Er würde Jean widerstehen, musste es einfach. Er hatte es zuvor schon geschafft, sich dem Teufel zu entziehen. Er war stark genug.

»Mir ist zu Ohren gekommen, was du für Samuel getan hast.«

Simon zuckte zusammen. Er hatte es verdrängt, doch da war es wieder, das Bild des toten Piraten und mit ihm das Gefühl der Hilflosigkeit im Angesicht des Todes, der Gestank von Rum und Blut, klebrig an seinen Fingern.

»Gar nichts!«, entkam es ihm heftiger als beabsichtigt. »Ich konnte gar nichts für ihn tun. Er ist einfach gestorben.« Noch immer konnte er das mühevolle Schlagen des Herzens in den Fingern fühlen. Das Kinn vorgereckt, blickte er Jean herausfordernd an.

»Du hast alles getan, was nötig war. Ihm den Schmerz zu nehmen, war alles, was noch möglich war. Eine solche Verletzung ist immer tödlich.« Ein feines Lächeln entstand um Jeans Mundwinkel und in dem Moment wollte Simon gerne glauben, dass er sich getäuscht hatte, dass dieser Mann der echte Jean war, nicht der grausame Pirat, der Menschen tötete.

»Fredo geht es indes bereits besser. Die Wunde wird vollständig verheilen.«

Schweigend sah ihn Simon an, wusste nicht, was er sagen sollte. Tausend Vorwürfe, wüste Entgegnungen lagen ihm auf der Zunge, er brachte keine davon hervor. Jean legte seine schlanken Hände aneinander, während er seine Ellenbogen auf den Knien abstützte. Diese Hände waren so federleicht, angenehm warm auf seiner Haut gewesen, dass Versprechen von Zärtlichkeiten jenseits seiner Vorstellung.

Jenseits aller Moral, Sitte und Anstand.

Hastig wandte er den Blick ab.

»Mein Schiff ist leider nicht unbeschadet aus dem Sturm hervorgegangen. Wir werden morgen ohnehin endlich den Hafen von Saint Domingue anlaufen. Dort werden wir auch an Land gehen und du wirst endlich wieder festen Boden unter dir haben.« Wieder einmal schien Jean seine Gedanken genau lesen zu können, kannte seine geheimsten Wünsche. Vor allem ein Gedanke beherrschte Simon: Land, sie würden wahrhaftig endlich Land anlaufen. Dort musste sich einfach die Gelegenheit zur Flucht ergeben.

»Deshalb möchte ich auch, dass du einen weiteren Brief an deinen werten Vater schreibst. Ich möchte ihm bald ein weiteres Lebenszeichen seines Sohnes zukommen lassen.« Mit diesen Worten zog er Schreibzeug hervor, stellte es vor Simon auf die Kiste und machte eine auffordernde Geste.

Simon richtete sich auf, kniete sich vor die Kiste und ordnete das Schreibzeug. Während sich seine Gedanken um diese neue Information drehten, versuchte er sich dennoch auf das Schreiben zu konzentrieren.

Wenn er nur seinem Vater mitteilen könnte, wo er sich befand. Die Finger drohten zu zittern, als er die Begrüßung zu schreiben begann. Pochenden Herzens tauchte er die Feder in die Tinte.

Er musste irgendwie den Namen der Insel mit einflechten, damit sein Vater eine ungefähre Vorstellung hatte, wo er sich befand. Jean konnte die englischen Wörter nicht lesen, also musste er nur die einzelnen Silben des Namens in die Wörter setzen. Jeder, der des Englischen mächtig war, würde es sofort erkennen. Nur dieser ungebildete Pirat nicht.

Simon leckte sich flüchtig über die Lippen, vermied jeden Blickkontakt, der womöglich seine tatsächliche Absicht verraten könnte. Er betete darum, dass Jean nicht anmerken würde, wie freudig erregt sein Herz klopfte. Zum ersten Mal seit Langem schien ihn Gott zu erhören. An seinem Rücken bildete sich ein dünner Schweißfilm, während das Kratzen der Feder auf dem Papier seine Ohren erfüllte und er sorgfältig Buchstabe um Buchstabe vollendete.

Letztendlich richtete er sich auf, vermied tunlichst jeden erleichterten Ausdruck oder Laut, der ihn verraten konnte. Jean lächelte ihn noch immer wohlwollend an.

»Lies es mir vor.«

Ohne zu stocken las Simon über die verräterischen Worte hinweg und reichte anschließend Jean den Brief. Das winzige Zittern seiner Hand schien nicht aufzufallen, als er den Brief ansah und zusammenfaltete.

Simons Herz klopfte so hart, dass es einen Weg durch seinen Hals hinaus zu suchen schien. Mühsam zwang er sich dazu, das Tintenfass in aller Ruhe zu verschließen. Wenn sein Vater diesen Brief bekam, konnte er endlich mit einer Rettung rechnen. Der Funke Hoffnung erfüllte ihn heiß und freudig und er schob den Gedanken fort, was ihm passieren konnte, wenn die Engländer angriffen.

»Ich danke dir.« Noch immer hielt Jean den Brief zwischen den Fingern. Er lächelte wie zuvor, während seine Finger das Papier so rasch zerrissen, dass Simon unwillkürlich ein winziges Keuchen entkam. »Aber ich denke, du wirst es noch einmal schreiben müssen.« Auffordernd schob er ihm das Schreibzeug zu. Simon schluckte hart, Panik drohte ihn zu überwältigen. Wie hatte er es erfahren? Was hatte ihn verraten.

Er wollte nach dem Schreibzeug greifen, da traf ihn ein Stoß vor die Brust. Hart stieß Jean ihn rückwärts zu Boden, war so schnell über ihm, dass Simon nicht einmal Zeit zum Atemholen blieb. Kaltes Metall berührte seine Wange, ein Messer, welches über seine Haut strich. Um ein Haar hatte er aufgekeucht.

»Ich habe nie behauptet, ich könnte deine Sprache nicht lesen, Simon«, flüsterte Jean, drückte ihn fest auf die Matratze. »Ich habe lediglich gesagt, dass ich sie nicht mag.«

Kalte Schauer überliefen Simon, die Angst lähmte ihn, machte es ihm unmöglich an etwas anderes zu denken, als an das scharfe Messer an seiner Wange und was ihm Jean antun würde. Bei Gott, wie hatte er so leichtsinnig sein können?

Sein Atem ging flach und hektisch, Ledoux musste sein rasendes Herz direkt durch den Stoff fühlen können. Furchterfüllt starrte er in Jeans Gesicht, versuchte darin zu lesen. Würde er ihn töten, ihm Schmerzen zufügen? Oder war er fähig Milde walten zu lassen? Ein Mörder, ein Mann, der ohne zu zögern tötete? Nein, er durfte nicht mit Gnade rechnen. Ebenso wenig mit einem gnädigen Tod.

Jeans Augen schienen zu glühen, der Ausdruck war nachsichtig, während die Messerspitze feine, spielerische Kreise auf der Wange zog.

Er richtete sich etwas auf und die linke Hand fuhr durch Simons lockige Haare, sandte Schauer über die Kopfhaut und entlang der Wirbelsäule. Jean lächelte, während er mit dem Blick gedankenverloren der Bewegung seiner Finger folgte, die die Haare sanft zausten. Immer wieder strich er hindurch, wickelte eine Locke um seinen Finger, schien ganz in den Anblick versunken.

Bebend lag Simon unter ihm und war sich bewusst, dass Jeans Lenden auf seinen lagen. Wie unziemlich, wie … gefährlich.

»Du bist recht attraktiv für einen jungen Mann. Ich glaube, du bist dir dessen gar nicht bewusst.« Jeans Stimme stand im krassen Gegensatz zu der Bedrohlichkeit des Messers. »Ein weiterer Versuch dieser Art und ich breche ich dir den kleinen Finger deiner linken Hand. Jeden Knochen einzeln.« Das klang so freundlich und beiläufig, ließ Simons Herz vor Schreck nichtsdestotrotz aussetzen und ihn angstvoll Luft holen.

»Hast du mich verstanden?« Sein Körper war zu nahe, zu warm, nur seine Worte sandten eisige Schauer durch den Leib.

Krampfhaft schluckte Simon und nickte. Die Angst lähmte ihn, schnürte ihm die Kehle zu, Jeans unmittelbare Nähe tat ihr Übriges. Etwas drückte sich in seinen Schritt. Simon wagte sich nicht auch nur einen Millimeter zu bewegen, wollte keine Bewegung zwischen ihnen verursachen, die ihn womöglich ebenfalls in eine unsittliche Lage bringen würde. War Jean erregt? War es das, was er zu spüren vermeinte? Nein. Sie waren beide Männer. Völlig undenkbar. Niemals.

Jean seufzte kaum hörbar, richtete sich auf, kniete über ihm, die Hand strich fortwährend durch Simons Haare, fuhr zärtlich übers Kinn.

»Gut.« Jean beugte sich vor, fixierte ihn mit dem Blick. Blitzschnell stieß er zu. Metall blitze entsetzlich dicht am linken Auge auf und Simon kniff erschrocken die Lider zusammen. Ein kurzer Ruck im Haar und er riss verblüfft die Augen auf.

Kein Schmerz. Nirgends fühlte er Blut. Jean hatte ihn nicht verletzt, lediglich eine Strähne seines Haares abgeschnitten. Was würde nun folgen? Was hatte er vor? Ihm stockte der Atem und er wappnete sich gegen den zu erwartenden Schmerz.

Indes … Jean erhob sich, trat zurück und steckte das Messer ein. Hastig rappelte Simon sich in eine sitzende Position, widerstand der Versuchung, sein Gesicht abzutasten. Das war es wirklich gewesen? Jean hatte nur die Strähne abgeschnitten? Instinktiv griff er danach. Ihm fehlten wahrhaftig nur ein paar Haare.

»Bitte schreibe einen neuen Brief.« Jean nahm erneut auf dem Hocker Platz, als ob nichts gewesen wäre. Mehrfach schwer schluckend, sammelte sich Simon, kam heran. Er öffnete das Tintenfass und verschüttete beinahe den Inhalt, so heftig bebten seine Finger. Jederzeit rechnete er mit einem weiteren Angriff. Schließlich schaffte er es doch, schrieb eilig ein paar Zeilen und schob Jean den Brief zu. Dieser warf keinen weiteren Blick darauf, faltete ihn zusammen, verschloss das Tintenfass und nahm Papier und Federkiel an sich.

Wie betäubt starrte Simon auf das Holz der Kiste, wusste nicht, was er denken, fühlen sollte und wandte nur langsam den Blick zu Jean, der am Eingang stehen geblieben war. Spielerisch wickelte er sich die Locke um seine Finger.

»Komm. Folge mir an Deck, Simon.«

Vor die Wahl gestellt

Wie schwer der Sturm dem Schiff zugesetzt hatte, erkannte Simon, sobald er hinter Jean das Deck betrat. Überall war de Verwüstung zu sehen. Ein Mast war gesplittert und hing schräg, nur noch gehalten und umgeben von einem Gewirr aus Segeltuch und Seilen. Mehrere Männer waren damit beschäftigt, die Takelage loszuschneiden. Flüche und Befehle halten über das Deck.

Jean wurde augenblicklich von einem kleinen, untersetzten Piraten herangerufen und Simon blieb unschlüssig am Niedergang stehen. Nur langsam hörte das Zittern seines Körpers auf, beruhigte sich sein Herz und der aufgewühlte Verstand. Noch immer fühlten sich seine Knie weich an und er stützte sich ganz kurz am Eingang ab, als er sicher war, dass ihm niemand Beachtung schenkte.

Diese unmittelbare Bedrohung durch Jean war beinahe zu viel gewesen, vor allem nach dieser schrecklichen Nacht unten im Bauch des Schiffes. Es grenzte an ein Wunder, dass er noch immer bei Verstand war. Wenn er das denn war.

Wie leicht hätte er ihn töten, oder schwer verletzen können. Aber nichts dergleichen war geschehen. Jean hatte sein Leben verschont. Und wieso zum Teufel hatte er ihn als attraktiv bezeichnet? Was sollte das bedeuten?

Jean war ein Mann und er war ein Mann. So etwas sagte man einer Frau, es zu ihm zu sagen, stand diesem Piraten einfach nicht zu.

Simon schüttelte sich, spürte eine feine Gänsehaut am Rücken, wenn er an Jeans schweren Körper auf dem seinen dachte, an das Gefühl, wie sich dieser gegen ihn gepresst hatte.

Nein! Er wollte, er durfte nicht darüber nachdenken, dennoch ließ die Frage sich nicht so leicht abschütteln, fand immer wieder den Weg in seine Gedanken. War Jean wirklich erregt gewesen? Weil er unter ihm zu liegen kam? Hielt er ihn etwa für eine Frau, die man begehren, oder verführen konnte, deren Körper anziehend war?

Verzweifelt ballte Simon die Faust. Er durfte über so etwas gar nicht erst nachdenken. All diese verfluchten, frevelhaften Gedanken, er hatte sie abgelegt, hart gelernt sie zu verbannen. Gotteslästerlich waren sie.

Ein Mann durfte nicht bei einem anderen Mann liegen. Seinen Körper begehrenswert, schön … finden. Gott verbot es. Das war Sodomie. Das Fegefeuer würde ihn holen. Schon die Vorstellung, wie sich ein nackter, männlicher Körper …

Laute, hektische Rufe lenkten ihn von seinen sündigen Gedanken und dem feinen Ziehen im Unterleib ab und er blickte überrascht auf.

Die Piraten versuchten offenkundig gerade zu verhindern, dass der obere Teil des abgebrochenen Mastes mitsamt der daran hängenden restlichen Takelage über Bord ging. Mehrere von ihnen zogen an Deck an den Tauen, versuchten den Mast an Bord zu manövrieren. Ihre Kräfte reichten anscheinend nicht aus, denn der Mast schwang nicht herum, sondern drohte vielmehr ins Meer zu stürzen. Mit aller Kraft hängten sich die fünf Männer in das Seil und wurden doch unerbittlich nach vorne gezogen.

Zwei weitere sprangen herzu, griffen nach dem losen Tau und stemmten die nackten Füße gegen die Planken. Über ihnen schrie jemand in einer fremden Sprache. Da hing ein Mann auf dem losen Ende des Mastes in den Resten der Takelage. Hatte er dort oben die Taue losgeschnitten? Bei Gott, er würde mit dem Mast ins Meer stürzen, begraben unter Holz, den Segeln und dem Tauwerk. Augenblicklich rannte Simon los, ergriff hinter dem letzten Mann das Seil und stemmte sich gegen den Zug. Weitere Piraten eilten herbei, er fühlte einen Körper direkt hinter sich, roch den Schweiß, hörte die anfeuernden Rufe. Mit aller Kraft hielt er fest. Die Bewegung des Mastes kam zum Stillstand und als noch mehr Männer hinzueilten, schafften sie es tatsächlich, den losen Mast zu ihnen zu ziehen und ihn letztlich an Deck zu führen.

Der Mann, der sich daran festgeklammert hatte, stieß einen triumphierenden Schrei aus, als er endlich an Bord glitt. Ringsum schrien und lachten die Männer erleichtert auf. Unerwartet landete eine schwere Hand anerkennend klopfend auf Simons Schulter.

»Gute Arbeit, Junge.« Ein blonder, großer Mann mit französischem

Akzent lächelte ihn an und wandte sich um. Unter seinem braunen Kopftuch quoll eine wahre Lockenpracht hervor. Freundliche, blaue Augen blickten Simon strahlend an, aber sein Blick wurde von einem hässlichen Brandzeichen auf der Wange abgelenkt.

Ein Dieb. Simon wusste, was ein solches Zeichen zu bedeuten hatte. Sein Gegenüber hatte die Reaktion natürlich bemerkt und strich sich mit dem Handrücken über das Brandmal. »Sieht nicht besonders schön aus. Aber ich habe mich dran gewöhnt.«

Simon schluckte, doch im Endeffekt war er ohnehin von Dieben, Mördern und Halunken umgeben, was machte da einer mehr oder weniger aus?

»Mein Name ist Louis. Und du musst der Engländer, Ledoux' Geisel, sein. Ich habe gesehen, wie sie dich an Bord brachten.« Simon nickte und stellte sich selbst vor. Längst hatte er es aufgegeben, seinen Titel zu nennen.

Louis sah so aus, als ob er mehr sagen wollte, aber aus dem Augenwinkel bemerkte Simon, wie Jean näherkam und Louis nickte ihm nur kurz zu, machte sich wieder an die Arbeit.

»Das war schnell reagiert«, bemerkte Jean anerkennend, während er neben Simon trat. »Sonst hätten wir womöglich noch einen Mann verloren.« Simon vermied den Blick zu ihm, zu präsent war die bedrohliche Situation unten im dunklen Verschlag.

»Komm. Es wird noch eine Weile dauern, bis wir wieder voll unter Segeln sind, aber ich werde es dir zeigen.«

Verdutzt sah ihn Simon an, folgte ihm, konnte eine gewisse Neugier nicht verbergen. Jean zeigte ihm kurz darauf, wie die Segel gehisst wurden, erklärte, welche Arbeiten, warum verrichtet wurden und forderte ihn dann auf, selbst einmal Hand anzulegen.

Simon war davon so überrascht, dass er zunächst rundweg ablehnen wollte. Solche Arbeit geziemte sich einfach nicht für einen Mann seines Standes, ebenso wenig, wie Seite an Seite mit Piraten zu arbeiten. Aber Jean hatte wohl seinen inneren Kampf mit seinem Stolz wieder einmal genau bemerkt, denn er trat plötzlich dichter an ihn heran. Sein Arm berührt ihn und der fühlte sich sofort unbehaglich.

»Auf meinem Schiff und unter diesen Männern gibt es keine Standesunterschiede mehr. Wir sind alle gleich unter dem Gesetz der See und der Bruderschaft. Hier gibt es nur einfache Männer …«, er machte eine bedeutungsvolle Pause und fuhr mit leicht verschärfter Stimme fort: »… oder Feiglinge.«

Simon traf der Blick aus den unergründlichen Augen und er wollte aufbrausen, diesem Piraten zornig entgegnen. Er fühlte sich auf eine Weise beleidigt, die er nicht direkt benennen konnte. Jean traf sein Ehrgefühl. Hielt er ihn wirklich für einen Feigling? War es das, was er von ihm dachte? Weil er sich alles gefallen ließ, sich ihm unterordnete, sich von ihm verängstigen ließ? Ärgerlich funkelte Simon ihn an. Dieser unverschämte Pirat. Was erlaubte der sich? Er war immerhin ein Lord, ein englischer Gentleman. Und ganz gewiss kein Feigling.

Abermals spürte er das Messer an der Wange, die Bedrohung durch diesen Mann und den warmen Körper an seinem. Die verbotene Versuchung. Er hatte sich hilflos und ausgeliefert gefühlt, aber er war gottverflucht, gewiss kein Feigling.

Kurz entschlossen trat er vor, begann gemeinsam mit den anderen Männern das Segel hochzuziehen und passte sich ihrem Rhythmus rasch an. Schon bald schmerzten seine Hände von der ungewohnten Arbeit mit dem rauen Tauwerk. Dennoch ließ er nicht ab, biss die Zähne zusammen und wusste nur zu deutlich um Jeans Blicke in seinem Rücken. Nichtsdestotrotz fuhr er fort, bis die Segel endlich alle gehisst waren.

Erleichtert wandte er sich um, als der letzte Handgriff getan war, rieb sich seine wunden Handflächen. Abrupt blickte er hoch und stockt. Jean war dicht neben ihn getreten und sah ihn ernst an.

»Vier Männer habe ich bei dem Kampf mit dem Spanier verloren. Fünf wurden dabei verletzt und es wird Zeit brauchen, bis sie wieder voll mitarbeiten können.«

Kurz streifte Jeans Blick ihn und blieb nachdenklich auf den Händen hängen. Spontan griff er nach der linken Hand. Nur vage sträubte Simon sich dagegen, eingedenk der Szene im Verschlag ließ er ihn gewähren. Jeans Finger waren kühl, als er die Hand umdrehte, die wunde Innenfläche betrachtete und zart mit den Fingerspitzen darüber strich.

Was sollte das? Was bezweckte Jean nur? Er kam nicht hinter dessen Geheimnis.

Schließlich ließ er seine Hand los, sein Ausdruck blieb ernst. »Der Sturm hat mich weitere Männer gekostet, zwei schwer verletzt, zwei tot. Ich glaube, du kanntest einen von ihnen.« Jean lächelte traurig und augenblicklich überkam Simon eine feine Gänsehaut.

»Tito wurde über Bord gespült. Die See hat sich seine Seele geholt.«

Tito? Dieser fröhliche, freundliche, junge Mann? Simon kämpfte gegen den Impuls sich umzudrehen, Jean die empfundene Trauer nicht sehen zu lassen. Oh Gott, wieso ausgerechnet Tito? Der Mann mit den blitzenden Augen, seine Fröhlichkeit, wie er das Leben zu genießen schien, obwohl es ihn so hin und her geworfen hatte. Er war tot? Es erschien so ungerecht.

»Wir werden ihn alle vermissen. Er war ein besonderer Mensch.«

Wie betäubt stand Simon da, konnte und wollte es nicht glauben. Konnte Gott derart ungerecht sein, einen Mann von einem Schicksalsschlag zum nächsten zu treiben, nur um ihm dann das Leben zu nehmen? Was für ein Gott war das?

»An Bord dieses Schiffes wird jede Hand gebraucht«, erklärte Jean. So nahe stand er vor ihm, dass Simon sich augenblicklich an jene Momente im Verschlag erinnert fühlte. Das Gesicht ganz nah, die Hand erst hart, dann sanft in seinen Haaren, die tödliche Bedrohung und diese seltsame Zärtlichkeit vereint in diesem einen geheimnisvollen Mann.

Jean hob die Hand, als ob er ihm über die Wange fahren wollte und hastig wich Simon zurück. Jean senkte seine Hand und der Ausdruck wurde traurig und vielleicht ein wenig sehnsüchtig. Für einen winzigen Moment fürchtete Simon, er würde ihn gewaltsam an sich ziehen, aber dann war der Moment auch schon wieder vorbei.

»Was hältst du davon, wenn ich dir die Möglichkeit gebe, nicht mehr mein Gefangener zu sein und den Verschlag und die Dunkelheit zu verlassen?«

Was beabsichtigte Jean nun schon wieder? Was sollte das für ein Spiel werden?

»Ich möchte gerne, dass du Teil meiner Mannschaft wirst. Du wirst an Bord frei sein und im Quartier der Mannschaft schlafen können, wirst wie sie speisen, aber auch wie sie arbeiten.«

Mit offenem Mund starrte Simon ihn an. Meinte er das ernst? War das ein ehrliches Angebot?

»Du wirst mir Gesellschaft leisten, wenn ich es wünsche, ansonsten kannst du dich frei bewegen, solange du nicht zu fliehen versuchst.« Erneut kam Jean ihm nahe, senkte die Stimme und die Worte durchdrangen Simon wie Nadelstiche. »Glaub mir, ich werde gewiss nicht zulassen, dass du vor mir fliehst. Allerdings werde ich dir die Möglichkeit geben, in so viel Freiheit zu leben, wie möglich.«

Drohung und Versprechen. Simon vernahm die Worte, sein Verstand verlieh ihnen Bedeutung, aber er konnte Jean nur wortlos ansehen.

»Du wirst einer von uns sein.«

Noch immer spürte Simon seine wunden Hände, auch seine Wangen schienen zu brennen. Ein Feuer streifte ihn, drohte ihn zu verbrennen. War es die Ahnung des Fegefeuers? Der glühende Hauch der Verdammnis?

»Natürlich nur, wenn du es mit deinem Stolz vereinbaren kannst«, fügte Jean spöttisch lächelnd hinzu. »Überlege dir mein Angebot gut. Ich erwarte deine Antwort in einer Stunde.«

In Simons Kopf war totale Leere. Die Zeit schien stillzustehen. Jean wandte sich ab und ging in Richtung Heck davon.

Wer unter Piraten lebt, wird selbst zu einem … Warum waren es ausgerechnet Titos Worte, die ihm nun in den Kopf kamen?

Simon stöhnte verhalten. Tito war vor die Wahl gestellt worden: der Tod in den kalten Tiefen des Meeres oder ein Leben als Pirat. Er hatte sich für das Leben entschieden und dennoch den Tod dort gefunden. Als ob die See ihn sich zurückgeholt hätte. Niemand entging seinem Schicksal. War es von Anfang an Gottes Wille gewesen? Hatte er für den jungen Mann diesen Weg vorgesehen? Hatte Tito je eine Wahl gehabt, außer dem Tod?

Und was war mit ihm? Hatte er wirklich eine Wahl? Wenn er Jeans Angebot annahm, wurde er dann wirklich zu einem der ihren, zu einem Piraten?

Unwillig schüttelte Simon den Kopf. Niemals. Er ein Ehrenmann, kein feiger Mörder. Das würde er nie werden.

Ein Leben in relativer Freiheit. Das war es, was ihm Jean anbot. Nicht mehr und auch nicht weniger, denn was er daraus machte, das lag ganz an Simon. Nie würde er sich zu solchen Taten verleiten lassen, nie stehlen oder morden. Aber Jeans Angebot versprach ihm auch die Chance auf ein Leben außerhalb jenes entsetzlichen Verschlags, der Dunkelheit, der Gefahr, den Verstand zu verlieren.

Simon stieß die Luft durch die Nase aus. Dieses Angebot bedeutete auch die Möglichkeit, eine Flucht zu planen. Denn dass er trotz Jeans Drohung zu fliehen versuchen würde, war ihm absolut klar.

Er würde Jeans Angebot annehmen und sehen, was er daraus machen konnte.

Seine Wahl war getroffen.

Unter Piraten

Simon fand kaum Schlaf in der ersten Nacht in der Hängematte mitten unter den anderen Männern, die ihn mit halblaut gemurmelten Kommentaren und süffisantem Grinsen empfangen hatten. Ständig schreckte er aus dem Halbschlaf hoch, wenn er ihre Laute hörte, wenn sie schnarchten, sich im Schlaf grunzend bewegten oder jene leisen, unterdrückt, stöhnenden Geräusche machten, die ihn die Augen fest zukneifen und in Gedanken hastig Texte der Bibel rezitieren ließen. Dennoch reagierte sein schwaches Fleisch darauf, fühlte er die Versuchung in seinen Lenden.

Unweit von ihm schlief Jorge auf dem Boden und schnarchte laut und vernehmlich. Seit dem Essen war Jorge an seiner Seite oder immer in der Nähe gewesen und ob er es wollte oder nicht, Simon empfand Dankbarkeit und Sympathie für den großen Mann.

Wortlos hatte er sich neben ihn geschoben, als er den Raum unter Deck betreten und man ihnen augenblicklich Platz gemacht hatte. Jorge hatte nicht viel gesagt, ihm seine eigene Hängematte gegeben und sich auf einer Decke am Boden darunter zusammengerollt, ehe Simon protestieren konnte. Ab und an warf er nachts verstohlene Blicke zu dem dunkelhäutigen Mann, der sich offenbar zu seinem Beschützer erklärt hatte. Oder hatte Jean ihn dazu bestimmt? Es war ihm letztlich egal, solange es wirkte.

Schamgefühl kroch in ihm hoch, dass er jemand brauchte, der ihn schützte, aber Simon machte sich nichts vor: Alleine hatte er gegen kaum einen dieser Piraten eine Chance.

Den Vormittag verbrachte er an Deck, wo ihm Jorge seine Aufgaben zuwies und ihm dabei half, sie zu bewältigen. Die Nähe des Jamaikaners wirkte beruhigend und ließ Simon die anzüglichen geraunten Kommentare der Männer leichter ertragen. Wenn ihre Blicke auf ihm ruhten, fühlte er sich bemüßigt, besonders gut zu arbeiten, um ihnen nur ja keine Angriffsfläche für Hohn und Spott zu geben.

Gleich nachdem sie Anker geworfen hatten, waren die Piraten beschäftigt gewesen, die Ladung hinunter in die Beiboote zu schaffen, die unablässig zwischen Schiff und Strand hin und her ruderten. Nun stand Simon neben Jorge an der Reling und warteten darauf, über die Jakobsleiter hinab zu den anderen ins Beiboot zu klettern. Die Hände schmerzten inzwischen mehr und an vielen Stellen hatten sich Blasen gebildet. Unverdrossen hatte er dennoch mit angepackt, war sich oft genug langsam und tollpatschig vorgekommen, wenn er bemerkte, wie selbstverständlich die anderen Männer ihre Aufgaben erfüllten.

Simons schaute hinüber zu der Insel, in deren Bucht die »Estrella« ankerte. Eine kleinere Karibikinsel mit einem Hügel darauf und vielen, sie umgebenden Riffen, durch die sie Jean geschickt eigenhändig gesteuert hatte.

Endlich wieder Land. Tief sog er den Duft der Pflanzen und der Erde ein. Gleich würde er es betreten dürfen, denn die letzte Kiste, der letzte Sack der Piratenbeute war an Land gebracht worden. Vor ihm lag nur noch der Abstieg über die schwankende Strickleiter unter den höhnischen Blicken aller in den Booten wartenden Piraten. Klopfenden Herzens schwang er sich hinab, bemüht, jeden Handgriff fest und sicher wirken zu lassen und seine zitternden Knie unter Kontrolle zu halten.

Stück für Stück kletterte er nach unten, kämpfte mit den schwankenden Sprossen und hörte von unten bereits Lachen und Bemerkungen. Wütend biss er die Zähne zusammen, verfluchte sein Schicksal, welches ihn, in eine für einen Gentleman unwürdige Position gebracht hatte. Nie zuvor in seinem vorigen Leben hatte er sich auf solch profane Weise beweisen müssen. Man zollte ihm Respekt, weil er der Sohn des Lords war. Hier galt sein Titel nichts, hier galten nur Kraft und sein Geschick.

Die letzten Sprossen wäre er beinahe doch abgerutscht, denn nun kletterte Jorge bereits zügig von oben hinterher, versetzte damit aber die Jakobsleiter in noch stärkere Schwingungen.

»Schneller Junge. Jorge holt dich gleich ein. Soll er dich lieber Huckepack nehmen?«, kam es von unten und die Piraten feixten und spotteten. Hastig zog Simon seine Hand weg, bevor der Jamaikaner ihm darauf treten konnte, verlor dabei den Halt und rutschte sehr unelegant nach unten. Gerade noch rechtzeitig kniff er den Mund zusammen, damit ihm kein erschrockener Laut über die Lippen kam, als er unsanft im Beiboot aufkam. Hände griffen nach ihm, um ihn zu stützen, zu verhindern, dass er über Bord ging.

»Hände weg von diesem englischen Hintern«, vernahm er eine kichernde Stimme aus dem vorderen Teil des Bootes. »Der gehört ganz alleine Ledoux.« Enrico, wie Simon ärgerlich bemerkte, grölte lachend auf und die anderen stimmten augenblicklich mit ein.

Verärgert schüttelte er die aufdringlichen Hände von sich und setzte sich auf eine Bank, hielt den Blick gesenkt, damit niemand seine brennenden Wangen bemerken konnte. Es war alles so entwürdigend und kurz kam ihm sogar der Gedanke, ob er nicht besser Jeans Angebot ausgeschlagen hätte.

Ein mutigerer, ein tapferer Mann hätte es wohl getan. Nach der furchtbaren Zeit in der Dunkelheit, den Schrecken des Seegefechtes und Sturms, war Simons Tapferkeit indes nicht mehr groß genug, um zu widerstehen.

Jorge ließ sich gleich darauf neben ihm ungleich eleganter nieder. Der große Körper schien gleichsam Schutz zu bieten.

»Bist du schon mal gerudert?« Weiße Zähne blitzten aus dem dunklen Gesicht. Simon schüttelte den Kopf, griff dennoch entschlossen nach den Riemen. Jorge zeigte ihm, wie er sie halten musste. Viel Zeit zum Ausprobieren blieb ihm nicht, denn die anderen legten sich bereits in die Riemen, um das Boot rasch zum Strand zu bringen. Seine Schläge waren unbeholfen und nach zwei oder drei Versuchen übernahm Jorge wortlos beide Ruder.

Beschämt sah ihm der junge Mann zu, wie er sich kraftvoll in die Riemen stemmte und das Boot ungestört von seiner Ungeschicklichkeit regelrecht über das blaue Wasser flog.

Neben ihnen tauchte ein weiteres Boot auf. Eine aufrechte Gestalt zog Simons Aufmerksamkeit sofort auf sich. Jean sah zu ihm herüber und sein Mund war in der Andeutung eines leichten Lächelns verzogen. Eilig wandte Simon den Blick ab, nur sein Herz verriet ihn, schlug augenblicklich schneller.

Die Mannschaften der Boote machten sich einen Spaß daraus, ein Wettrennen zum Strand zu machen. Simon konnte nicht umhin Jorges kraftvolle Arme zu bewundern, die beide Riemen schneller und schneller bewegten. Die dunkle Haut schien vor Kraft zu bersten, war von feinen Schweißperlen bedeckt. Wenn er sie zurückzog, spannten sich Jorges Nackenmuskeln hart und fest an. Es war ein faszinierender Anblick voll männlicher Kraft und Stärke.

Die Männer begannen sich lauthals gegenseitig anzufeuern und Simon zuckte schuldbewusst zusammen und richtete seine Aufmerksamkeit ganz auf das näherkommende Land.

Nur ganz knapp vor den anderen Booten erreichten sie als Erste den Strand. Lachend sprangen die Männer in das seichte Wasser, zogen das Boot höher hinauf. Auch dabei war Simon zu langsam und ungeschickt, wäre beinahe gestürzt, als die Männer bereits an dem Boot zogen, während er gerade über die Bordwand kletterte. Hastig griff er nach dem Boot, stützte sich gerade eben noch ab, dennoch spritzte das Wasser hoch, durchnässte seine Kniehose und sein ohnehin schon zerrissenes Hemd. Ärgerlich rappelte er sich hoch, stieß sich vom Boot ab und folgte den Männern an Land.

Es war ein seltsames Gefühl, wieder festen Boden unter den Füßen zu fühlen. Die feinen Lederschuhe hatten sich natürlich sofort voll Wasser gesogen, aber es war warm und in dem feinen, weißen Sand zu laufen tat unendlich gut.

Simon atmete tief ein und fühlte trotz der vorigen, so beschämenden Situationen ein unglaublich befreiendes, glückliches Gefühl in sich aufsteigen. Endlich war er von diesem Schiff herunter. Er war nicht mehr gefesselt und würde bald schon schauen, welche Gelegenheit zur Flucht sich ihm bot.

Fremde Männer kamen von einem Pfad zwischen den Bäumen hervor und wurden johlend von den Piraten begrüßt. Erstaunt und pikiert beobachtet Simon, wie sich die Männer untereinander zum Teil sehr herzlich begrüßten. Beschämt wandte er den Blick ab, trat lieber neben Jorge, der bereits Kisten und Säcke auf einen Handkarren lud.

Jean erteilte Anweisungen, wie die Beute auf die Karren geladen werden sollte und energisch packte Simon mit an. Vor diesen Männern konnte er sich nur beweisen, wenn er ihnen zeigte, dass er arbeiten konnte, er ihnen körperlich nicht unterlegen war. Es war ungewohnt für ihn, dass man ihn nur als Mann ansah, wenn er ihnen in nichts nachstand, jedoch war er wild entschlossen, dabei nicht zu versagen.

Bald schon brannten seine Muskeln, waren die Arme schwer und seine Bewegungen mühsam, dennoch gab er nicht auf, bis der letzte Sack auf einem der Handkarren landete und er sich schwer atmend dagegen lehnte.

Sein Hemd war schweißnass und er fühlte sich entsetzlich dreckig, zugleich dagegen auch befriedigt.

»Gute Arbeit, Engländer«, brummte Jorge. Simon sah lächelnd zu ihm auf, der ihm ebenfalls schwer atmend zuzwinkerte. Jorges Hemd war dunkel von Schweiß und die schwarzen, verfilzten Haare hingen ihm wirr ins Gesicht, sein breites Grinsen verstärkte Simons wohliges Gefühl jedoch.

»Simon!« Jeans Stimme ließ sein Glücksgefühl augenblicklich schwinden. Langsam drehte er sich zu dem Franzosen um. Lächelnd blickte ihn Jean an und widerwillig bemerkte Simon, wie seine Augen freudig blitzten, ihn weitaus weniger gefährlich und dafür sympathischer wirken ließen.

»Komm, ich werde dir unsere Zuflucht zeigen.«

Jorge hatte sich bereits abgewandt und er und die anderen Piraten gingen den Strand vor ihnen hinauf. Sie zogen die Handkarren auf dem breiten Pfad durch den Urwald, der sie bald schon auf eine große Lichtung führte, auf der mehrere einfache Holzhütten standen. Im Zentrum war ein großer, freier Platz, auf dem die Piraten die Handkarren abgestellt hatten und erwartungsvoll zu Jean hinsahen.

Neugierig blickte sich Simon im Piratenlager um. Die ganze Ansiedlung wirkte robust, hastig errichtet. Die Bretter der Häuser waren grob behauen und die Dächer mit trockenen Palmwedeln gedeckt. Zwischen ihnen führten unbefestigte Wege hindurch. Rauch stieg auf, der Geruch von geräuchertem Fleisch, Essen, aber auch Rum hing in der Luft.

Die Männer pflegten einen recht einfachen Lebensstil, schien es ihm. Kochstellen lagen oftmals vor den Hütten. Überall liefen Hühner und auch ein paar Schweine umher. Männer waren allerorts mit ihren Arbeiten beschäftigt und nur hier und da musterte man ihn neugierig bis abfällig, als er halb hinter Jean und den anderen Piraten zu dem Platz ging.

Lachend hingegen wurden die anderen Männer begrüßt. Aus einer Hütte hinter ihnen ertönte ein freudiger Aufschrei und plötzlich stürmte ein bärtiger, gut beleibter Mann heraus, wischte sich noch im Laufen die Hände an seiner ohnehin fettigen, schmutzigen Hose ab.

»Fredo!«, brüllte er lautstark, stürmte, ohne anzuhalten an ihnen vorbei, warf dem humpelnden Fredo die Arme um den Hals und bedeckte ihn augenblicklich mit wilden Küssen, die dieser völlig selbstverständlich erwiderte. Die anderen Piraten lachten bei diesem unglaublichen Anblick, machten anzügliche, spöttische Bemerkungen, wirklich daran stören, tat sich offenbar keiner.

Offene Sodomie! Fassungslos starrte Simon die beiden Männer an. Kein Blitz traf sie. Gott strafte sie nicht für diese offensichtliche Sünde, nichts geschah, um diesem Frevel zu begegnen. Sie wandten sich ab und der beleibte Mann stützte den verletzten Fredo, half ihm zu der Hütte. Entsetzt sah Simon, wie seine Hand unter dessen Hemd verschwand, den Rücken des anderen zu liebkosen schien und er sich immer wieder für einen Kuss zu dem anderen Mann hinüber neigte.

»Kommst du?« Jeans Stimme riss ihn von dem Anblick los und Simon wandte sich übereilt um. Seltsam schlug sein Herz gegen die Rippen. Seine Kehle fühlte sich eng an, während in ihm eine merkwürdige Wärme war.

Betrachtete ihn Jean gerade spöttisch? Simon war sich nicht sicher, senkte schnell den Kopf, um sich seine Bestürzung nicht anmerken zu lassen. Die Piraten luden die Karren nun in der Mitte des Platzes ab und er trat wortlos hinzu, half ihnen dabei, ohne zu Jean zurückzublicken.

»Ledoux!«, erklang mit einem Mal eine laute Stimme und ein großer, hagerer Mann in einem langen Mantel kam aus einer der etwas besseren Hütten auf sie zu. Simon achtete bald schon nicht weiter auf ihn, denn Jorge war neben ihn getreten und half ihm wie selbstverständlich beim Abladen.

»Das ist der Lange Jacques.« Jorge nickte zu den Männern hin. »Einer der Anführer der Bruderschaft der Bukaniere. Und siehst du den dicken Mann da? Den mit dem langen Säbel?« Simon warf einen Blick auf den dickleibigen, gut gekleideten Mann, der ebenfalls Jean begrüßte.

»Das ist der Bärtige Fünftöter«, fuhr Jorge verschwörerisch fort. »Er soll damit fünf Männer hintereinander tödlich niedergeschlagen haben. Einfach so. Nur mit seiner Faust.« Jorge hieb mit seiner Faust in die hohle Hand und ließ die Zähne blitzen. »Sie sind zwei der gefürchtetsten Bukaniere. Nach Ledoux natürlich.«

Simon kam nicht dazu, lange darüber nachzudenken, denn Jean winkte ihn zu sich heran. Zögernd näherte er sich. Er hatte kein gutes Gefühl beim Anblick dieser Männer. Der dickliche Mann betrachte ihn höchst abfällig, beäugte ihn von Kopf bis Fuß. Simon wurde sich bewusst, wie abgerissen, schmutzig und würdelos er aussehen musste. Trotzdem straffte er sich und reckte das Kinn höher. Er mochte aussehen wie ein einfacher Mann, dennoch hatte er Anstand und Ehre. Diese missbilligenden Blicke gefielen ihm nicht.

»Meine Herren. Ich darf Ihnen vorstellen: Dies ist meine persönliche Geisel: Simon Lord of Fenderwick.« Er machte eine Pause, in der die beiden Männer Simon genau musterten. »Er ist bis auf Weiteres mein Gast.« Schwer legte sich seine Hand schwer auf Simons Schulter.

»Hübscher, junger Bursche«, kommentierte der hagere Mann, warf ihm einen belustigten Blick zu. »Dürfte doch so recht nach Eurem Geschmack sein, wenn ich mich nicht täusche.«

»Ihr sagt es, Jacques«, bestätigte Jean nickend. »Dieses Mal hat sich mein Beutezug in jeder Hinsicht gelohnt.«

Jacques lachte laut auf. »Ihr wart doch auch sonst erfolgreich, mein Freund. Wie mir scheint, haben die Spanier ein weiteres Schiff zu beklagen.«

Erneut lächelte Jean zufrieden. Simon dachte an die ganzen toten Menschen und die Abscheu vor den Piraten nahm zu. Zudem kam sich er sich vor, als ob Jean ihn vorführen würde, wie eine Trophäe oder ein Beutestück. Genau das war er auch, eine weitere Beute. Wie er dastand, mit seiner abgewetzten, fleckigen Hose, den feuchten Schuhen, dem zerrissenen, besudelten Hemd, musste er einen erbärmlichen Eindruck machen. Nicht genug damit, dass ihn Jean in einem solchen Zustand vorführte, musste er auch noch damit prahlen?

»Er hat nicht viel von einem Lord an sich«, brummte der dicke Mann missfällig. Kleine, grüne Augen versuchten Simon zu durchbohren. Oh ja, er wirkte gefährlich, aber konnte er wirklich jemanden mit der bloßen Faust töten?

Wollte ihn dieser Mann etwa beleidigen? Keine Schwäche zeigen. Simon hob hochmütig das Kinn an und sah ihn direkt an, auch wenn sein Herz hektisch schlug.

»Und wer seid Ihr, dass Ihr Euch ein solches Urteil über mich erlauben wollt?«

Damit entlockte er dem Piraten einen verblüfften Laut, dessen Gesicht sich im selben Moment wütend verzerrte. »Habt Ihr ihm etwa keine Manieren beigebracht, Ledoux? Ihr seid doch sonst nicht so zögerlich.«

»Alles zu seiner Zeit, Bernard«, sagte Jean beschwichtigend. Wie stark sich Jean anspannte, spürte Simon anhand des Drucks auf seiner Schulter. »Ich möchte ihn noch lange bei mir behalten. Er wird es noch lernen.«

Jacques grinste breit, während Bernard nur abwertend schnaubte: »Wenn es nach mir ginge, könntet Ihr ihm die Kehle gleich hier durchschneiden. Geschähe dem verfluchten Engländer auf Saint Ibell nur recht, wenn sein Sohn bestenfalls Fischfutter wird. Ihr solltet ihm seinen hübschen Kopf schicken, mit besten Grüßen der Bruderschaft. Meinetwegen auch noch andere Teile.«

Simon zuckte zusammen, hatte sich jedoch gleich darauf wieder im Griff und bemühte sich, sich nichts anmerken zu lassen. Jean nahm die Hand von seiner Schulter und sah Bernard ruhig an.

»Ich denke, das wäre sehr unklug.« Ein winziger, gefährlicher Unterton klang darin an. »Immerhin hat mir sein Vater einen Kaperbrief als Garantie für das Leben seines einzigen Sohnes geboten.«

Alle Männer sahen ihn überrascht an. Simon entkam sogar ein verblüfftes Keuchen. Das hatte sein Vater getan? War ihm sein Leben so viel wert, dass er sogar Piraterie zuließ?

Jacques fing sich als Erster und pfiff anerkennend. »Jean, Ihr überrascht mich immer wieder«, meinte er bewundernd und Jean neigte ob des Komplimentes gefällig den Kopf.

»Und was wollt Ihr mit dem Burschen da nun tun? Wollt Ihr ihn einfach frei und unbewacht rumlaufen lassen? Er wird bei der ersten Gelegenheit zu fliehen versuchen.«

»Simon ist ganz gewiss nicht so dumm. Von dieser Insel gibt es kein Entkommen, es sei denn, er würde versuchen, an Bord eines unserer Schiffe zu gelangen und die werden natürlich gründlich durchsucht werden. Es gibt von hier keine Möglichkeit zur Flucht.«

Natürlich, Jean hatte recht. Es gab keine wirkliche Fluchtmöglichkeit für ihn. Diese Insel war in der Hand der Piraten und offenbar waren ihm die anderen weitaus weniger wohl gesonnen als Jean.

»Ich garantiere nicht für sein Leben«, schnaufte Bernard. »Hier kann ihm leicht etwas Unvorhergesehenes passieren. Meine Männer werden dem Sohn des Gouverneurs, des Mörders an so vielen ihrer Brüder, kaum besonders wohlgesonnen sein.«

»Simon wird wie einer von uns hier leben«, stellte Jean mit scharfer Stimme klar.

»Ihr wollt ihn zu einem der Unseren machen?« Jacques maß Jean mit einem langen, taxierenden Blick. »Zu einem Piraten? Einem der Bruderschaft?«

Simon hob verärgert den Kopf. Was bildeten sich diese Männer eigentlich ein? Nie im Leben würde er einer der ihren werden. War es das, was Jean eigentlich von ihm wollte? Da hatte er sich geschnitten.

»Ich gehöre ganz gewiss nicht zu Euch. Ich werde nie ein Pirat sein. Niemals würde ich so tief sinken. Ich bin ein Ehrenmann, kein Mörder wie ihr. Niemals werde ich zu solchem Gesindel gehören.«

»Hüte deine Zunge, dreckiger Engländer! Sonst reiße ich sie dir eigenhändig heraus.« Bernards Faust schoss vor, Jean war schneller, fing den Hieb mit einem festen Griff um das Handgelenk ab.

Zornig funkelte ihn der dicke Mann an.

»Simon gehört zu meiner Mannschaft«, sagte Jean gefährlich leise. Seine Stimme schnitt durch die Luft wie ein Messer. »Ich werde nicht zulassen, dass Ihr Hand an einen meiner Männer legt, noch irgendein anderer Eurer Männer.«

Wütend entzog ihm Bernard seine Hand, funkelte Simon zornig an. »Dann gebt gut auf ihn acht, Ledoux. Sehr gut. Manchmal passieren ungewollte Unfälle.« Damit wandte er sich abrupt um und verschwand.

Jacques sah ihm gedankenvoll nach. »Er hat nicht ganz unrecht, Jean. Dein junger, hübscher Bursche ist nicht unbedingt sicher. Zu viele der Männer haben eine offene Rechnung mit seinem Vater und würden gerne ihre Rache an ihm vollziehen. Lass ihn besser nicht alleine.« Damit nickte er Jean zu, folgte Bernard nach.

Also so ein Leben stand ihm nun bevor. Immer auf der Hut vor einem Hinterhalt. Großartig. Das war nicht viel besser als der Verschlag.

Für einen Moment wirkte Jeans Gesicht hart und starr wie eine Maske, während er ihnen hinterherschaute, dann lächelte er Simon freundlich an, richtete sich ruckartig auf.

»Wir werden die Beute verteilen.« Mit großen Schritten ging er zu den Piraten, die sich um den Haufen ihrer Beute versammelt hatten. Simon trat zögernd hinzu und nur kurz danach schob sich Jorge an seine Seite. Würde es von nun an immer so sein? Würde er nur sicher sein, wenn Jean oder Jorge in der Nähe waren? Falls er sich ein Leben in Freiheit erhofft hatte, die Realität sah anders aus.

Geister der Toten

Mit verschränkten Armen stand Simon am Rand und folgte mit unbewegtem Gesicht der Verteilung der Beute. Jean hatte eine beeindruckende Rede gehalten, in der er die Männer für ihren Mut lobte, ihren Einsatz hervorhob und die toten Freunde bedauerte.

»Nach dem Gesetz der Bruderschaft erhält jeder dieser Bruderschaft seinen gerechten Anteil an unserer Beute«, verkündete er und deutete auf die Kisten und Säcke. Die Männer johlten, als er nun jedem Mann seinen Anteil an dem spanischen Silber zuwies. Lachend holten sie sich ihre Beute, drängelten sich alle nach vorne. Nur Simon stand mit finsterem Gesicht daneben und empfand tiefe Abscheu vor diesen Männern. Dieses Silber war mit dem Blut der spanischen Seeleute besudelt. Diese Piraten ekelten ihn an, wie sie sich, kleinen Kindern gleich, um ein Stück vom Kuchen balgten und über ihren Anteil freuten.

»Ledoux ist ein guter Kapitän und ehrlicher Bukanier«, frohlockte Jorge, als er aus dem Tumult um Jean mit seinem Anteil zu Simon trat, den schweren Sack neben sich zu Boden fallen ließ. »Mit ihm zu segeln ist wirklich eine Ehre.« Simon musterte ihn betont verächtlich, was Jorge nicht davon abhielt, ihn anzugrinsen und ihm das Silber in dem Sack zu präsentieren.

»Bald habe ich genug, um mir eine Plantage zu kaufen und mein eigener Herr zu werden. Dann werde ich wieder sesshaft, mir eine hübsche Frau suchen und mit ihr ganz viele Kinder bekommen.«

Es war hoffnungslos, für diese Piraten war es ihr normaler Lebensunterhalt, den sie mit Raub und Mord verdienten, ihnen fehlte jegliches Gefühl für die moralische Verwerflichkeit ihres Tuns.

»Und was ist mit dieser feinen Beute hier?«, raunte unerwartet eine tiefe Stimme in Simons Nacken. Überrascht drehte er sich um und Jorge erhob sich sofort drohend. Hinter Simon waren Enrico und ein fremder Pirat getreten. Vermutlich gehörte er zu der Mannschaft des Langen Jacques oder des Bärtigen Fünftöters, denn Simon war sich sicher, dass er ihn bislang nicht auf der »Estrella« gesehen hatte. Vielleicht gehörte er auch zu den ansässigen Bukanieren, die offenbar mit einigen der Piraten eng befreundet waren.

Er war etwas größer als Simon, mit dunkelbraunen, langen, ungepflegten Haaren und einem stoppeligen Bart. Mehrere, dünne Narben zogen sich über seine rechte Wange und seine grauen Augen betrachteten Simon gierig. Sein Hemd war aus einem grünen Stoff gefertigt, über dem er eine dunkle Lederweste trug, dazu eine ebenfalls lederne Hose. An seinem Gürtel hingen diverse Gegenstände und Messer.

»Hallo, kleine, englische Lady.« Er leckte sich anzüglich über die Lippen. Fragend runzelte Simon die Stirn. Was wollte dieser Mann von ihm? Wieso beleidigte er ihn?

Enrico grinste breit, schob sich dichter heran, offenkundig fühlte er sich neben dem fremden Piraten sehr sicher. Ob es eine freundschaftliche Verbindung der beiden gab?

»Das ist doch Ledoux' großer Schatz«, bemerkte Enrico, hielt sich ein wenig hinter dem anderen Piraten und warf Simon einen verächtlichen Blick zu. »Den teilt er nicht mit uns anderen.«

»Verschwindet!« Jorge baute sich auf, die Hand lag am Säbel. Augenblicklich zog sich Enrico einen Schritt zurück. Der fremde Pirat hingegen wich vor der beeindruckenden Erscheinung des Jamaikaners nicht, sah Jorge mit einem höhnischen Grinsen an.

»Aber warum denn? Ledoux teilt immer gerecht nach den Gesetzen der Bruderschaft, warum denn nicht diese Beute hier?« Er griff urplötzlich nach Simons Haaren, der jedoch rasch angewidert auswich.

»Was wollt Ihr von mir?«

Enrico stieß den anderen Mann an. »Der kleine Engländer weiß noch nichts von seinem Glück. Ledoux hat ihn wohl noch nicht in seine Aufgaben eingewiesen, Palban. Pure Unschuld.« Kichernd legte er seine Hand vertraulich auf die Schultern Palbans.

»So?«, meinte Palban gedehnt und sein Blick wanderte ausgiebig über Simon, der sich unter diesem forschenden Blick sogleich unwohl fühlte. »Dann sollten wir dem wohl etwas nachhelfen, was Enrico?«

»Haut endlich ab!« Dieses Mal wich auch Enrico nicht vor Jorge zurück.

»Du kannst ihn ja nicht immer beschützen, Schwarzer«, meinte er verächtlich. Entschlossen richtete sich Simon auf. Vor diesem Mann hier hatte er keine Angst. Er war nichts weiter als ein Leichenschänder. Nur zu gut hatte er noch Samuels Gesicht vor Augen und wie Enrico den Toten beraubt hatte.

»Wollt Ihr Euch etwa auch an einen Lebenden wagen?«, fragte er kalt und bewusst arrogant. »Glaubt Ihr, mit mir werdet Ihr ebenso leichtes Spiel, wie mit einem Toten, haben? Was beabsichtigt Ihr denn diesmal zu stehlen?«

Hass blitzte in Enricos kleinen Augen auf und sein Gesicht verzog sich wütend. »Hüte deine Zunge, Engländer!« Drohend trat er auf ihn zu, doch Simon wich nicht vor ihm zurück, musterte ihn äußerlich ruhig. Innerlich war er angespannt und bereit, sich zu wehren, wenn es sein sollte.

»Was, sonst? Wie Ihr seht, gibt es bei mir kaum etwas Wertvolles zu holen, wie bei Samuel«, höhnte Simon mutiger. Dieser Mann machte ihn wirklich wütend, vor ihm würde er ganz gewiss nicht klein beigeben.

Enrico zuckte zusammen und sein Blick glitt kurz unsicher zu Jorge. Der große Jamaikaner hatte die Stirn gerunzelt, dann wanderte sein Blick nach unten und blieb an Enricos Stiefeln hängen.

»Also du hast Samuels Stiefel genommen.« Die kratzige Stimme klang leicht drohend. Palban war etwas von Enrico abgewichen, sodass dieser nun dem drohenden Blick Jorges frei ausgesetzt war.

»Was hast du sonst noch genommen?«

»Nur seine Stiefel!«, antwortete Enrico viel zu hastig, zappelte unruhig hin und her und blickte unsicher von Jorge zu Simon zu Palban.

Wut kochte in Simon hoch. »Lügner!«

»Schweig, Engländer! Sonst wirst du es bereuen.« Aber Simon ließ sich von ihm nicht beeindrucken, zu stark wütete der Zorn auf diesen feigen Lügner in ihm.

»Was hast du noch genommen?«, fragte Jorge lauernd nach.

»Gar nichts. Der Engländer lügt. Vermutlich hat er sich selbst bedient, kaum war Samuel tot.«

Simon schnaubte verächtlich, war für den Moment sprachlos, ob dieser dreisten Lüge. Jorge schien auch eher Simon zu glauben, denn seine großen Hände schossen blitzschnell vor, packten Enrico an den Schultern und rissen ihn hoch.

»Was hast du noch mitgenommen?« Heftig schüttelte er ihn. »Rede, du verfluchter Hund! Hast du etwa sein Geistzeichen genommen?«

Enrico schrie schrill los und zog damit die Aufmerksamkeit anderer Piraten auf sich. Jorge setzte ihn zwar wieder ab, griff jedoch nach Enricos Hals und umklammerte ihn fest.

»Du verfluchter Narr hast einem Toten sein Geistzeichen geraubt?«, hakte er laut genug nach, sodass nun immer mehr Piraten zu ihnen traten und der Szene beiwohnten. Jorge hob seine kratzige Stimme an: »Weißt du nicht, dass die Geister kommen werden, um nach dem Zeichen zu suchen? Du Narr hast uns und unser Schiff damit verdammt.« Rasch spie er vor Enrico auf dem Boden aus, der bei den Worten ganz blass geworden war.

Ringsum bekreuzigten sich die Männer, spukten aus und ihr erschrockenes Murmeln erfüllte Simons Ohren, der zwar nicht verstand, um was es hier ging, freilich war klar, dass Enrico etwas überaus Verwerfliches getan hatte.

»Die Götter stehen uns bei!«, flüsterte Jorge und ließ Enrico los, der wimmerte und sich immer wieder hilfeflehend umsah. Plötzlich teilte sich die Menge und Jean kam auf sie zu, blickte von einem zum anderen, sah schließlich Jorge fragend an, der sich sofort aufrichtete und den Blick seines Kapitäns ernst erwiderte.

»Enrico hat Samuels Geistzeichen genommen. Die Geister werden kommen und unsere Seelen einfordern. Sie müssen auch den Sturm geschickt haben.«

Jeans Gesicht war ernst und er wandte sich augenblicklich an Enrico. »Gib es mir!«

Enrico blickte ihn einen kurzen Moment trotzig an, dann nestelte er hastig eine Kette unter dem Hemd hervor und gab Jean diese.

»Es ist nur ein wenig Elfenbein. Die da«, er deutete auf die betroffenen Gesichter der dunkelhäutigen Männer, »machen da einen viel zu großen Wirbel drum. Ist doch nur Elfenbein …« Wütende, zornige, ja teilweise hasserfüllte Blicke trafen ihn und er brach ab.

»Ich werde dafür Sorge tragen, dass Samuels Geist und alle anderen ihr Opfer bekommen«, sagte er in Richtung der Männer, die ihn augenblicklich erleichtert ansahen. Jean umschloss die Kette mit der Faust.

Verwirrt von den seltsamen Reaktionen der Männer auf diese Kette mit dem Elfenbeinanhänger schaute Simon zu. Vermutlich hing es alles mit der Religion dieser Männer zusammen, aber von dem Vodooglauben hatte er kein Wissen, nur davon gehört, dass die Menschen aus ihrer Heimat diese heidnische Religion mit in die Karibik gebracht hatten.

»Komm, Simon. Ich werde dir das Quartier zeigen.«

Ein überaus hasserfüllter Blick Enricos traf Simon, als er sich abwandte. Die leise gezischten Worte vernahm er sehr genau: »Das wirst du mir büßen, Engländer.« Auch Palban warf ihm einen Blick zu, der nicht eben freundlich wirkte, aber Simon nickte ihnen nur einmal hochmütig zu. Dieser Leichenschänder hatte bekommen, was er verdient hatte. Vor ihm hatte er keine Angst.

Jean führte ihn zu einer größeren, besser gebauten Hütte, die auf Stelzen errichtet war und eine Art Veranda hatte. Auffordernd hielt er ihm die Tür auf. Ein wenig zu hastig drängelte sich Simon an ihm vorbei, dennoch vermeinte er die Berührung von Jeans Haut warm an seinem Arm zu spüren.

Vor ihm öffnete sich ein schlicht eingerichteter Raum mit einem großen Tisch, einer einfachen Kochstelle, vielen Regalen, in denen Bücher, große Muscheln und allerlei andere Gegenstände sowie Bilder ausgestellt wurden. Weiter hinten war ein Bereich mit Stoffbahnen abgesperrt und Simon vermutete dahinter Jeans Bett. Die Hütte hatte nur wenige, kleine, hoch angebrachte Fenster, welche wohl weniger dazu gedacht waren, Licht hineinzulassen, als vielmehr Luft.

»Hier lebe ich, wenn ich nicht auf See bin.« Jean zog hinter ihnen die Tür zu. Augenblicklich spürte Simon eine prickelnde Spannung. Sie waren beide alleine in diesem Haus.

»Diese Insel ist einer der Zufluchtsorte der Bruderschaft, wie du gesehen hast.«

Kaum merklich wich Simon derweil rückwärts in den Raum zurück. Jean trat an ihm vorbei und machte eine auffordernde Geste. Mit weichen Knien folgte ihm Simon, unsicher, was ihn hier erwarten würde. Mit Jean alleine zu sein, machte ihm einerseits Angst, andererseits war da auch ungefragt das erregende Gefühl streichelnder Hände, Finger die ihm zärtlichen durch die Haare fuhren. Benommen schüttelte er den Kopf. Der Anblick dieser sündigen Männer vorhin hatte ihn verwirrt, wenn er beinahe schon sehnsüchtig daran dachte. Er sollte wirklich mehr acht geben, dass ihre Sündhaftigkeit ihn nicht mit hinabzog in den Höllenschlund.

Jean deutete auf eine Lagerstatt rechts von ihnen. »Du wirst dein Lager in meinem Haus haben, solange wir an Land sind.«

Simon unterdrückte ein Seufzen, denn im Wesentlichen war der Raum auch wieder ein Gefängnis, wenngleich er nun immerhin ein echtes Bett enthielt sowie eine Waschgelegenheit. Nur würde er diesen Raum mit Jean teilen müssen.

»Du wirst vorerst drin bleiben müssen. Im Lager selbst wärst du alleine nicht unbedingt sicher. Ich hoffe, du wirst dafür Verständnis haben.« Schweigend schweifte Simons Blick hin zu einem der kleinen Fenster. Eine Flucht hieraus war unmöglich, das erkannte er sofort.

»Dein Vater hat sich zu viele Feinde geschaffen. Viele der Bruderschaft haben ihre Freunde verloren und sinnen nun auf Rache.«

Simons Rücken kribbelte und er spürte die Furcht mit klammen Fingern nach ihm greifen, als er sich klarmachte, dass sich sogar Jean Sorgen um seine Sicherheit machte. Offenbar war sein Gespräch mit den anderen Piratenkapitänen nicht so verlaufen, wie Jean es gehofft hatte.

Natürlich trug sein Vater einen wesentlichen Teil der Schuld am Galgentod vieler dieser Piraten. Damit natürlich auch er. Ganz gewiss wäre es ihnen ein Vergnügen, ihn in die Finger zu bekommen.

Jean hatte ihn nicht in ein Leben in Freiheit gebracht. Vielmehr war er nun ganz und gar abhängig von diesem Mann und davon, dass er ihn schützte. Damit würde auch jede Flucht erschwert werden, denn er wäre auf der Insel gefangen, müsste unbemerkt an Bord eines Schiffes gelangen, um fortzukommen. Wenn man ihn dabei entdecken würde, war sein Tod unausweichlich. Nur in Jeans Nähe war er sicher.

Nein, im Grunde hatte sich nichts verändert. Auf Gedeih und Verderb war er Jean ausgeliefert, hier, wie an Bord des Schiffes.

»Ich werde dir noch eigene Rasiersachen besorgen, ein neues Hemd und alles, was du sonst benötigen wirst.«

Simons Blick fiel auf die Waschschüssel. Sie enthielt ebenso wenig Wasser, wie der Krug daneben, allerdings entdeckte er ein Stück Seife und ein Handtuch. Ob Jean ihm wohl gestatten würde, sich zu waschen? Missmutig blickte er an sich hinab. Seine Kleidung würde eine Wäsche auch gut vertragen können, so wie sie roch.

»Zunächst einmal lasse ich uns Wasser besorgen.«Jean deutete seinen Blick richtig.

»Danke, Monsieur«, brachte Simon mühevoll durch die enge Kehle heraus. Hoffnungslosigkeit drohte ihn zu überwältigen. Er drehte sich nicht um, vernahm, wie sich die Tür der Hütte schloss. Erst als er sicher war, dass Jean wirklich gegangen war, drehte er sich um, starrte die Tür wütend an.

Wieder war er gefangen. Hatte ihm Jean nicht gesagt, er würde auf ewig sein Gefangener sein? »Wenn ich es wünsche, dein Leben lang ...«

Aber Jean hatte ihm auch keine wirkliche Freiheit versprochen, erinnerte er sich. Er hatte nur von einer relativen Freiheit gesprochen. Er sollte lernen, diesem Mann genauer zuzuhören. Seufzend setzte er sich auf das Bett. Immerhin schwankte der Boden nicht mehr und all zu viele Ratten und anderes Ungeziefer schien es hier auch nicht zu geben.

Wenig später betrat Jean abermals die Hütte, stellte den Krug mit frischem Wasser neben die Schüssel und legte Simon ein neues Hemd vor. Es war einfach geschnitten, aus einem groben Stoff gefertigt, allerdings sauber. Simon war froh, endlich sein wesentlich edleres, jedoch blutbesudeltes loszuwerden.

Erleichtert trat er an die Waschschüssel, achtete nicht weiter auf Jean, der offenkundig keine Anstalten machte, den Raum zu verlassen. Stattdessen setzte er sich auf einen Stuhl unweit von ihm. Simon warf ihm einen Blick über die Schulter zu, während er mit der feuchten Seife über seinen nackten Oberkörper fuhr. Die Seife brannte in den wunden Stellen seiner Hände. Vor dem anderen Mann wollte er sich jedoch um keinen Preis eine Schwäche anmerken lassen.

Jeans Anwesenheit war ihm unangenehm, zumal er ihn dabei nicht im Auge behalten konnte, ihm den Rücken zuwenden musste. Wie schon zuvor brannten Jeans Blicke auf seiner Haut, verursachten eine Gänsehaut, Schauer, die ihm das Rückgrat hinab liefen. Simon zwang sich dazu, nur an seine Reinigung zu denken, Jean komplett zu ignorieren, doch seine Sinne waren alle auf den Mann hinter sich gerichtet.

Als der Stuhl knarrte, wirbelte er erschrocken herum und blickte Jean misstrauisch an, der lächelnd zu ihm trat. »Gib mir die Seife.«

Heftig klopfte Simons Herz, der sich seiner Blöße und Verletzlichkeit nur zu bewusst war. Sie waren alleine und all diese Andeutungen der anderen Piraten. Beinahe ohne eigenen Willen reagierte er, so ungemein präsent erschien ihm Jean mit einem Mal. Verunsichert sah er zu ihm auf. Widersprüchliche Bilder waren in seinem Kopf: die Erinnerung an Jeans angenehme Berührungen, das kalte Metall des Messers an seiner Wange, der harte Griff an seinem Arm, der Schmerz, die Furcht verletzt zu werden, die Hilflosigkeit. Freilich auch das Gefühl des warmen Körpers an seinem.

»Dreh dich um.« Eine freundliche Bitte oder ein Befehl? Simon gehorchte zögernd, wie von einem anderen Willen gesteuert. Kalte und heiße Schauer liefen abwechselnd über seinen Rücken, das Herz schlug langsam und schwer, mühsam vor Anspannung. Jede Faser seines Körpers war bis zum Zerreißen gespannt.

Er war sich bewusst, dass man ihm alle Reaktionen ansah, jedes Zittern auf der nackten Haut zu bemerken war. Bebend erwartete er Jeans Berührung, zuckte regelrecht zusammen, als dieser ihm mit der Seife fest über den Rücken fuhr und noch mal, als die andere Hand den feuchten Schaum auf der Haut zu verreiben begann. Das Atmen fiel ihm immer schwerer, während die Fingerspitzen in Kreisen über seinen Rücken fuhren. Jede Berührung war leicht, zärtlich, unglaublich erregend. So süß wie verbotene Früchte, so heiß wie die Glut der Hölle.

»Ist es gut so?«, fragte Jean, als Simons Lunge schon zu schmerzen begann, weil er noch immer den Atem anhielt. Sein Körper schien unter den behutsamen Berührungen zu brennen und er holte endlich hastig Luft, hätte sich dabei beinahe verschluckt. Unfähig, etwas zu sagen, stand er weiterhin starr, wusste so genau, dass diese Hände, die ihm gerade ein ungeahnt, wohliges Gefühl vermittelten, auch die Hände eines gewissenlosen Mörders waren, der ebenso schnell auch ihn verletzten oder töten konnte. War es möglich, dass ein Mann beides war? Derart sanft und doch so grausam?

Jean fuhr fort, seine Hände glitten langsam tiefer, wobei er die Seife an Simon vorbei in die Schüssel tauchte und sich dabei leicht gegen ihn lehnte. Unterdrückt aufkeuchend wich Simon eine winzige Nuance seitwärts aus. Gleichzeitig hatte er den verrückten, schmerzhaft sehnsüchtigen Wunsch, sich einfach gegen den anderen Körper zu lehnen, Ruhe und Geborgenheit in einer Umarmung zu finden. Jean wirkte so stark, konnte so liebevoll zu ihm sein.

Es war so lange her, dass ihn jemand einfach im Arm gehalten hatte. Seit dem Tod seiner Mutter hatte er keine solchen Zärtlichkeiten mehr erlebt und sein geschwächter, sündiger Körper forderte mehr, ließ ihn vergessen, wer ihm dieses Gefühl gab.

Die kreisenden Hände erreichten seinen unteren Rücken und abermals musste Simon einen Laut unterdrücken, als Jeans Hand sich seinem Hosenbund näherte, diesen sogar mehrfach streifte, die Fingerspitzen darunter glitten.

Wie würde sich diese Hand erst auf der Haut an seinem blanken Hintern, an den Beinen anfühlen, wenn sie tiefer zwischen seine Schenkel glitt, ihn dort berührte?

Erschrocken zuckte Simon zusammen, bemerkte da erst, dass er die Lider geschlossen hatte und sich tatsächlich leicht an Jean gelehnt hatte. Entsetzt über sich selbst, drehte er sich hastig um. Er stand viel zu dicht vor Jean. Der warme Atem streifte, seine Wärme erfasste ihn.

Sekundenlang blickten sie sich an, Jean mit halb erhobener Hand, die noch immer die Seife hielt. Dann, ganz langsam, als ob er ihn nicht erschrecken wollte, legte er seine andere Hand weich an Simons Wange.

Jeder spöttische Ausdruck war aus seinen Augen verschwunden. Sie wirkten nur noch einfühlsam, versprachen Zärtlichkeiten, lockten Simon mit ungesagten Versprechungen in ihren Abgrund.

Er wagte es nicht, sich zu rühren, den Blick abzuwenden, wollte weder die Distanz zwischen ihren Körpern vergrößern noch vermindern. Jeans warme, feuchte Hand an seiner Wange war tröstend, verführerisch, tat so gut.

»Simon«, flüsterte Jean mit einer seltsam rauen Stimme, die nicht zu ihm zu passen schien, gänzlich anders als sonst klang. Langsam beugte er sich vor, näherte sich seinem Gesicht.

Schmale, feine Lippen, die sich öffneten, unaufhaltsam immer dichter kamen. Diese tödliche und doch so behutsame Hand an seiner Wange, verzauberten Simon und er vermochte nicht, sich dem zu entziehen. Erst als ihn Jeans Lippen ganz leicht berührten, stolperte er entsetzt zurück, stieß hart gegen die Wasserschüssel. Seine Hände krallten sich um die Tischkante und er blieb erschrocken keuchend mit wild rasendem Herzen stehen.

Beinahe hätte er zugelassen, dass ihn ein anderer Mann küsste. Was zum Teufel war mit ihm los?

Jeans Ausdruck war so voll Enttäuschung, dass Simon unwillkürlich hart schlucken musste. Tief in ihm konnte er den Anblick kaum ertragen, als der andere Mann sich aufrichtete, die Seife in einer merkwürdig resignierend wirkenden Bewegung ablegte, sich umdrehte und den Raum hastig verließ.

Schmerzhaft hart schlug Simons Herz gegen seine Rippen, sein Mund öffnete sich und er fühlte sich für einen Moment sogar versucht, Jean zurückzurufen. Dennoch tat er nichts dergleichen, sackte schließlich nur stöhnend auf dem Bett zusammen und schlug die Hände vor sein Gesicht.

Wie sollte er sich verhalten? Was sollte er nur tun? Er konnte sich doch nicht im Ernst gerade gewünscht haben, dieser grausame Pirat und Mörder, würde ihn liebevoll berühren? Ein Mann, der ihn streichelte, zärtlich zu ihm war, wie zu einer Frau? War er denn gänzlich dem Wahnsinn verfallen?

Verzweifelt krallte er die Finger in sein Haar. Minutenlang starrte er aufgewühlt auf den Holzfußboden, bis er sich aufraffte und die trockene, juckende Seife überhastet abwusch. Wenngleich seine Haut sich hiernach sauberer, reiner anfühlte, seine Seele war es nicht und so kniete er sich vor das Bett, betete inbrünstig darum, stark zu sein, weniger sündige Gedanken zu haben, tapfer zu sein, aufrecht, standhaft. Ein Ehrenmann, ein wahrer Gentleman.

Lass mich ein Sohn sein, auf den ein Vater stolz sein kann, bat er stumm, betete seit langer Zeit erstmals wieder. Lass mich nicht der Sünde anheim fallen, säubere meine Seele von diesen sündhaften Wünschen. Befreie mich aus den Händen, aus dem Bann dieses Piraten.

Gerechte Beuteteilung

Mehrere Stunden saß Simon tatenlos auf seinem Bett, hatte gehofft und zugleich gefürchtet, dass Jean zurückkommen würde. Doch der Piratenkapitän kehrte nicht zurück.

Stattdessen nahm der Lärm draußen gegen Abend immer mehr zu, als das Licht langsam schwand. Grölen, lautes Lachen, Musik und Gesang drangen zu ihm herein. Lebhaft konnte er sich ausmalen, wie die Piraten feierten und dem Rum genussvoll zusprachen.

Abschaum, dachte er abfällig. Sie feiern ihren Raubzug, den Tod anderer Menschen. Aber es war schwer, von allen so zu denken, wenn er dabei an Jorge dachte, der neben ihm arbeitete, wenn er sich an Tito erinnerte, an Louis und an andere, die ihm durchaus freundlich begegnet waren. Ihr Lachen, ihre Scherze und wie sich die Piraten unten am Strand freundschaftlich begrüßt hatten, so wunderbar vertraut miteinander …

Simon schluckte schwer, verspürte einen seltsamen Anflug von Neid oder gar Eifersucht auf diese enge Vertrautheit, die er niemals erfahren hatte. Nie hatte ihm ein Mensch jemals so nahe gestanden. In seiner Jugend war er weitestgehend isoliert aufgewachsen, stets nur von Erwachsenen umgeben, die sorgfältig auf seine korrekte Erziehung und Ausbildung geachtet hatten, jede unmoralische Abweichung streng ahndeten. Lebhaft und schaudernd erinnerte er sich an die Schläge und die dunkle Kammer, in die man ihn gesperrt hatte, wenn er diese Regeln missachtete. Schnell hatte er gelernt, brav alles zu tun, sich an jenes zu halten, was man von ihm erwartete.

Nun hatte er diesen sicheren, vorgegebenen Pfad verlassen und sah sich unerwarteten Versuchungen gegenüber auf, die man ihn nie vorbereitet hatte. Wie sollte er da den richtigen Weg finden?

Erst als draußen Schüsse erklangen, wurde Simon aus seinen Grübeleien gerissen, zuckte erschrocken zusammen und sprang auf, freilich folgte gleich darauf besonders lautes und ausgelassenes Lachen, sodass er darauf schloss, die Piraten feuerten nur zum Spaß ihre Pistolen ab.

Unruhig bewegte er sich durch den Raum, fand eine Lampe und entzündete sie. Das warme Licht vermochte den Raum nur wenig zu erhellen. Die Wände seines neuen Gefängnisses schienen ihn zu erdrücken und Simon fand sich unversehens vor der Tür wieder, starrte sie unentschlossen an. Zögernd drückte er den Türgriff nach unten und war umso überraschter, als sie sich öffnen ließ. Offenkundig hatte Jean nicht abgeschlossen, als er so eilig die Hütte verlassen hatte.

Erwartungsfroh pochte sein Herz, obwohl er sich sogleich klar machte, dass eine Flucht nahezu unmöglich sein würde, erwachte doch der Wunsch in ihm, dieses Gefängnis zu verlassen.

Langsam öffnete er die Tür, trat hinaus auf die dunkle Veranda. Der Lärm ringsum nahm schlagartig zu. Auf dem Platz, wo Jean zuvor die Beute verteilt hatte, brannten jetzt mehrere Feuer und er erspähte tanzende Gestalten im flackernden Schein der Flammen. Die Piraten amüsierten sich mit Tanz, Gesang und Rum. Der Geruch hing in der Luft, wie der Rauch der Feuer, gebratenen Fleisches und ungewaschener Männerkörper.

Unsicher trat Simon weiter nach vorne, lehnte sich an einen Pfosten und beobachte abgestoßen und doch auf eine gewisse Art fasziniert, das Geschehen. Rasch wurde sein Blick von einem besonderen Anblick angezogen. Auf der gegenüberliegenden Seite eines der Lagerfeuer erkannte er Jean. Neben ihm saß der blonde Pirat Louis, hatte sich vertraulich an ihn gelehnt. Simon stockte der Atem, als er sich Jean zu einem Kuss zuneigte und die Hände sich unter das Hemd schoben. Unfähig den Blick abzuwenden, starrte Simon hinüber, fühlte sich beschämt und seltsam betroffen beim Anblick dieser Zärtlichkeiten. Beide Männer lachten, ließen ihre Hände gierig und fordernd über den Körper des anderen gleiten.

Bei Gott, was für ein Sündenpfuhl.

Nur wenige Meter neben Simon schoss einer der Piraten lachend und lautstark Flüche ausstoßend in die Luft. Simon zuckte zusammen, konnte die Augen nicht abwenden. Louis Hand schob sich sogar in de Bund von Jeans Hose.

Fassungslos hielt Simon den Atem an, in seinen Lenden wurde es warm. Er wollte sich abwenden, wieder in der Hütte verschwinden, fort von der Sünde, fort von diesem eigentlich widerwärtigen Bild. Allein Jeans wohlig verzogenes Gesicht hielt ihn in seinem Bann gefangen und er war gänzlich unfähig sich von der Stelle zu rühren.

Keuchend schnappte er nach Luft. Jeans Augen waren halb geschlossen, der Kopf etwas zurückgelehnt und sehr wohl nahm Simon die ruckartigen Bewegungen von Louis Hand wahr.

Trocken schluckte er, bemüht, seinen Körper, das Gefühl in seinen Lenden zu kontrollieren, die bei diesem Anblick eindeutig reagierten. Nur zu deutlich spürte er sein Glied anschwellen, fühlte Hitze in sich aufsteigen, sein Herz rasen und war dennoch hilflos dem Anblick dieser beiden Sünder ausgeliefert. Seine Beine versagten ihm schlichtweg den Dienst, sein Körper wollte sich nicht bewegen, nicht fliehen. Er vermochte nicht einmal den Kopf abzuwenden, die Augen zu verschließen, so sehr hatte ihn der Anblick von Jeans Gesicht mitten hinein in das Feuer der Verdammnis gerissen, brannte dieses jetzt heiß in seinen Adern. Ihm brach der Schweiß aus und ein winziges Stöhnen kam ihm über die Lippen.

Niemand hatte ihn auf so einen Anblick vorbereitet. Wie in einem teuflischen Zauber gefangen, starrte er hin und bemerkte dann erst die Männer, die neben der Veranda stehen geblieben waren, ihn neugierig musterten. Es waren zwei bekannte Gesichter aus Jeans Mannschaft, darunter Enrico und erkannte noch Palban.

»Das ist also seine Geisel?«, fragte einer der fremden Männer. Es war zu dunkel, um mehr von ihren Gesichtszügen zu erkennen, dennoch fühlte sich Simon augenblicklich bedroht, wich unmerklich zurück.

»Ist er das?«, erkundigte sich ein weiterer neugierig.

»Ich sagte doch: Eine echte englische Lady. Schaut euch nur dieses hübsche Puppengesicht an«, bemerkte Palban, den Mund im flackernden Licht zu einem höhnischen Grinsen verzogen.

»Guten Geschmack hat er. Der Franzose weiß eben Schönes zu schätzen«, meinte ein anderer und alle lachten auf.

»Der Letzte von ihnen war ja auch nicht zu verachten«, bemerkte Enrico hämisch, erntete erneut ein grölendes Lachen.

»Nur lungerte der verfluchte Spanier noch herum«, ergänzte einer kichernd und ein anderer fügte hinzu: »Diesmal hat er wenigstens keine Konkurrenz zu befürchten.«

Abermals lachten die Männer und Simon wandte betont langsam den Blick von ihnen, bemüht aufrecht und furchtlos über sie hinweg zu schauen. Es gefiel ihm nicht, wie sie über ihn redeten. Seine Augen suchten Jean, doch der hatte sich erhoben, ging mit Louis im Arm davon. Er spürte einen winzigen, seltsamen Schmerz in sich, den er sich nicht recht erklären konnte. Sogleich zogen die anderen Männer seine Aufmerksamkeit wieder auf sich. Der größte Teil war mittlerweile weiter gegangen, nur Enrico, Palban und zwei andere standen noch da, warfen sich Bemerkungen zu und lachten darüber.

»Hey, Jungchen, vielleicht sollten wir uns auch mal näher kennenlernen? Ich könnte dir Dinge zeigen, von denen du nicht mal zu träumen wagst.« Palban trat einen Schritt näher. Seine Stimme war lallend, offenbar hatte er dem Rum bereits reichlich zugesprochen. »Vielleicht sollten wir Ledoux bei der Aufteilung der restlichen Beute ein wenig behilflich sein, was meint ihr?« Wiederholt erntete er Lachen, besonders Enrico klopfte sich grölend auf die feisten Oberschenkel.

»Lass es besser, Ledoux teilt nicht!«, warnte hingegen der andere Mann ihn.

»Nur so ein bisschen«, fuhr Palban spöttisch fort, kam noch näher und nun trat Simon wirklich einen Schritt zurück.

»Bleibt ja noch genug für ihn übrig«, bemerkte Enrico, dessen Stimme ebenfalls schleppend klang. »Jeder bekommt seinen Teil der Beute. Hat er uns doch versprochen. Sonst hätten wir ja nicht bei ihm angeheuert. Dafür ist er bekannt und berüchtigt. Er macht immer fette Beute. Mit ihm zu segeln ist ein Garant für Reichtum.«

Die anderen Männer nickten und wandten sich endgültig zum Gehen. Nur Enrico und Palban bleiben stehen, musterten Simon unverhohlen.

»Ledoux hält sich immer an den Codex der Bruderschaft«, ergänzte Palban nachdenklicher, seine Stimme klang fester. »Alles wird stets gerecht aufgeteilt.«

Simon wich zur Tür zurück. Diese beiden Männer gefielen ihm nicht. Die Situation behagte ihm nicht. Sie wirkten bedrohlich und er erinnerte sich nur zu genau daran, wie hasserfüllt Enrico ihn angesehen hatte. Die anderen Männer von Jeans Mannschaft setzten sich weiter weg an ein Feuer.

»Diese süße Beute gefällt mir auch verdammt gut.« Palban betrat die erste Stufe zur Veranda, blickte sich zu Enrico um, der ihm nur zögernd folgte. Beide schwankten leicht und die Nachtluft trug den Gestank von rum bis zu Simon.

»Lass es besser sein. Wenn Ledoux dich dabei erwischt …« Enrico schaute sich sichernd um. Von Jean war nichts zu sehen. Simon spürte die Tür direkt im Rücken. Er wollte sich vor den beiden angetrunkenen

Männern eigentlich keine Blöße geben, dennoch machen sie ihm Angst und er öffnete sie, trat betont langsam hindurch und versuchte sie nicht zu hastig hinter sich zu schließen.

»Schon gut. Vermutlich hast du recht, Enrico.«

Erleichtert ging Simon in den Raum hinein, spürte sein Herz noch eine ganze Weile hart in seiner Brust klopfen. Wie ihn diese Männer angesehen hatten. Es war ihm unheimlich. Mit aller Macht verdrängte er das Bild von Jeans Gesicht, das offensichtliche Vergnügen, welches dieser bei Louis Berührung gezeigt hatte. Er musste stark sein, durfte sich nicht von den Sünden ringsum in den Abgrund ziehen lassen.

Entschlossen trat er das Bett, entledigte sich der Schuhe, zog sich das Hemd aus und zögerte, als er die Hose abstreifen wollte. Irgendwann würde auch Jean zurückkehren, in jenem Bett unweit dem seinen schlafen. Es war lächerlich, dennoch fühlte sich Simon wohler, als er sich noch mit der Hose bekleidet auf sein Bett legte.

Es war viel zu warm, sodass er sich ohne Decke zusammenrollte und versuchte an nichts weiter zu denken, als daran, Schlaf zu finden, sich im Traum von all jenen verwerflichen Gedanken zu reinigen.

So recht wollte es ihm nicht gelingen, auch wenn er Gebete mit einflocht. Seine Gedanken wanderten immer wieder zu dem Bild der zwei Männer am Lagerfeuer zurück, zu Jeans zufriedenem Ausdruck. Louis hatte ihm Vergnügen bereitet, dessen war sich Simon sicher, indem er ihn unsittlich berührt hatte. Schaudernd und mit einem erregenden Gefühl im Unterleib dachte Simon immer wieder daran.

Es war lange her, dass er selbst sich dergestalt berührt hatte. Der Drang war da, die Versuchung so groß, freilich hatte er dieser bislang selten nachgegeben. Jahrelang unterdrückte er schon diesen Trieb in sich, diese Einflüsterung des Teufels, selbst Hand an sich zu legen. Die wenigen Male, wo er dieser Versuchung erlegen war, hatte er es hinterher bitter bereut, denn er war ein ehrenwerter Mann, der über solchen Versuchungen stehen sollte. Natürlich hatte er seine Sünden gebeichtet. Der Priester, der über sein Seelenheil wachte, hatte seine Aufgabe sehr ernst genommen. Die Dunkelheit der engen Kammer und die brennenden Schläge auf seinem Gesäß hatten Simon stets auf den rechten Weg zurückgebracht. So unterdrückte er auch diesmal den unmoralischen Wunsch, bemüht, an seinen Vater zu denken, an sein voriges Leben, an Claire, an alles, was so weit weg, so unwirklich geworden war, als ob es nie existiert hätte.

Irgendwann fiel er in einen unruhigen Schlaf. Wirre Träume suchten ihn heim, in denen ihm schwarze, gierige, lusterfüllte Augen folgten. Eine kräftige Hand nach ihm griff, sie erregend über seinen entblößten Körper strich, sich jemand an ihn presste, warme, weiche Lippen seine berührten. Die schwarzen Augen zogen ihn an den Abgrund und so sehr er auch versuchte, sich an der sicheren Kante festzukrallen, er würde fallen, tiefer und tiefer in den feurigen Abgrund. Mitten hinein in die Hölle.

Ein knarrendes Geräusch ließ ihn hochfahren. In der Hütte brannte noch die Lampe und ein kühler Lufthauch zeigte ihm, dass die Tür geöffnet worden war. Im selben Augenblick erkannte er zwei dunkle Gestalten, die sich ihm rasch näherten.

Hastig wollte er aufspringen, da packten ihn schon kräftige Hände, zerrten ihn grob vom Bett zu Boden. Ein Arm schlang sich von hinten um seine Kehle. Heftig wand er sich hin und her, trat um sich, krallte seine Finger in den Arm des Mannes, der ihm die Luft abzuschnüren drohte.

»Nun wollen wir doch mal sehen, was an dir so dran ist, Engländer«, nuschelte eine lallende Stimme hinter ihm. Palban! Der Gestank von Alkohol war überwältigend. Der Griff lockerte sich ein wenig, ließ ihm Raum zum Atmen, hinderte ihn aber daran, aufzustehen, hielt ihn weiterhin am Boden. Enrico kicherte, kniete sich neben den zappelnden Simon betrachtet ihn deutlich gierig.

»Die Beute eines Bukaniers gehört allen zu gleichen Teilen.« Auch seine Stimme war schwankend, die Bewegungen wirkten fahrig und unkoordiniert. Beide Männer mussten stark angetrunken sein.

»Deshalb nehmen wir uns jetzt unseren Anteil.« Enricos Finger nestelten an seinem Hosenbund herum und er griff nach Simons Beinen.

Nein. Heftig wehrte sich Simon, entzog sich den grapschenden Händen, die ihn fixieren wollten.

Wie betrunken Palban auch sein mochte, sein Griff lockert sich nicht. Stattdessen fuhr seine linke Hand über Simons blanken Oberkörper. Schmerz loderte auf, er hatte ihn in die Brustwarze gezwickt. Ein erstickter Laut entkam Simon, er wand sich panisch hin und her. Sinnlos, er kam nicht frei, egal wie sehr er es auch versuchte. Was hatten diese Männer mit ihm vor? Was wollten sie? Nichts Gutes, dessen war er sich sicher.

Enrico beugte sich breit grinsend halb über ihn, kniete auf Simons Beinen. »Wir werden jetzt ein bisschen Spaß haben, Engländer.« Seine Finger nestelten an Simons Hose herum.

»Nein!« Simon keuchte erstickt auf. Was hatte Enrico vor? Wieso wollte er ihn entkleiden? »Lasst ab von mir.«

Palban kicherte, seine Hand glitt tiefer, verschwand in Simons Hosenbund und griff nach seinen Genitalien. Simon bäumte sich erschrocken auf, als ihn die Finger berührten, schüttelte dabei Enrico von sich und versuchte sich zu drehen, Palbans würgendem Griff zu entkommen. Bei Gott, diese Männer waren nicht bei Verstand. Er musste fort von hier, sie wollten sich versündigen.

Enrico fluchte, war aber gleich darauf wieder heran. Seine Augen funkelten vor Zorn und blanker Hass stand in ihnen, als er sich erneut über Simon beugte. »Halt endlich still. Du hast keine Chance. Ich werde dir schon zeigen, wo dein Platz ist, dreckiger Engländer.« Zischend sprach er und Speichel traf Simon ins Gesicht.

Aus weit aufgerissenen Augen starrte Simon ihn an, sein Atem flog. Ruckartig winkelte er das rechte Bein an. Sein Knie traf Enrico hart am Unterkiefer. Ein knirschendes, knackendes Geräusch war zu hören und Enrico kippte mit einem gurgelnd schmerzerfüllten Laut zur Seite.

Hinter Simon heulte Palban auf: »Enrico! Verflucht!« Nur einen winzigen Augenblick lockerte sich sein Griff, länger brauchte Simon nicht, um sich nach vorne zu werfen, dem Griff zu entkommen und sich herumzurollen.

Hastig sprang er auf, hustete und rang gierig nach Atem. Palban kam unerwartet schnell ebenfalls auf die Beine, schwankte jedoch, als er sein Messer zog. Knurrend sprang er auf Simon zu.

»Ich bring dich um du englische Hure«, heulte er wütend, stieß mit dem Messer nach Simon, der gerade noch auswich, über einen Stuhl stolperte und zu Boden ging. Viel zu schnell war Palban heran, stieß erneut nach ihm und diesmal traf er ihn an der Schulter. Greller Schmerz loderte auf, das Messer hinterließ eine tiefe Wunde. Reflexartig trat er nach dem anderen Mann, traf ihn und schleuderte ihn zurück.

Erfüllt von unsagbarer Angst, stieß Simon einen gepeinigten Laut aus, sprang auf und hastet zur Tür. Er musste fort von hier, raus, dorthin wo andere Menschen waren. Hinter ihm kam Palban wieder auf die Beine, setzte über den stöhnenden Enrico hinweg und ihm nach.

Simon riss die Tür auf, stürzte die Stufen der Veranda hinunter und rannte blindlings los. Palban blieb dicht hinter ihm, griff nach ihm, verfehlte ihn nur um wenige Zentimeter und schrie ihm zornentbrannt hinterher: »Dreckiger Engländer! Ich bringe dich um. Ich werde dich eigenhändig abschlachten, dir die Eingeweide herausreißen!«

Die Lagerfeuer waren heruntergebrannt und überall lagen schlafende Gestalten. Simon achtete kaum auf sie, sprang über zwei hinweg und rannte um sein Leben, eilte in Richtung Strand, die einzige Richtung, die ihm gerade einfiel. Vielleicht konnte er ein Boot erreichen, vielleicht kam er schnell genug hinein und konnte aufs Wasser entkommen. Er musste nur schnell genug sein. Dieser Pirat würde seine Drohung wahr machen, wenn er ihn erwischte, dessen war er sich sicher.

Rufe wurden laut. Seine Flucht blieb nicht unbemerkt, wozu auch der brüllende Palban seinen Teil beitrug, der ihn lautstark verwünschte.

Simon rannte weiter, wich zwei halbwachen Gestalten aus, die sich taumelnd vor ihm erhoben. Seine Lunge brannte, sein Herz schien ihm den Brustkorb zu sprengen, derweil er nur an das rettende Meer dachte. Dort musste er hin, dort würde er in Sicherheit sein. Nur weg, weg von all dem hier.

Urplötzlich knallte ein Schuss und vor ihm spritze Sand hoch, ließ ihn abrupt abstoppen. Wenige Meter vor ihm hatte sich ein Mann erhoben, zielte mit der Pistole genau auf ihn. Mit grimmigem Gesicht kam er näher. Hinter Simon brüllte Palban triumphierend auf. Gehetzt blickte er sich um, aber immer mehr Piraten erhoben sich neben den niedergebrannten Feuern.

»Die nächste Kugel trifft dich in den Kopf, Engländer. Bleib hübsch da stehen.«

Palban war langsamer geworden, näherte sich ihm mit hämischem Grinsen. Auch die anderen Piraten kamen hier und da bereits mit gezückten Messern oder Pistolen heran. Keine Chance, wieder war er gefangen, es gab kein Entkommen.

Verzweiflung drohte Simon zu überwältigen. Wäre der Mann mit der Pistole nicht gewesen, hätte er gewiss versucht zwischen ihnen durchzubrechen. Dieser war heran, packte ihn hart am Arm, drehte ihn schwungvoll herum und setzte ihm augenblicklich die Pistole an den Kopf. Heißes Metall versengte seine Schläfe und Simon zuckte zurück. Der Griff wurde noch härter.

»Wolltest du uns etwa verlassen?«, raunte der Mann. »Ich glaube, darüber wäre der Kapitän nicht sehr glücklich.«

»Er wollte fliehen!«, behauptete Palban, wandte sich hin und her und wiederholte unablässig: »Er wollte abhauen. Der dreckige Engländer wollte fliehen.«

»So?«, fragte der Pirat mit der Pistole lauernd, schob Simon weiter nach vorne auf die anderen zu. »Das wird der Kapitän ganz bestimmt nicht gerne hören, Junge.« Er lachte hart auf. »Ledoux mag es gar nicht, wenn man sich ihm widersetzt. Ich möchte gewiss nicht in deiner Haut stecken.«

Simon biss die Zähne zusammen, bemüht sein rasendes Herz, das Zittern seines Körpers und die Furcht in den Griff zu bekommen. Seine Schulter pochte, er fühlte klebriges Blut am Rücken. Vor seinem inneren Auge sah er wieder Jeans Gesicht, als dieser ihn mit dem Messer bedroht hatte. Wahrlich, Jean würde ganz gewiss nicht erfreut sein. Was er ihm wohl antun würde? Simon wollte gar nicht genau darüber nachdenken. Gnade durfte er nicht erwarten.

»Was ist hier los?« Jorges große Gestalt schob sich durch die finster dreinblickenden Männer. Sein Anblick ließ Simon unhörbar erleichtert aufseufzen.

»Fliehen wollte er, der Bursche. Wenn ich es nicht bemerkt hätte, wäre er auf und davon«, ereiferte sich Palban. Jorge warf Simon einen fragenden Blick zu, aber ehe der etwas erwidern konnte, befahl Jorge einem der Männer: »Hol den Kapitän her.«

»Wo ist der?«, entgegnete der Mann unsicher. »Ich habe ihn lange nicht mehr gesehen.«

»Ist mit Louis zusammen«, knurrte Jorge. »Los, hol ihn her, notfalls aus dem Bett, hörst du?«

»Klar.« Der Pirat rannte auch schon los.

Jorge griff mit ausdruckslosem Gesicht nach Simon, zerrte ihn grob am Arm mit sich zu Jeans Hütte zurück und stieß ihn davor zu Boden. Erneut unterdrückte Simon einen Schmerzlaut. Kalter Schweiß kroch mit klammen Fingern über seinen Körper.

»Bleib, wo du bist«, warnte Jorge ihn, als er sich erheben wollte.

Die anderen Männer waren ihnen gefolgt, bildeten einen Kreis um sie.

»Hast wohl gedacht, du entkommst einfach so?«, zischte Palban ihm zu. »Du wirst es gleich bitte bereuen. Hah, du kriegst, was du verdienst.«

In den hinteren Reihen entstand Unruhe und gleich darauf machten die Männer Platz. Jean trat nach vorne und Simons Herz blieb kurz stehen. Sein Gesicht war eine starre, kalte Maske. Er trug nur seine Hosen und Stiefel, der Oberkörper war blank. Er warf ihm nur einen kurzen Blick zu, wandte sich dann an Jorge.

»Was ist passiert?« Die harte Stimme sandte Simon weitere eisige Schauer über den Rücken und plötzlich konnte er ein Zittern nicht mehr unterdrücken. Bei Gott, was würde ihm dieser Mann antun?

»Er wollte fliehen!«, mischte sich Palban eifrig ein, drängelte sich nach vorne neben Jorge. »Wir haben versucht, ihn aufzuhalten.« Er machte eine Geste auf Enrico, der gerade von der Veranda zu den Männern getreten war, sich den Unterkiefer hielt und Simon mit seinen Blicken aufspießte.

»Der Engländer hat Enrico eine verpasst und ist auf und davon«, fuhr Palban erregt fort. »Eduard hat ihn gerade noch aufgehalten. Er wollte zum Strand, ein Boot stehlen.«

Jeans Blick glitt prüfend über Palban, der plötzlich ein wenig zurückwich, hin zu Enrico, der hastig mit einer Hand versuchte, die Hose hochzuziehen und weiter zu Simon, der den Blick furchtsam, aber offen erwiderte. Jean sah ihn mehrere Sekunden lang unverwandt an, dann glitt sein Blick tiefer. Er musste die derangierte Hose bemerken. Beschämt griff Simon danach, versuchte hastig sie zu richten und spürte Hitze in seine Wangen steigen. Was musste Jean nur von ihm denken? Wie musste er auf ihn wirken? Hastig rappelte er sich ganz auf.

Palban setzte erneut an, aber Jeans kalte Stimme unterbrach ihn augenblicklich.

»Bring beide weg«, befahl er Jorge, deutete auf Palban und Enrico.

»Aye Kapitän!« Jorge nickte grimmig, griff nach Enrico, der anfing zu wimmern, scheinbar nicht sprechen konnte.

Habe ich ihm womöglich den Kiefer gebrochen, fragte sich Simon entsetzt, seine Aufmerksamkeit wurde dagegen gleich wieder von Jean angezogen, der nun zu ihm trat. Noch immer war sein Gesicht eine starre Maske, als er nach Simons Arm griff und ihn zur Hütte stieß. Simon stolperte vorwärts, beeilte sich, das Gleichgewicht zu finden. Furcht ergriff ihn erneut.

Was sollte er sagen? Wie erklären, was passiert war? Würde Jean ihm glauben? Konnte er gestehen, dass er beinahe …? Nein. Das würde nicht über seine Lippen kommen. Niemals.

Spuren der Vergangenheit

Wortlos schob ihn Jean in die Hütte und ließ ihn mitten im Raum stehen. Mit starrem Gesicht entzündete er weitere Lampen und der Raum erhellte sich zunehmend.

Dann wandte er sich wieder Simon zu. Der kalte Ausdruck seiner Augen ängstigte ihn und er wich furchtsam einen Schritt zurück.

Gab ihm Jean etwa die Schuld an dem, was passiert war? Sollte er ihm überhaupt sagen, was geschehen war? Heiße Scham erfüllte Simon, wenn er daran dachte, was diese beiden Männer ihm vielleicht hatten antun wollen. Das konnte er unmöglich vor Jean zugeben. Was musste der von ihm denken? Für wie schwach würde er ihn halten? Eher würde er jede Strafe ertragen, die ihm Jean antat. Selbst wenn er nicht wirklich hatte fliehen wollen. Nicht vor Jean.

Jean starrte ihn minutenlang ausdruckslos an. Ob er bemerkte, wie er sich zunehmend versteifte? Die Schulter pochte und in seinem Magen rumorte Übelkeit.

Jeans Blick wanderte langsam über ihn, schien ihn von oben bis unten in jedem Detail zu mustern. Gänsehaut bildete sich an Simons Armen und wohl auch am Rücken, er konnte Jean einfach nicht einschätzen.

»Hast du versucht zu fliehen?«, fragte Jean mit einem winzigen, drohenden Klang in der ruhigen Stimme. Simon starrte ihn an, seine Lippen wollten ein hastiges: »Nein!«, formulieren, aber er blieb stumm. Wenn er dieses Wort sagte, musste er erklären, was geschehen war. Um nichts in der Welt würde er Jean preisgeben, wie schwach er gewesen war.

Jean begann sich um ihn herum zu bewegen und Simon musste an sich halten, nicht zurück bis an die Wand zurückzuweichen. Ungern wollte er Jean in seinem Rücken haben. Was hatte der Pirat mit ihm vor? Wie würde er ihn bestrafen? Simons Schweigen musste ihm Antwort genug sein. Bebend blieb er aufrecht stehen, obwohl sein Atem keuchend kam.

Jean hatte ihn halb umrundet, als er einen überraschten Laut von sich gab. Hastig trat er dichter heran, griff nach Simon und zog ihn hart zu sich. »Du bist verletzt worden.«

Verblüfft wandte sich Simon zu ihm um, registrierte einen gänzlich anderen Gesichtsausdruck bei dem Piraten. Offene Besorgnis stand in den Augen. Wegen ihm?

»Deine Schulter blutet.« Jean nahm Simon beim Arm, zog ihn mit sich, drückte ihn bestimmt auf den Stuhl am Tisch. »Das ist ein Messerstich. Zum Glück nicht sehr tief. Scheint keine schwere Verletzung zu sein.«

Simon unterdrückte jeden Schmerzenslaut als Jeans Finger kundig über die Wunde fuhren. Der Franzose trat ruckartig vor ihn, sah ihn ernst von oben an. »Haben sie dich noch anders verletzt?«

Simon blickte ihn unsicher von unten an, wusste nicht, wie er darauf reagieren, was er sagen sollte. Jean verwirrte ihn in seinem extrem widersprüchlichen Verhalten, mal sanft, dann wieder so kalt und abweisend.

Bei Gott, er konnte ihm nicht sagen, was geschehen war. Daher schüttelte er nur stumm den Kopf.

»Ich kann mir schon denken, was geschehen ist.« Jean wandte sich eilig ab und trat an einen kleinen Schrank heran. Er holte einige Dinge heraus, nahm sich eine der Lampen mit. Dann trat er zu Simon an den Tisch heran, stellte die Lampe und ein kleines Fläschchen ab, legte einige Leinentücher daneben.

»Ich werde die Wunde auswaschen müssen«, erklärte er, holte den Wasserkrug. Mit dem Leinentuch wusch er die Wunde vorsichtig aus, hielt jedes Mal inne, wenn Simon scharf die Luft einsog. Das Wasser brannte, dennoch bemühte er sich, dem Schmerz standzuhalten.

»Das wird die Wunde säubern. Es brennt ein wenig, aber wenn ich es nicht desinfiziere, wird es sich womöglich entzünden.« Der typische Geruch von Jod erfüllte die Luft. Simon hielt still, biss die Zähne fest zusammen, unterdrückte ein schmerzhaftes Wimmern, während sich die Flüssigkeit ihren Weg in die Wunde grub. Tränen brannten in seine Augen und er schluckte sie tapfer hinab. Keine Schwäche zeigen.

»Die Wunde ist wirklich nicht sehr tief. Sie wird bald schon verheilen und hoffentlich keine Narbe zurücklassen.« Unerwartet legte er eine Hand auf Simons freie Schulter und trat wieder vor ihn. Abermals blickte Simon zu ihm auf, ängstlich wusste nicht, was ihn erwarten würde.

Jean sah ihn sekundenlang an, dann strichen Finger weich über Simons Wange und legten sich um das Kinn. Es war eine überaus zärtliche Geste, die Simon viel tiefer berührte, als nur auf der Oberfläche seiner Haut. Er wich nicht zurück, konnte es gar nicht, ließ es geschehen. Viel zu aufgewühlt war er, viel zu verwirrt von Jeans ständigem Gemütswechsel, von den Ereignissen, die ihn überrollt hatten. Er wollte so gerne etwas sagen, erklären, fragen, wissen …

»Es tut mir leid, was passiert ist«, flüsterte Jean, streichelte ihm über die Wange. Sein intensiver Blick bohrte sich in Simons und darin fand sich derart tiefe Zuneigung, wie er sie nur in den Augen seiner Mutter gesehen hatte. Niemals bei einem anderen Menschen, gar einem anderen Mann. Sein Atem stockte und für einen Moment verlor Simon den ewigen Kampf gegen seine Bedürfnisse.

Instinktiv lehnte er sich gegen die Hand, wollte die Augen schließen, genoss diese Berührung mit allen Sinnen, aus vollstem Herzen. Nichts anderes zählte. Alles wollte er vergessen: Was Jean war, wo er war. Wollte nur noch diesen Ausdruck sehen, nur diese Art von Berührungen fühlen, sich fallen lassen, endlich Sicherheit, Geborgenheit finden.

Abrupt zog Jean seine Hand zurück und schlagartig veränderte sich sein Ausdruck, wandelte sich von in eine tödliche, unabwendbare Drohung. Die Augen eines grausamen Mörders, schoss es Simon durch den Kopf. Dieser Mann ist ein gewissenloser Mörder. Du kannst ihm nicht vertrauen. Was hast du getan?

»Du wirst vorerst hierbleiben. Geh nicht wieder hinaus. Bleib drinnen.« Simon öffnete den Mund, rang um Worte. Jeans Augen hatten sich verengt, harte Linien zeichneten sein Gesicht. »Ich werde dafür sorgen, dass so etwas nie wieder vorkommt.« Ein überaus grausamer Zug lag um seinen Mund, verhinderte endgültig, dass Simon etwas erwiderte. Geschockt sah er Jean hinterher, der mit eiligen Schritten die Hütte verließ und diesmal hörte Simon, wie er draußen einen Riegel vorlegte.

Mit bebenden Lippen starrte er auf die Tür. Hatte er eben so etwas wie Zuneigung zu erkennen geglaubt? In eben jenen Augen, die sich nun in tödliche Dolche verwandelt hatten? Gott Gnade jedem, dem Jean jetzt begegnen würde.

Kaum waren die Schritte verklungen, sackte Simon in sich zusammen. Mit einem Mal fühlte er sich matt, komplett erschöpft und begann haltlos zu zittern. Bei Gott, noch nie war er dem Tode so nahe gewesen, hatte er sich in einer so bedrohlichen Situation befunden, wie eben.

Palban hatte ihn töten wollen und jener andere Pirat nicht gezögert, ihm eine Kugel in den Kopf zu jagen. Noch immer pochte das Brandmal der Mündung an seiner Schläfe. Und Jean? Dieser grausame Ausdruck in seinem Gesicht, die wilde Entschlossenheit. Noch ein Mörder. Noch immer spürte Simon den harten Griff am Arm, die weiche Hand an der Wange. Wie konnte dieser Mann in Sekundenbruchteilen so anders sein? Er begriff es nicht.

Seufzend stand er auf, wanderte ziellos durch die Hütte. Seine Schulter pochte, der Schmerz wurde indes weniger, war dumpfer. Unschlüssig blickte er sich in Jeans Behausung um und trat schließlich an eines der Regale heran. Ein Buch wäre eine gute Ablenkung. Er musste sich sammeln und ablenken.

Jean besaß mehrere Bücher und Simon betrachtete sie der Reihe nach. Auf dem Regal, zwischen den Büchern lagen Muscheln, Perlenketten, seltsame Gebilde aus Stoff, Federn und Holz und er nahm das Eine oder Andere in die Hand, musterte es interessiert, wusste freilich nicht um dessen Bedeutung.

Schließlich blieb er vor dem kleinen Schreibtisch stehen, auf dem Schreibutensilien und ein dünnes Buch lagen. Es hatte keine Beschriftung und so hob er es neugierig hoch und schlug es auf. Ein beschriebenes Blatt Papier fiel ihm entgegen. Er legte das Buch zur Seite, griff nach dem Pergament und betrachtete es interessiert. Es war mit einer großen, forsch wirkenden Schrift beschrieben. Ein Teil war Französisch, ein Teil Englisch und von einem weiteren Teil vermutete er, dass es sich um Spanisch handeln könnte. Es war ein kurzes Gedicht:

»Suchst lange vergebens,
Fern der Heimat, am Ende der Welt,
Reist über blaue Meere, tiefe Abgründe.
Das Glück hingegen liegt in dem Paradies,
Welches du dir selbst schaffst.«

Simon setzte sich auf den Stuhl und las das Gedicht wieder und wieder durch, ließ die Worte auf sich wirken. Offenbar hatte der Schreiber es in jeder Sprache einmal geschrieben. Darunter stand noch eine kleine Widmung: »Mögest du finden, wonach du suchst, mein Freund. Ich vermag es dir nicht zu geben. Dein spanischer Heißsporn M. A. A.«

Hatte ein anderer Mann Jean etwa dieses Gedicht mit Widmung geschrieben? Es klang irgendwie träumerisch, bedauernd, erfüllte ihn mit Wehmut. Jean suchte nach etwas? Fern der Heimat … Er war aus seiner Heimat Frankreich geflohen.

Nachdenklich starrte Simon auf das Gedicht. Was war es wohl, was Jean suchte, was ihm der Schreiber dieser Zeilen nicht geben konnte? Seine Finger strichen gedankenverloren über das Papier. Es wirkte abgegriffen, als ob Jean es schon oft in die Hand genommen hätte. Wer war dieser seltsame Mann wirklich? Welches Geheimnis mochte er noch verbergen?

Versunken in das Gedicht und seine eigenen Gedanken, schreckte er von einem Geräusch hoch. Die Tür fiel zu und Jean trat zu ihm heran. Hastig senkte Simon die Hand mit dem Blatt Papier und sprang ertappt auf. Bei Gott, Jean würde ihm zürnen und zu Recht.

»Verzeiht! Es stand mir nicht zu, es zu nehmen, geschweige denn, es zu lesen. Verzeiht mir, Monsieur.« Simon legte das Papier behutsam auf den Tisch, trat einen Schritt zurück und blickte Jean verlegen an. Er hatte heimlich in dessen privaten Sachen herumgewühlt. Ganz gewiss war der entrüstet darüber. Es war unverzeihlich.

Jean nahm das Pergament hoch, blickte darauf und hob langsam den Blick zu Simon. Für einen winzigen Augenblick war in seinen Augen Wehmut zu erkennen, die Simon überrascht stocken ließ.

»Nur eine weitere Erinnerung.« Jean klang melancholisch, senkte den Blick und schob das Blatt Papier in das Buch zurück. »Hast du es gelesen?«

Zögernd nickte Simon. Warum sollte er auch lügen? »Ich hätte es nicht lesen dürfen, verzeiht mir.« So verhielt sich kein Gentleman. Es war nicht recht.

»Ein schönes Gedicht.« Jean schien in Gedanken weit weg zu weilen, lachte leise auf und ergänzte schwermütig: »Er konnte immer sehr gut seine Leidenschaft in Worte wandeln. Und wenn er eines besaß, dann Leidenschaft.« Seine Finger strichen über das Buch, verweilten am Rand. »Hat es dir gefallen?«

Bedächtig nickte Simon, spürte erneut eine seltsame Stimmung zwischen ihnen aufkommen, die ihm Schauder über den Körper sandte. Das feine Brennen seiner Wunden bemerkte er kaum noch, es schien unwichtig.

»Weißt du, was Liebe bedeutet?«

Simon schluckte, gänzlich überrumpelt von dieser seltsamen Frage und schüttelte stumm den Kopf. Jeans Augen ließen ihn nicht mehr los. Er konnte diesem Mann nichts vormachen. Der hatte sofort erkannt, dass er seine Verlobte nicht liebte, sie kaum kannte. Jean schien mitten in sein Innerstes blicken zu können, direkt auf den Grund seiner Seele.

»Nein. Nicht wirklich.«

Lächelnd betrachtete Jean ihn, lachte glucksend auf und hieb einmal kurz mit der geballten Faust auf das Buch.

»Liebe … Sie ist stark und heiß, schmerzhaft und grausam. Kann dich zerbrechen lassen, dich langsam töten, wie schleichendes Gift oder dir ein wundervolles Leben schenken.« Er starrte in die Lampe, Schatten huschten über seine Züge, hoben sie scharf hervor.

»Ich habe geliebt, Simon«, flüsterte Jean. »Ich habe alles gefühlt, kenne jedes Gefühl von Liebe.« Seine Hand war mit einem Mal an Simons Arm, strich fein darüber. Die Haut prickelte, sandte ein Wohlgefühl bis ins Herz. Simon hob den Blick von der Hand zu Jeans Gesicht, halb verborgen hinter dem Licht der Lampe. Sein Herz schlug schneller, er fühlte seinen Körper sich anspannen, wollte fliehen und bleiben, zurückweichen und auf ihn zu treten, alles zugleich.

»Was wollt Ihr wirklich von mir, Monsieur?«, flüsterte Simon atemlos so leise, dass man es kaum verstehen konnte. Jean streichelte weiter über seinen Arm, schien ganz versunken in den Anblick der hellen Haut zu sein.

»Jean. Nenne mich Jean, denn das ist mein Name.«

Warm legte sich seine linke Hand auf Simons Schulter, vermied es, die Wunde zu berühren. Dann trat er um ihn herum in seinen Rücken. Erstarrt blieb Simon stehen, gebannt, gefesselt von den Berührungen, von der Stimme, dem Blick aus den braunen Augen, der Sanftheit in seinem Gesicht.

Beide Hände auf seinen Schultern. Ganz dicht stand Jean hinter ihm. Simon fühlte den Atem im Nacken und sein eigener beschleunigte sich schlagartig. Wärme breitete sich in ihm aus und er senkte den Kopf, schloss halb die Lider, war ganz auf den Mann hinter ihm konzentriert, wich nicht mehr vor ihm zurück.

»Ich denke, du weißt, was ich von dir will«, raunte Jean in seinem Nacken, Lippen strichen über die Haut, eine Nase strich sanft durch seine Haare. Simons Kopfhaut kribbelte, er vermochte kaum noch Luft zu holen, sein rasendes Herz zu beruhigen.

»Es ist nichts, was du nicht auch wollen würdest. Tief in dir drin.« Seine Stimme vibrierte, drang durch jede Pore der Haut, floss wie Honig durch die Adern. Zuckersüß und klebrig, lähmte alles Denken.

»Verborgen in deinem Innern, sehnst du dich ebenfalls danach.« Seine Stimme klang nun direkt an Simons Ohr, der schaudernd zusammenfuhr, als Lippen seine Ohrmuschel streiften. »Ich spüre es. Ich kann es in deinen Augen sehen. Sie sind wie Spiegel.« Er klang so verführerisch, wunderbar lockend. Simon spürte die Wärme seines Körpers an der nackten Haut. Nähe und Wärme. Dinge, die er so sehr entbehrte.

»So lange habe ich schon auf dich gewartet«, flüsterte Jean, raunte die Worte direkt in Simons einsame, hungrige Seele. »Ich habe auf dich gewartet, auf jemanden, wie dich. Du bist so wundervoll unschuldig, rein und doch voller Sehnsucht.«

Jeans Hände wanderten an den Schultern hinab über seine Oberarme, hinterließen eine brennend feurige Spur auf der heißen Haut.

»Jemand, der dasselbe empfindet«, wisperte die sanfte Stimme der Verführung, zog Simon immer mehr in ihren gefährlich hypnotischen Bann. »Der mir nahe sein kann. Immer, überall. Mit dem ich teilen kann, was ich so tief in mir empfinde.« Warme, raue Hände legten sich fest an Simons bebende Hüften, ließen dessen Unterleib reagieren, sandten Ströme von sündigem Blut in die Lenden. Er vermochte sich überhaupt nicht dagegen zu wehren, stand hilf- und wehrlos in der Sanftheit gefangen. Ja, er hatte sich danach gesehnt. Ja, die Wünsche waren da. Immer. Immer noch.

»Was erwartet Ihr von mir?«, flüsterte Simon, bebend vor Erregung, die Worte heiser. Die Hände rutschten nach vorne, Jean wollte ihn behutsam an sich ziehen, doch als sie sich seinem pochenden Unterleib näherten, stemmte er sich augenblicklich dagegen. Hastig wandte er sich halb um. Jean betrachtete ihn in einer Mischung aus Gier und Sanftmut, wirkte traurig, einsam und doch zugleich sehnsuchtsvoll, fordernd, gefährlich. Sündhaft.

»Ich möchte nur, dass du mich dir zeigen lässt, wer ich wirklich bin.« Er wollte seine Hände wieder an Simons Hüften legen, doch nun wich er vor ihm zurück. Mit aller Macht kämpfte er gegen den verführerischen Bann, den Jean über ihn geworfen zu haben schien.

Sodomie. Teufels Werk.

Eine alte Stimme, die sein Weinen übertönte. Schmerz, der über das Gesäß und den Rücken tobte, der Geruch von Blut. Erinnere dich an diese Lektion, Simon. Wer auch nur sündige Gedanken führt, hat nichts anderes als einsame Finsternis verdient. Denke darüber nach. Nimm den Schmerz an, es ist die Strafe Gottes für deine Gedanken. Erinnere dich stets daran.

Keuchend sog Simon die Luft ein, blinzelte die Erinnerung fort, die ihn ständig verfolgten. Er hatte es nicht vergessen, würde es nie.

»Ihr seid ein Pirat. Ein Gesetzesbrecher«, flüsterte er, bemüht Verachtung in seine Worte zu legen. Seine Augen brannten, der Schmerz der

Schulter schien sich über den Rücken auszubreiten. Nichts hatte er vergessen. Keinen der Hiebe, keine Stunde in der Finsternis, wenn Tage sich zu Wochen dehnten.

»Ich bin, was dieses Leben aus mir gemacht hat.« Jean straffte sich ein wenig und musterte ihn abwartend.

»Ihr seid, was Ihr selbst daraus macht. Ihr könnt selbst entscheiden, was und wer Ihr seid.«

Bestimmt eine Minute lang, sah Jean ihn ausdruckslos an, dann begann er unvermittelt loszulachen, verunsicherte Simon damit womöglich mehr, als wenn er ihn bedroht hätte.

»Du denkst, ich hätte je eine Wahl gehabt? Oh, Simon!« Abermals lachte er kurz, gänzlich humorlos auf.

Völlig unerwartet, stieß er Simon grob gegen die Wand, presste ihn mit den Händen an den Schultern gegen die Holzbohlen. Simon sog erschrocken die Luft ein, spannte sich in Erwartung eines Schlages an. Nichts geschah. Jean umklammerte seine Oberarme schmerzhaft fest und starrte ihn an. Simons keuchender Atem traf ihn und er musste das furchtsame Beben einfach bemerken. Simons Knie zitterten, dennoch wandte er den Blick nicht ab.

»Glaubst du wirklich, ich hatte je eine Wahl?«, zischte Jean, achtete nicht auf Simons schmerzhaftes Stöhnen, als die verletzte Schulter erneut gegen die Bohlen stieß. »Wäre ich dort geblieben, der brave Sohn, der Erbe …« Abrupt ließ er Simon los.

»Ich hatte nie eine Wahl«, sagte Jean resignierend. »Wir haben nie die Wahl.« Damit trat er ganz zurück, musterte Simon noch einen weiteren Moment und verließ mit großen Schritten die Hütte, schloss Simon wieder darin ein.

Gesetz der Bruderschaft

Die kurze, restliche Nacht verbrachte Simon auf seinem Bett, mit dem Rücken gegen die Wand gelehnt, schreckte bei jedem Geräusch auf und fand keinen rechten Schlaf. Verzweiflung kroch mehr als jemals zuvor in seine Gedanken. Die ganze Ausweglosigkeit der Situation kam ihm zu Bewusstsein.

Wie mochte sein zukünftiges Leben aussehen? Diese Piraten draußen waren ihm nicht gerade wohl gesonnen, sahen in ihm bestenfalls keinen ernstzunehmenden Mann, im schlechtesten Fall hingegen den Sohn ihres verhassten Feindes. Dazu war er völlig den Launen eines unberechenbaren, extrem gefährlichen und mächtigen Mannes ausgeliefert, dessen wahre Beweggründe ihm wohl auf ewig verschlossen bleiben würden. Es gab keine Aussicht auf Flucht, keine auf Rettung. Wahrlich, es konnte kaum schlechter um seine Zukunft bestellt sein.

Gegen späten Vormittag betrat Jean die Hütte, brachte ihm eine Mahlzeit aus kaltem, geräuchertem Fleisch und Brot. Simon setzte sich wortlos an den Tisch, verspeiste mit wenig Appetit die angebotenen Speisen, vermied dabei jeden Blick auf Jean. Der Piratenkapitän selbst war sehr schweigsam, wechselte nur die nötigsten Worte mit ihm.

Als sie fertig gespeist hatten, forderte er Simon auf, mit ihm zu kommen, und sie verließen die Hütte. Er folgte Jean durch das Piratenlager auf dem Weg durch den Dschungel hinab zum Strand. Sie trafen auf ihrem Weg andere Piraten, die Jean grüßten, Simon hingegen nur einen verstohlenen Blick zuwarfen, jedes Mal hastig wegsahen, wenn Jean sich ihnen zu wandte. Verwundert und irritiert blickte ihnen Simon nach. Offenbar waren die Ereignisse der gestrigen Nacht bei den restlichen

Piraten nicht unbemerkt geblieben. Nur warum warf man ihm diese beinahe furchtsamen Blicke zu?

Lange bevor sie den Strand erreichten, hörte Simon schon Hämmern und war daher nicht sehr verwundert, die anderen Männer der Mannschaft bei der Reparatur der »Estrella« zu finden. Der zersplitterte Mast wurde ersetzt, ein Teil der zerstörten Reling war bereits repariert worden. Gefällte Bäume wurden herangeschleppt und bearbeitet.

Jean befahl Simon knapp, sich an diesen Arbeiten am Strand zu beteiligen und verschwand im Beiboot Richtung Schiff. Simon sah sich nach Jorge um, konnte ihn freilich zunächst nicht entdecken und näherte sich daher nur zögernd den anderen Männern.

Kaum einer blickte auf, als er zu ihnen trat. Keiner grüßte ihn, alle schienen verbissen in ihre Arbeit versunken zu sein, ihn mehr oder weniger zu ignorieren. Simon machte sich nützlich, packte an, wo es nötig war, hielt Holz zum Sägen fest, trug fertige Holzbalken zu den Beibooten. Eine seltsam bedrückte Stille breitete sich jedes Mal aus, wenn er sich einer Gruppe von lachenden, scherzenden Männern näherte. Stellenweise mieden die Piraten regelrecht seine Gesellschaft. Niemand sprach oder sah ihn direkt an, sie alle wechselten nur die nötigsten Worte mit ihm.

Simon konnte sich ihr Verhalten nicht recht erklären, war sich zwar sicher, dass es mit den Ereignissen der letzten Nacht zusammenhing, nur warum sie ihn nun derart abweisend, nahezu furchtsam behandelten, wollte sich ihm nicht recht erschließen.

Gegen Mittag kamen andere Männer vom Piratenlager zu ihnen, brachten ihnen Wasser und Essen. Auch Simon wurde das geräucherte Fleisch gereicht, man gab ihm auch einen Krug Wasser, derweil jeder vermied, ihn länger anzusehen oder gar mit ihm zu sprechen.

Verbissen arbeitet er weiter, ließ sich nicht anmerken, wie sehr ihn dieses Verhalten, die Isolation traf. Er kam sich entsetzlich einsam und unerwünscht vor, sehnte sich beinahe schon nach ihren abfälligen, höhnischen Bemerkungen, ihrem Spott, ihrem Lachen. Alles, alles war besser als diese stille Ablehnung. Was hatte er nur getan, was ihn in ihren Augen brandmarkte? War es, weil er einen von ihnen verletzt hatte?

Wegen Enrico? Der Mann hatte offensichtlich nicht mehr sprechen können. Behandelten ihn die Männer deshalb so? Hass und Wut hätte er von ihnen erwartet, jedoch nicht diese bangen Blicke. Stellenweise schienen sie regelrechte Angst davor zu haben, in seiner Nähe zu sein, warfen dann immer unsichere Blicke um sich, als ob sie sich verfolgt fühlen würden.

Jean tauchte zwischendurch öfter auf, gab weitere Befehle, überwachte die Reparaturarbeiten, doch auch er sprach Simon nicht weiter an, warf ihm ab und an prüfende Blicke zu. Simon erblickte endlich Jorge, doch selbst der große Jamaikaner hielt sich heute von ihm fern.

Nach vollendeter Arbeit gingen die Piraten zum Lager zurück. Simon folgte ihnen mit Abstand, entdeckte dann jedoch Jorges Gestalt unmittelbar vor sich. Entschlossen herauszufinden, was er denn getan hatte, beeilte er sich zu ihm aufzuschließen und sprach ihn bereits von hinten an: »Jorge!« Der dunkelhäutige Mann drehte sich nicht um, ging einfach weiter, als ob er ihn nicht gehört hätte.

»Jorge!«, rief ihm Simon abermals zu, seine Stimme enthielt eine leise Spur seiner beginnenden Verzweiflung. Um Gottes willen, was hatte er denn nur getan?

Jorge stockte im Schritt, drehte sich jedoch nicht um. Schließlich schloss Simon ganz zu ihm auf, ging direkt neben ihm, hielt den anderen Mann schließlich am Arm fest und blickte ihn direkt an. »Was ist geschehen? Was habe ich denn getan, dass du nicht mehr mit mir redest und meine Gesellschaft meidest?«

Jorge wollte den Kopf abwenden, entzog sich seinem Griff, blieb dann jedoch stehen. Unruhig blickte er sich sichernd um, dann erst schaute er Simon direkt an. Nervös leckte er sich über die Lippen, nickte, bedeutete Simon, ihm zu folgen, und bekräftigte seinen Wunsch zusätzlich leise: »Komm mit.«

Verwirrt folgte ihm Simon um das Lager herum, bis sie weiter entfernt, weit außerhalb der Hütten, verborgen durch die Bäume einen freien Platz betraten. Augenblicklich schlug Simon ein unangenehmer Geruch entgegen und er rümpfte pikiert die Nase. Es stank nach Verwesung.

»Was ist das hier?«

Noch versperrte ihm Jorges breiter Rücken den vollständigen Blick.

»Dies ist der Richtplatz«, erklärte dieser mit rauer, leicht belegter Stimme und blieb unvermittelt stehen.

»Ein Richtplatz?« Just in dem Moment bemerkte er die hölzernen Pfähle ganz am Ende des Platzes, ebenso wie die daran angebunden Gestalten.

Entsetzt riss er die Augen auf. Dort baumelten die kläglichen Überreste von Menschen. Teilweise waren sie bereits zu Skeletten verkommen, doch es waren zweifelsfrei mal Menschen gewesen. In Simon stieg eine nur zu bekannte Übelkeit hoch. Fliegen umsummten sie in großen Schwärmen.

»Hier wird zu Gericht gesessen, wenn gegen die Gesetze der Bruderschaft verstoßen wird. Wir Bukaniere gehören alle zu der Bruderschaft der Küste. Wir sind durch Wort und Gesetz einander verpflichtet, oft auch durch mehr als Freundschaft verbunden.«

Simons Hals war eng, sein Herz schlug ungewohnt langsam und hart und der eklige, erstickende Geruch brachte seinen Magen zum Rebellieren.

»Dort«, sagte Jorge schlicht und wies mit der Hand nach vorne. Zögernd trat Simon an ihm vorbei. Einige Meter vor ihnen lagen zwei Körper nebeneinander. Zischend sog er die Luft ein, als er die Kleidung erkannte, die nun voll Blut war.

Blut!

Es war überall. Dunkle, braune Flecken.

Ein eisiger Klumpen bildete sich in Simons Magen.

»Wir haben über sie gerichtet«, meinte Jorge achselzuckend, scheinbar desinteressiert, seine schwankende, kratzige Stimme verriet ihn jedoch. Betäubt und fassungslos bei dem grässlichen Anblick der beiden Piraten, starrte Simon auf die Leichen, vernahm nur am Rande, was Jorge sagte: »Kein Bukanier nimmt sich ungestraft das Eigentum eines anderen. Er hat sie verstümmelt. Der Tod war eine Gnade.«

Blut verklebte die sichtbare Haut. Da war so viel Blut, so viel Blut!

Jorge trat einen Schritt vor, zischte verächtlich: »Niemand verstößt gegen die Gesetze der Bruderschaft. Niemand bricht ungestraft den Kodex!«

Simons Magen drehte sich um. Würgend schlug er sich die Hand auf den Mund, wandte sich hastig ab, schaffte nur wenige, torkelnde Schritte, bevor er auf die Knie fiel und sich heftig übergab. Spuckend, keuchend, rang er nach Atem, kniete im Sand und konnte den schrecklichen Anblick dennoch nicht aus seinem Kopf bekommen.

Bei Gott! Man hatte beide ihrer Männlichkeit beraubt, die Bäuche aufgeschlitzt. Eingeweide und Blut, vermischt zu einer entsetzlichen Einheit. Ein Schnitt durch die Kehle hatte ihnen den Tod gebracht, er hatte die klaffende Wunde gesehen. Wann? Wie lange hatten sie leiden müssen?

Blut, wohin er auch blickte. Der Gestank hing in der trägen Luft, hing über dem Platz. Würgend spuckte Simon bittere Galle aus, erbrach sich so lange, bis nichts mehr in seinem Magen war und ihm nur noch der klebrige Speichel aus dem Mundwinkel tropfte. Trotzdem konnte er das Bild nicht ausblenden, wandte sich mit tränenden Augen um.

Braunes, in großen Lachen geronnenes Blut, schwarz und schillernd vor Fliegen, umgab die beiden unglücklichen Männer, die es gewagt hatten, Hand an Jeans Beute, sein Eigentum zu legen.

Jorge war dichter an die Leichen herangetreten. Simons Augen brannten, wieder und wieder wurde er von Brechreizen geschüttelt, aber sein Blick wurde plötzlich nahezu magisch von dem kleinen, hellen Gegenstand angezogen, der in der Blutlache lag. Ein Amulett aus Federn und Elfenbein lag direkt vor Jorges bloßen Füßen. Jorge murmelte fremde Worte und spie zweimal vor den leblosen Körpern aus. Er drehte sich zu Simon um, nickte ihm zu und ging zurück zum Lager.

Mit zitternder Hand wischte sich Simon über den Mund, versuchte den bitteren, ekligen Geschmack seines eigenen Erbrochenen loszuwerden und seine wild rasenden Gedanken, wie sein klopfendes Herz zu bändigen. Er wagte es nicht, einen weiteren Blick auf Enrico und Palban zu werfen. Sein Kopf war wie leergefegt. Er fühlte sich taub, kalt, war nicht in der Lage irgendetwas zu denken, zu fühlen oder zu handeln.

Er kauerte so lange dort im Sand, bis es anfing zu dämmern. Taumelnd kam er auf die Beine, wischte sich seine feuchten, kalten Hände an der Hose ab und schlich mehr, als dass er ging, den Weg zurück zum Lager. Die Last des Todes schien ihn nach unten zu ziehen, ihn zu erdrücken. Der Schlund der Hölle hatte sich vor ihm aufgetan.

Jean hatte das getan. Er hatte diese beiden Männer eigenhändig getötet.

»Kein Bukanier nimmt sich ungestraft das Eigentum eines anderen.« Jorges Satz hallte in seinem leeren Kopf wider. »Niemand bricht ungestraft den Kodex!«

»Ich werde dafür sorgen, dass so etwas nie wieder geschieht!« Jeans kalte Worte kamen Simon in den Sinn.

Wie betäubt setzte er einen Fuß vor den anderen, erreichte schließlich das Lager und blickte erst auf, als vor ihm plötzlich der dunkle Schatten eines anderen Mannes auftauchte. Langsam hob er den Kopf und begegnete dem Blick von Bernard, jenem Piratenkapitän, der vormals seinen Tod gefordert hatte. Simon schluckte bitteren Speichel hinab, fühlte sich viel zu ausgelaugt, viel zu betäubt, um noch zu fliehen, sich zu wehren, wenn er ihn angreifen wollte. Sollte er es doch tun. Sollte er ihn töten. Dann war dies alles hier endlich vorbei, dann konnte er diesem Albtraum endlich entkommen.

Bernard starrte ihn finster an, maß ihn stumm mit hasserfülltem Blick und wich dann seitwärts aus, trat im Bogen um ihn herum und setzte seinen Weg einfach fort. Irritiert blickte ihm Simon nach und da erst begriff er, was Jean wirklich vollbracht, was er ihm angetan hatte.

Er hatte ihn isoliert. Vollständig.

Niemand würde es je wieder wagen, Hand an ihn, an das Eigentum des Bukaniers, zu legen. Nichts weiter war er geworden, erkannte Simon emotionslos, Jeans Eigentum.

Einsam, alleine, gefangen in den tückischen Fallstricken, seinem ausgelegten Netz. Jean war die Spinne, die lauernd darauf wartete, bis ihr Opfer sich immer weiter in den feinen Fäden verfing. Bis es sich nicht mehr rühren konnte, bis es erschöpft und bewegungsunfähig nur noch darauf warten konnte, dass er sich alles von ihm nahm, sein Gift sich in ihm ausbreiten und ihn vollständig vergiften würde.

Simons Kehle war eng, sein Herz schlug langsam und schwer. Er schleppte sich mühsam den Weg weiter, stieg die Stufen zur Hütte hoch und betrat sie. Wohin sollte er auch sonst gehen? Es gab kein Entkommen für ihn. Die Tür schloss sich hinter ihm und er blieb wie betäubt dahinter stehen.

Jean war da, saß am Schreibtisch und hob den Kopf, als er hereinkam. Langsam legte Jean das Blatt Papier es wieder auf den Tisch, schob es in das Buch zurück und wandte sich Simon zu.

»Du hast es gesehen«, stelle Jean mit seiner so täuschend sanften Stimme fest. Alle Kraft schien aus Simon gewichen zu sein, alles fühlte sich betäubt an. Er nickte, spürte seine Kehle brennen, wünschte sich kaltes, reines Wasser um alles wegzuspülen, den üblen Geschmack im Mund, wollte sich so gerne wieder reinwaschen. Unmöglich.

»Ja.« Bereits dieses eine Wort kostete ihn unendlich viel Kraft, wollte kaum über seine trockenen Lippen kommen.

»Niemand wird je wieder Hand an dich legen.«

»Nein«, murmelte Simon, schritt zum Bett, blieb kraftlos davor stehen. Sehr wohl spürte er Jeans Blick in seinem Rücken.

»Dafür habt Ihr wahrlich gesorgt«, flüsterte er resignierend. Er war viel zu müde, zu erschöpft, er wollte nicht mehr reden, nicht mehr denken müssen. Nur noch schlafen, träumen, diesem Albtraum entfliehen. Schwer setzte er sich auf die Kante seines Bettes, starrte auf die Holzplanken zu seinen Füßen.

Er hörte, wie Jean den Stuhl zurückschob, sich erhob und zu ihm kam.

»Wie viel mehr Menschen müssen noch von Eurer Hand sterben?« Simon vermochte nicht den Blick vom grauen Holzfußboden zu heben.

»Es war notwendig.«

Simon spürte ein hartes, seltsam falsches Lachen in sich aufsteigen. Abgehakt kam es durch den rauen Hals und nun hob er doch den Blick zu Jean, maß ihn ungläubig.

»Notwendig?«

Jeans vages Lächeln wirkte schwermütig und die Lippen bebten, als ob er etwas sagen wollte, was ihm nicht recht über die Lippen kommen wollte.

»Ihr seid wirklich nichts weiter als ein Mörder. An Euch ist nichts Sanftes, nichts Edles, nichts …« Seine eigenen Worte schufen die endgültige, harte, ernüchternde Wahrheit. Wie hatte er nur je etwas anderes glauben können?

Jean packte ihn grob an den Armen, zog ihn ruckartig hoch. Zorn loderte in seinen Augen, dann verschwand er so schnell, wie er gekommen war, machte einem sehnsüchtig verzehrenden Ausdruck Platz. Augenblicklich wurde sein Griff weicher. Minutenlang standen sie sich gegenüber, sahen sich nur an. Simon wünschte sich sehnlichst diesen sanften Augen glauben zu können, doch er konnte es nicht mehr. Sie waren eine Lüge, alles Harmlose an Jean war nur eine Lüge. Dieser Mann war Pirat. Ein Mörder.

»Ich weiß, was du empfunden hast, dort unten, gefangen in der Dunkelheit«, sagte Jean unerwartet. Schaudernd erinnerte sich Simon an die Finsternis, an die Dämonen, die ihn heimsuchten, seit jeher schon verführen wollten. Woher wusste Jean davon?

»Weißt du was sie daheim mir angetan haben?«, flüsterte Jean, seine Finger gruben sich fester in Simons Oberarme. »Eingesperrt haben sie mich, als ich das erste Mal entdeckte, welche Lust ich empfinden konnte. Eingesperrt in diese Dunkelheit, in diesen verfluchten, engen, finsteren Raum«, zischte er aufgebracht, sprach über Simon hinweg, als ob er jemand anderen sehen könnte. »Es war komplett dunkel, so finster.«

Simon spürte wieder den kalten Lufthauch im Nacken, hörte das dumpfe Zufallen der Tür, das gebrummte: »Ertrage schweigend deine Strafe, Sünder.« Dunkelheit umgab ihn, nur erfüllt von seinem leisen Weinen und dem gnadenlosen Brennen der Striemen nach der Züchtigung auf seinem Körper. Wie gut er sich daran erinnerte.

»Und weißt du was, Simon?« Jean schluckte, sein Lächeln wurde hämisch. »Es war viel zu finster dort. Viel zu dunkel, als das Gott hätte sehen können, was ich dort drin tat.«

Simon wollte zurückweichen vor diesem Dämon in Menschengestalt, vor dem irrlichternden Wahnsinn in seinen Augen, doch Jean packte ihn nur umso fester.

»Er konnte es nicht sehen«, flüsterte Jean in sein Ohr. »Ich habe es wieder und wieder getan und Gott hat mich nicht einmal dafür bestraft.

Er hat es einfach nicht gesehen. Er sieht es nicht. Nicht im Dunkeln und auch sonst ist es ihm völlig egal.«

Simon bebte in seinem Griff, wollte die Ohren verschließen vor diesen schrecklichen Worten. Jean jedoch hielt ihn fest, ließ ihn nicht entfliehen. Abermals flüsterte er in Simons Ohr, seine Stimme klang, verführerisch, die Stimme eines Dämons.

»Ich wusste genau, warum auch du die Dunkelheit fürchtest. Ich habe es in deinen Augen gesehen, ich kann alles darin lesen. Alles was du fühlst. Ich habe es auch gefühlt. Ich fühle es jetzt.«

Simon bewegte sich, wollte ihn von sich drücken, zurückweichen, aber Jean hielt ihn unbarmherzig fest, seine Finger bohrten sich in die Haut. Jean hielt ihn direkt vor sich und band seinen Blick mit den funkelnden Augen. »Ich sehe die gleiche Sehnsucht, das gleiche Verlangen in deinen Augen.«

»Ihr täuscht Euch, Monsieur.« Für den Moment war er gänzlich entblößt, bar jeden Schutzes.

Nachsichtig schüttelte Jean den Kopf, lachte abermals auf und ließ ihn endlich los. Rasch rieb Simon sich seine schmerzenden Arme.

»Du kämpfst gegen dich selbst, Simon. Du kannst nur verlieren.« Jean lächelte nachsichtig. Sprachlos starrte Simon ihn an. Auch wenn er sie nicht wahrhaben wollte, er spürte den Kern der Wahrheit in den Worten.

Jean schien in Gedanken weit weg zu sein. »Oh ich fand bald danach schon einen willigen Stallburschen, der ergeben alles tat, was ich von ihm verlangte, der bereit war, meine jugendliche Sehnsucht zu stillen, meine Lust zu befriedigen.« Was erzählte der Mann da? Er wollte das nicht hören. Nichts weiter wollte er hören. Teufelswerk

Abermals lachte Jean spöttisch auf, als er Simons bestürzten Gesichtsausdruck bemerkte.

»Gott ließ es zu«, erklärte Jean grinsend, zuckte bedauernd die Schultern und fuhr mit ernsterer Stimme fort: »Doch dann wurde der Bursche anmaßend, wollte mich erpressen, wollte eine höhere Stellung, drohte damit, unser Geheimnis zu offenbaren. Ich musste ihn zum Schweigen bringen, denn sonst hätte er alles preisgegeben. Verstehst du? Ich hatte keine Wahl.« Bei den letzten Worten hob er die Stimme.

Bei Gott! Voll Entsetzen stieß Simon hervor: »Ihr habt ihn getötet?«

»Ich war erst vierzehn … Er hätte andernfalls meinen Eltern davon erzählt. Er hätte alles zerstört, er musste sterben.«

Fassungslos starrte ihn Simon an und Grauen erfasste ihn, setzte sich in seinem Herzen fest, brannte sich in seine Seele.

»Dann erzählte mir mein Onkel von diesem Paradies. Von dem blauen Meer, von der Sonne, von der Schönheit dieser Inseln. Und von den Bukanieren, von der Bruderschaft, dieser Gemeinschaft einander so eng verbundener Männern, die durch Tod und Verderben zueinanderstehen.« Jean hatte einen nahezu fanatischen Ausdruck. »Ich musste herkommen, selbst sehen, ob es wahr war, ob es dieses Paradies gibt.«

Ein feines Lächeln umspielte Jeans Lippen. »Es ist hier. Und ich habe es gefunden. Weder Gott noch Menschen können mich nun daran hindern, zu leben wie ich es will, zu lieben, wen ich will.« Damit trat er wieder auf Simon zu, der nicht weiter ausweichen konnte, rückwärts gegen sein Bett stieß.

»Immer habe ich getan, was sie von mir erwartet haben«, ergänzte Jean mit abfällig verzogenem Gesicht. »Es war alles vorherbestimmt. Jeder Schritt. Ich hatte nie selbst die Wahl. Dieses Feuer, diese Leidenschaft in mir, sie wäre nie gestillt worden.« Mit brennendem, verlangendem Blick verschlang er Simon. »Ich habe sie erst hier gefunden. Und du wirst sie mit mir erleben. Ich werde dir zeigen, wer du wirklich bist.«

Simon ahnte seine Bewegung voraus, als sich die braunen Augen verengten, hechtete zur Seite, war dennoch zu langsam. Ruckartig riss ihn Jean am Arm herum, schleuderte ihn auf den Boden und war augenblicklich über ihm. Fest drückte er ihn nach unten, presste ihn mit dem Gesicht voran auf den Boden und kniete sich über ihn.

Simon wand sich, kämpfte um seine Freiheit. »Nein! Nehmt Eure Hände von mir.« Jeans linke Hand lag in seinem Nacken, krallte sich in die Haare, die freie Hand riss an seinem Hemd, zerrte es aus der Hose. Simon versuchte sich hochzustemmen, den Berührungen seiner Haut, des blanken Rückens zu entkommen. Er erinnerte sich: Jeder Striemen glühte. Er spürte jeden Schlag darauf, jedes Einbläuen. »Vergiss es nie! Das ist Sünde, Sodomie.«

Feuchte Lippen berührten seinen Nacken und Rücken. Simon versuchte Jean abzuschütteln, sich ihm zu entziehen, so sehr er sich auch bemühte sich zu befreien, er hatte keine Chance. Die Sünde hatte ihn eingeholt.

»Simon«, wisperte Jean gegen seinen Nacken, rieb sich leise stöhnend an ihm.

»Monsieur!« Simon schrie auf, versuchte seinen Rücken zu krümmen, Jean von sich zu drücken, erreichte damit aber nur, dass er sich fester gegen ihn presste, sich regelrecht an ihn schmiegte. Entsetzt ließ er sich zurückfallen, versuchte, seine Hände in den glatten Fußboden zu krallen, sich unter Jean hervorzuziehen. Panik überflutete sein ganzes Denken.

»Nein!« Jeans Hand machte sich an seiner Hose zu schaffen, zog sie über sein Gesäß. Finger legten sich an seinen blanken Hintern, fuhren ohne zu Zögern dazwischen, über die Innenseite der Oberschenkel. »Monsieur, nein! Bitte, nein!«

Brennender Schmerz auf seinem Gesäß. Noch ein Schlag und noch einer. »Sünde!, Sodomie! Unrein. Verwerflich.« Jedes Wort ein Schlag. Dämonen in der Finsternis der Zelle. Krallen, die nach ihm griffen, an seinem Fleisch zerrten. Sie legten sich um seine Hoden, erfassten sein Glied. Er wollte schreien und blieb stumm. Jeder Laut ein weiterer Tag in der Dunkelheit. Alleine.

Wo waren die schwarzen Augen aus seinen Träumen? Sie waren es, die ihn immer gerettet hatten. Irgendwo waren sie und wachten über ihn.

Traum? Erinnerung? Realität?

Heißer Atem an seiner Wange, Finger, die ihn gierig berührten. Ein vager Duft von Lavendel. Simon ballte die Fäuste, kniff die Augen fest zusammen. »Jean, nein!«

Fast augenblicklich ließ Jean ab, ja wich sogar zurück. Simon nutzte den Moment, um sich rasch herumzuwerfen, rollte sich auf den Rücken, ballte seine rechte Faust und ließ sie so rasch nach oben schnellen, dass er Jean damit völlig überrumpelte.

Sie traf Jean hart an der Wange, schleuderte ihn zurück. Überrascht keuchte er auf, und Simon gelang es endlich unter ihm hervorzukommen. Hastig robbte er rückwärts von ihm weg, griff dabei nach seiner Hose und zog sie hoch über seinen entblößten Unterleib. Hart stieß er gegen die Wand, kam jedoch nicht so rasch hoch, wie er es sich gewünscht hätte. Jean war schneller wieder auf den Beinen und trat vor ihn. Mutlos blieb Simon an der Wand hocken, wagte es jedoch nicht mehr aufzustehen. Was hatte Jean nur mit ihm vor? Er hatte keine Vorstellung davon, was Jean ihm auf diese Weise antun konnte. Niemand hatte ihn je auf so eine Situation vorbereitet.

»Guter Schlag.« Jean rieb sich die Wange und bewegte den Unterkiefer hin und her. Gleich darauf lachte er glucksend los. Simon rappelte sich hastig auf, befestigte seine Hose, bereit, sich erneut zu verteidigen. Dies war kein Kampf, der nach Regeln ablief, die er kannte. Was genau Jean vorgehabt hatte, entzog sich seiner Kenntnis.

Lange betrachtete dieser ihn gedankenversunken, dann schüttelte er langsam den Kopf. »Nein. Ich werde dich nicht zwingen, das werde ich nicht tun.« Seine Stimme senkte sich, wurde eindringlicher, fast nur noch ein Flüstern: »Ich möchte, dass du es mir freiwillig gibst. Eines Tages … wirst du mein sein.« Er wandte sich um und wollte an seinen Schreibtisch zurücktreten.

»Niemals«, kam es über Simons Lippen. Egal was dieser Mann von ihm haben wollte, er würde ihm nie freiwillig irgendetwas geben. Lieber würde er sterben.

Jean stockte, drehte sich um und maß Simon mit einem spöttischen Blick. Ob er erkannte, was er dachte?

»Ich werde dich lieber töten, als dich jemals gehen zu lassen.« Täuschend sanft dieses Lächeln. Kaum vermochte Simon durch seinen viel zu engen Hals zu atmen. Jeans Worte waren viel mehr als eine Drohung. Sie waren ein ewiges Versprechen.

»In ein paar Tagen ist mein Schiff repariert und wir werden in See stechen. Du wirst mit mir kommen. Du wirst immer bei mir sein. Wir haben Zeit. Wir haben so viel Zeit.«

Sein intensiver Blick ruhte auf Simon, musterte dessen Gestalt. »Bald schon wirst du dich der Wahrheit stellen müssen. Du kannst sie nicht ewig verdrängen. Klammere dich nicht länger an jenes, was man dich gelehrt hat, sondern an das, was du fühlst.« Jean nahm das Buch in die Hand, legte es jedoch wieder zurück und ging zu seinem Bett hinüber, begann sich auszuziehen.

Simon brachte keinen Ton mehr heraus, so laut und hart schlug sein Herz, so eng war seine Kehle, der Körper zitterte stärker als zuvor, als ob er erst verzögert auf den Angriff reagieren würde. Ihm war schrecklich übel. Wieder und wieder hallten Jeans drohende Worte in seinem Kopf.

»Schlaf gut, Simon«, warf er ihm lächelnd von seinem Bett aus zu, gänzlich unbekleidet. Hastig wandte Simon den Blick von dem erigierten Glied ab.

Langsam glitt er mit dem Rücken an der Wand hinab. Seine Beine wollten ihn nicht mehr tragen, die Hütte schien sich um ihn zu drehen, Farben mischten sich. Er hatte das Gefühl, in einen Strudel gezogen zu werden, der ihn hinabreißen, in den tiefsten Abgrund bringen würde. Er schlug die Hände vors Gesicht, fühlte seine Wangen brennen und wünschte sich weit, weit weg.

Nur kurze Zeit später vernahm er Geräusche von Jeans Bett, ein zufriedenes Stöhnen. Simon presste die Hände fest auf seine Ohren, verbarg sich hinter ihnen, krallte sie verzweifelt in seine Haare, als das lustvolle Stöhnen lauter wurde.

Gott sieht es nicht. Gott ist es egal.

Auch ihn hatte Gott verlassen. Er war völlig alleine. Jean hatte ihn gänzlich isoliert, ihn jedes Halts beraubt. All seine Sicherheit hatte er ihm genommen, ihn herausgerissen aus seinem Leben, von allem entfernt, woran er geglaubt hatte. Mit untrüglicher Sicherheit wusste Simon, dass er bald schon daran zerbrechen würde. Er war nicht mehr stark genug. Nicht mehr.

Zwei Tage später lief die »Estrella« aus.

Simon stand an der Reling und sah dem entschwindenden Land hinterher. Der Wind umwehte ihn kühl, streifte sein kaltes Gesicht, brachte Gerüche von Algen und Salz mit sich und er atmete den Duft tief ein. In seinem Magen rumorte bereits das flaue Gefühl und er wusste, er hatte nur noch eine kurze Gnadenfrist, bis ihn die Übelkeit besiegen würde. Er fühlte sich schwach und er war ein Schwächling.

Schon jetzt waren die Beine zittrig und kalter Schweiß bedeckte seinen Körper. Doch diesmal würde er nicht unter Deck gehen, nicht wieder in die Dunkelheit zurückkehren. Bis sein Magen sich entleert hatte, würde er hierbleiben.

Langsam sackte er hinab, umklammerte die Streben der Reling und lehnte die Stirn gegen das raue Holz.

Jean hatte ihn nicht noch einmal bedrängt, behandelte ihn überaus freundlich. Simon war inzwischen geneigt, jenes seltsame Verhalten in der Hütte als einmaligen Ausrutscher abzutun. Da er keine Vorstellung davon hatte, was genau Jean von ihm gewollt hatte, war es leichter, diese Ereignisse einfach zu verdrängen. Im Nachhinein erschien ihm der ganze Tag, der Richtplatz, die Gräuel und Jeans Übergriff nur wie ein Traum.

Die anderen Piraten hielten weiterhin Abstand, redeten jedoch immerhin mehr mit ihm. Nur Jorge hielt sich von ihm fern, als ob Simons Gesellschaft für ihn zu gefährlich geworden wäre.

Alleine. Er war gänzlich alleine unbekannten Gefahren ausgesetzt, gefangen in einer Welt, die er nicht verstand, auf die man ihn nie vorbereitet hatte. Was wusste er schon vom Leben? Was wusste er von sich, von den Bedürfnissen seines Körpers, den tiefsten Wünschen seiner Seele? Jean hatte Fragen aufgeworfen, denen er sich einfach nicht stellen wollte, zu sehr verstießen sie gegen alles, was man ihn gelehrt hatte. Es war leichter, alles zu verdrängen, zu vergessen.

Beklommen schloss er die Augen, presste die Lider so fest zusammen, dass es schmerzte. Übelkeit stieg auf, fand den Weg hinaus und er erbrach sich ins Meer.

Niemand war da, ihm zu helfen. Niemand. Auf Gedeih und Verderb war er diesem Mann mit den braunen Augen und seinen Einflüsterungen ausgeliefert. Simon sackte erschöpft zusammen.

Überall auf dem Schiff, in der Dunkelheit, im unruhigen Schlaf lauerten die Dämonen, die Sünde, sein Verderben.

Schwarze Augen.

Wann würde er sie entdecken? Wo würden sie ihn finden?

Er träumte noch immer von ihnen, träumte von Freiheit …

Ende Band 1

Reiche Beute

In der Liebe zählt die Jagd mehr als die Beute.

Étienne Pasquie

Unter Deck

»Beeil dich!«, ertönte über ihm eine harsche Stimme. Verbissen kämpfte sich Simon Hand über Hand an dem Seil höher.

Der Seegang wurde von den Piraten heute als nur mäßig eingestuft, dennoch hatte er seine Schwierigkeiten damit, so zügig wie die geübten Seemänner an dem Tau auf das erbeutete Schiff zu klettern. Der sanfte Wellengang hob und senkte das Segelschiff und ließ ihn hin und her schwingen.

Ein warmer, stetiger Wind wehte und brachte den Geruch von Algen und Seetang mit sich. Der Blick des jungen Mannes glitt verhängnisvollerweise immer wieder in das Auf und Ab der Wellen zwischen Beiboot und der hoch aufragenden Bordwand des niederländischen Handelsschiffes. Er schluckte hart, ignorierte seinen rebellischen Magen und konzentrierte sich ausschließlich darauf, heil an Deck zu gelangen. Daher hatte er auch keinen Blick für die malerische Schönheit des türkisen, karibischen Meeres ringsum. Auch den hämischen Ausdruck des Piraten, der oben an der Reling auf ihn wartete, missachtete er bestmöglich.

»Fall mir ja nicht runter.« Der Mann, den er als Pierre kennengelernt hatte, grinste ihn über die Reling gelehnt an. »Das würde mir der Kapitän doch sehr übel nehmen.«

Liegt nicht in meiner Absicht, dachte Simon wütend und ignorierte Pierres ausgestreckte Hand, als er sich oben erleichtert über die Reling auf die festen Planken fallen ließ.

Sein Stolz war wahrscheinlich wenig angebracht, immerhin jedoch die einzige Freiheit, die ihm geblieben war. Der junge Mann mit den lockigen, braunen Haaren straffte sich und ließ den Blick aus grünen Augen neugierig über das Deck des fremden Schiffes gleiten.

Es war nicht sehr groß, ein typisches Handelsschiff, das seine Waren zwischen den zahlreichen Inseln der westlichen Karibik transportierte. Simon kannte sich nach wie vor zu wenig damit aus, um den Bootstyp zu bestimmen. Die »De Abendrot« verfügte nicht einmal über Kanonen, was es den Piraten überaus leicht gemacht hatte, es zu kapern.

»Es geht doch!«, meinte Pierre wohlwollend. »Komm mit und bleib immer dicht hinter mir.«

Simon hegte keine Absicht, dem nicht zu folgen. Zwar war der größte Teil des Lärms abgeklungen, dennoch erblickte er vereinzelt Piraten, die mit Männern des Handelsschiffs kämpften. Rasch wandte er den Blick von den zahlreichen leblosen Körpern ab.

Natürlich lief das Entern eines Schiffes selten ohne Blutzoll ab, da machte er sich keine Illusionen. Es war jedoch etwas anderes, nur davon gehört zu haben, als es direkt selbst mitzuerleben. Zudem noch unfreiwillig, seufzte er innerlich. Furchtbar, wie das Blut stank und die Schreie der Männer in den Ohren gellten.

Simons Magen rebellierte erneut und er bemühte sich, nicht länger hinzusehen.

Pierre ging zielstrebig vorwärts und schien sich auch auf dem fremden Schiff sofort orientieren zu können. Seinen Säbel hatte er gezückt und warf ab und an finstere Blicke zu dem zögerlichen Simon hinter ihm, während sie sich den Weg durch die Leichen bahnten.

Sie betraten den Bereich vor dem Niedergang, der vermutlich in die Kajüten und den Laderaum hinabführte. Der Kampf war beendet und die Piraten trieben scherzend und johlend die Mannschaft des Handelsschiffes zusammen. Mehrere der Männer waren verletzt und pressten sich ihre Hände auf Wunden. Doch es erschreckte Simon weniger, derart viel Blut zu sehen, als er zuvor angenommen hatte. Stumm schaute er zu, wie systematisch jeder der Mannschaft nach Waffen durchsucht wurde und wie diese schließlich auf einem großen Haufen landeten.

Direkt daneben stand der Anführer der Piraten und musterte die Männer. Die große, hagere Gestalt fiel sofort ins Auge. Simon beobachtete ihn verstohlen. Neben den dunklen, langen Haaren, die im Nacken zu einem Zopf zusammengebunden waren, der Lederhose und den schwarzen Stulpenstiefeln hob er sich vor allem durch seine Ausstrahlung und Eleganz hervor. Der dunkelblaue Rock über dem cremefarbenen Hemd wirkte in dem blutigen Szenario gänzlich unpassend, gehörte zu seiner typischen Erscheinung wie das schwarze Kopftuch und der Dreispitz, den er in der rechten Hand hielt. Der Degen steckte in der Scheide und Simon fragte sich, warum er diesen nicht gezogen hatte.

Vermutlich, weil er ohnehin beeindruckend genug war. Nur wer sehr dumm oder lebensmüde war, würde sich mit ihm anlegen.

Jean Baptiste Ledoux. Französischer Pirat und stolzer Bukanier, Schrecken des westlichen Karibischen Meeres. Zumindest wenn man ihm selbst und seiner Mannschaft glauben mochte. Simon verzog kurz den Mund. Sein Vater schien es auch zu glauben, sonst wäre er nicht immer noch hier.

Als ob Jean seinen Blick gespürt hatte, drehte sich dieser mit einem Lächeln um. Insgeheim war sich Simon sicher, dass der Piratenkapitän auch im Hinterkopf Augen hatte, die ihn davor bewahrten, hinterrücks erstochen zu werden.

»Ah, schön, dass du da bist, Simon«, begrüßte Jean ihn freundlich. Er sprach immer äußerst liebenswürdig mit ihm und benutzte stets nur seinen Vornamen, nie den vollen Namen. Simons Herkunft und sein Titel zählten nicht, für Jean war er nichts weiter als ein einfacher Mann.

Simon wusste sehr genau, dass er kaum in der Position war, auf seine Privilegien zu pochen, also schluckte er die indirekte Beleidigung wieder einmal hinunter.

Jean musterte ihn belustigt, bemerkte natürlich wie Simons Blick ärgerlich wurde. »Kaum Widerstand dieses Mal. So habe ich es am liebsten, und entgegen anderslautenden Gerüchten werden diese Männer den heutigen Tag auch überleben.«

Abschätzend wanderte sein Blick über die gefangenen Seeleute und er hob seine Stimme: »Wenn sie sich meinen Befehlen nicht widersetzen.«

Simon beobachtete, wie sich bei demjenigen, den er an seiner Kleidung als den Kapitän des Handelsschiffes ausmachte, deutliche Erleichterung auf den Zügen breitmachte. Er war ein dicker Mann, der im Grunde das genaue Gegenteil des Piratenkapitäns darstellte.

»Ihr habt richtig gehört, Kapitän.« Erneut bewies Jean, dass seine Augen auch auf dem Rücken funktionierten. Er wandte sich von Simon ab und schaute den anderen Kapitän beinahe belustigt an. »Wir sind nur an eurer Ladung interessiert. Wenn wir uns vergewissert haben, was für uns davon von Wert ist und alles auf unser Schiff geschafft haben, dann könnt ihr gern unbehelligt weiter segeln.«

Simon konnte es nicht sehen, doch er wusste aus Erfahrung, dass Jean seine Augen jetzt etwas verengte und das Lächeln sich trotz der folgenden Worte eher verbreiterte: »Solltet ihr es bevorzugen, uns doch Widerstand zu leisten, könnt ihr meine schönen Worte getrost vergessen, denn dann wird keiner von euch das Land lebend erreichen.« Er machte eine bedeutungsvolle Pause. »Ich denke, wir haben uns verstanden.«

Jean erwartete keine Reaktion, sondern wandte sich zu Simon um. Der Blick der braunen Augen traf ihn und verlor sofort den kalten Ausdruck. »Pierre, nimm Simon und Didier mit runter in den Laderaum. Seht nach, was es dort gibt. Unser junger Freund wird sicherlich mit geschultem Auge erkennen können, was von Wert für uns ist.«

Jean wandte den Blick nicht von ihm ab und wieder einmal spürte Simon es im Rückgrat kribbeln, überzog Gänsehaut seine Arme. Dieser Mann hatte ihm vom ersten Augenblick an Angst gemacht. Mitunter schaute der Pirat ihn merkwürdig intensiv an, sodass Simon ein eigentümliches Ziehen im Magen fühlte, vor dessen Ursache er sich unendlich fürchtete. Er wusste noch immer nicht, was er von Jean halten sollte. Jetzt schickte er ihn hinunter in den Laderaum, als wäre er ein Mannschaftsmitglied.

Jean schien es ernst zu meinen, als er ihm gesagt hatte, dass er ihn behandeln würde wie jeden der anderen auch.

Pierre grinste, stieß den kleinen Didier an und zog Simon grob am Arm mit sich zum Niedergang. Rasch befreite er sich aus dem Griff, bemerkte Jeans spöttisches Lächeln und folgte den zwei anderen seufzend in die Dunkelheit hinab.

Welche Wahl hatte er denn schon?

Auf dem Weg nach unten ergriff Pierre zwei Petroleumlampen und entzündete diese. Dann gab er eine Didier und Simon in die Hand. Rasch fanden sie den Zugang zu den Laderäumen. Pierre schickte ihn nach rechts, während er und Didier sich nach links wandten.

Zögernd blickte sich Simon in dem Raum um, der nur spärlich von der Petroleumlampe beleuchtet wurde. Am Ende des Laderaums stapelten sich einige Kisten unterschiedlicher Größe. Langsam bewegte er sich in Richtung der Ladung vorwärts. Hier unten erschien ihm der Wellengang unmittelbarer. Er hatte sich inzwischen an das ewige Schaukeln gewöhnt, was nicht hieß, dass es ihm gefiel.

Er stellte die Lampe auf einer der größeren Kisten ab und probierte etwas ungeschickt, den hölzernen Deckel der links vor ihm stehenden zu bewegen, was ihm nach einigen Versuchen auch gelang. Vorsichtig ließ er den schweren Deckel beiseite gleiten, hob die Lampe und leuchtete hinein: Stoffballen. Wie er in dem schwachen Licht erkennen konnte, ein edler und kostbarer Stoff. Jean würde zufrieden sein, die Kisten enthielten reiche Beute.

Erneut stellte Simon die Lampe ab.

Gerade wollte er den Deckel zurückschieben, als er aus dem Augenwinkel eine Bewegung wahrnahm. Ein leises, dumpfes Geräusch drang zu ihm. Sein Herzschlag beschleunigte sich abrupt.

Was war das? Hoffentlich nur Ratten. Nichts, vor dem man sich fürchten sollte. Diese Viecher waren auf vielen Schiffen zu finden. Auch etwas, an das er sich gewöhnt hatte. Mehr oder weniger.

Abermals setzte er an den Deckel zu schließen, als er einen Lufthauch hinter sich bemerkte. Sekundenbruchteile später schlang sich etwas Hartes klirrend um seinen Hals. Er keuchte erschrocken auf, wurde kraftvoll zurückgezogen, verlor das Gleichgewicht. Da war jemand hinter ihm, der ihn mit sich zog.

Simons Hände krallten sich verzweifelt in die Kette, die Luft wurde ihm knapp. Würgend rang er nach Atem und wand sich, um sich aus dem tödlichen Griff zu befreien. Panik drohte ihn zu überwältigen, doch urplötzlich ließ der Druck nach. Gierig rang er nach Luft. Bevor er sich jedoch umdrehen konnte, glitt die Kette tiefer und umschlang nun seine Brust. Simon fühlte einen Hauch, den Atem eines anderen Menschen, dicht an seinem Ohr.

»Sieh an, was habe ich mir denn da Hübsches gefangen?«, erklang eine dunkle Stimme, die tief in ihm etwas seltsam vibrieren ließ. Der warme Atem schien sich seinem Hals noch weiter zu nähern, fast als ob der Fremde an ihm riechen würde. Der Druck um die Brust lockerte sich eine winzige Kleinigkeit, aber es reichte aus, um Simon handeln zu lassen.

Blitzschnell schob er den rechten Fuß nach hinten und zwischen den Beinen seines Angreifers hindurch. Ruckartig hakte er ihn hinter dessen rechtes Knie und brachte ihn zu Fall.

Wütend fluchend griff dieser im Fallen nach Simon und zog ihn mit sich. Erschrocken keuchte er auf, ging zu Boden und fiel rückwärts auf den anderen.

Sein Gegner stieß Simon grob seitwärts von sich. Dann war er über ihm, fackelte nicht lange und drückte ihn, mit der Kette quer über der Brust, auf den Boden, die Arme seitwärts fixierend. Simons Herz schlug hart und schmerzhaft, sein Atem kam keuchend. Wild strampelte er mit den Beinen, bemüht, den anderen von sich zu schütteln. Schon bald musste er freilich erkennen, dass dieser schwerer und auch kräftiger war.

Entsetzt starrte er nach oben. Es war zu dunkel, um viel zu sehen. Alles, was er erkennen konnte, waren lange Haare. Der Fremde stützte sich mit den Händen seitwärts neben ihm ab, ohne den Druck an seinem Körper zu mindern. Er saß auf ihm und die Beine pressten ihn fest zwischen sich, sodass Simon sich kaum rühren konnte.

Die kleine Lampe hinter ihnen gab nur ungenügendes Licht ab, dennoch versuchte Simon hartnäckig, etwas von dem Gesicht zu erkennen, doch da war nur die Reflexion des Lichtes in zwei Augen über ihm.

»Es ist schon seltsam …«, bemerkte der Mann nachdenklich. Simon versuchte weiterhin sich zappelnd zu befreien, jedoch nahm der Druck der fremden Beine an seinem Körper eher zu. Die Nähe des anderen Mannes war mehr als befremdlich, hatte etwas Intimes.

Erschrocken über sich selbst kämpfte Simon stärker um seine Freiheit. Sein Angreifer gab ein Geräusch von sich, was wie ein leises, tadelndes: »Tss, tss«, klang.

»Ich bin noch nie in eine Kirche gegangen, dennoch wurden all meine stillen Gebete erhört«, erklärte er offenbar zufrieden.

Simon erstarrte, lauschte und versuchte auszumachen, ob Pierre oder Didier mitbekommen hatten, was geschah. Kein Laut kam über seine Lippen. Stattdessen starrte er mit aufgerissenen Augen in das vage Gesicht. Durchdringender, männlicher Schweißgeruch schlug ihm entgegen. Zusammen mit dem unverkennbaren Duft von Urin und der Mischung aus Gerüchen, die allen diesen Seeleuten anhafteten. Auch daran hatte sich Simons verwöhnte Nase mittlerweile gewöhnt.

»Also muss ich dem alten Herrn da oben wohl dankbar sein.« Der Druck auf Simons Brust verlagerte sich, als der Mann sich vorbeugte. »Dieses Mal hat er all meine Erwartungen übertroffen.« Sein Atem war unangenehm nah, strich über Simons Gesicht.

Aus dem Dunkel schälte sich langsam ein angedeutetes Gesicht. Pechschwarze Augen sahen ihn belustigt an, die Andeutung einer scharfen Nase, dunkler Kinnbart.

»Jung, hübsch …«, bemerkte der Mann anerkennend. »Du bist perfekt!«

Was hatte der Fremde mit ihm vor? Simon spürte es bei diesen Worten unerklärlicherweise in den Lenden kribbeln.

»Ich bin mal gespannt, wie du schmeckst«, raunte der Unbekannte und Simon erstarrte, als sich sein Gesicht noch weiter näherte. Irritiert schaute er zu ihm hoch.

Der wollte ihn doch nicht etwa küssen? Hastig wandte er den Kopf ab, kämpfte erneut gegen den festen Griff, der Fremde ließ ihm jedoch keine noch so kleine Bewegungsfreiheit.

»Oh, du zierst dich also ein bisschen? Wild mag ich es ohnehin am liebsten, mein Schöner!« Die Lippen näherten sich unaufhaltsam. »Dann werde ich dich wohl ein wenig erobern müssen.«

Erschrocken spürte Simon, wie der andere sein Gewicht mehr nach hinten verlagerte. Als der Druck an seinen Seiten etwas nachließ, konnte er daraus keinen Vorteil ziehen, denn viel zu schnell drängte sich das Knie des Mannes zwischen seine Beine. Simon konnte dem nichts entgegensetzen, sein Versuch, unter seinem Gegner hervor zu kommen, war zum Scheitern verurteilt, der Angreifer einfach zu stark.

»Ja, bewege dich ruhig, das entflammt mich noch viel mehr.« Die Stimme klang rau vor Erregung. Simon schoss das Blut in den Kopf, als der Oberschenkel des Mannes sich fordernd gegen seinen Schritt presste, daran auf und ab rieb. Keuchend holte er Luft, brachte freilich keinen Ton heraus, als er das Gesicht des Mannes wahrnahm.

Markante, südländische Züge, mit Schnurrbart und einem kantigen Kinn. Simons Blick wurde nahezu hypnotisch von den schwarzen Augen angezogen, die ihn derart gierig ansahen, dass er erstarrte.

Diese Augen … Es waren die aus seinen verderbten Träumen! Sie verschlangen ihn, zerrten ihn in ihren Abgrund, tiefer, immer tiefer mit sich. Er schien jeden Halt zu verlieren, sein Körper schob sich ohne Zutun an den anderen, und er sog erschrocken die Luft ein. Ihm wurde warm und sein Unterleib reagierte unsittlich. Was tat dieser Mann mit ihm?

Über ihm erklang ein glucksendes Lachen. »Ich sehe schon, wir zwei werden uns gut verstehen.«

Fasziniert und konsterniert zugleich, wurde sich Simon bewusst, wie stark er auf den Druck im Schritt reagierte. Er stöhnte auf; vor Schreck oder beginnender Lust, vermochte er selbst nicht zu sagen. Der Geruch des anderen umhüllte ihn, raubte ihm schier Atem und Verstand, als die schwarzen Augen unmittelbar über ihm verhielten.

Fassungslos beobachtete Simon, wie sich die rissigen Lippen näherten und er vermeinte bereits den sanften Druck auf seinen zu spüren, die feuchte, weiche Berührung, fühlte, wie er praktisch willenlos die Lippen öffnete, um den Kuss des Fremden zu empfangen. Wie er es in seinen sündigen Träumen erlebt hatte.

Der Mann schloss die Lider halb, Simons flatterten, in Erwartung des Kusses. Etwas klickte laut und abrupt riss Simon die Augen auf, löste endlich den Blick von den hypnotischen Augen. Über sich erblickte er den Lauf einer Pistole, die direkt an die Stirn des Fremden gedrückt wurde. Langsam öffnete dieser die Lider und verzog unwillig den Mund.

»Muss das jetzt sein?« Er klang enttäuscht und verstimmt. Die Stimme hatte sich verändert, klang nicht mehr ganz so tief, nicht mehr erotisch. Simon stieg schlagartig die Röte in die Wangen. In was für einer Position befand er sich, wie musste das nur wirken?

Hinter ihnen glomm mehr Licht auf und beleuchtete seinen Angreifer, der sich aufgerichtet hatte. Die Pistole folgte seiner Bewegung aufwärts, ließ den Abstand sich jedoch vergrößern.

»Ist es zu fassen?«, vernahm Simon die erstaunte Stimme Jeans. Der Unbekannte spannte sich ruckartig an und wandte hastig den Kopf.

»Jean! Na, das nenne ich eine Überraschung.« Es war nicht genau herauszuhören, ob es eine freudige oder eher unangenehme war..

»Hallo Miguel!« Jeans Stimme klang belustigt, enthielt einen etwas schärferen Unterton. »Was für eine völlig unerwartete Begegnung.«

»In der Tat, mein französischer Freund. Du kommst in einem denkbar ungünstigen Moment«, antwortete Miguel, ohne Simon loszulassen, der sich bemühte, einen Blick auf Jean zu werfen.

»Was hast du mit den anderen beiden gemacht?«, fragte dieser, klang freilich nicht besorgt, eher erheitert.

»Die schlafen vorerst irgendwo dahinten. Ich fand, sie stören uns zwei hier nur.« Miguel machte ein schnalzendes Geräusch mit der Zunge. Sein lockerer Ton konnte Simon nicht über die starke Spannung hinwegtäuschen, die plötzlich in der Luft lag.

Jean lachte auf, klang allerdings ein wenig bedrohlich: »Ich störe dich im Prinzip ja auch nur ungern, doch du fischst in fremden Gewässern.«

Miguel verzog das Gesicht missmutig und schnaubte abfällig. »Tue ich das eigentlich nicht immer?« Auch seine Stimme war schärfer geworden.

»Meistens ja.« Jean klang schärfer, wurde leiser und drohender: »Lass ihn sofort los, Miguel!«

Tatsächlich ließ der Druck der Kette über der Brust nach, als sich Miguel ganz aufrichtete und Simon freigab. Augenblicklich robbte er zurück, weg von dem merkwürdigen Fremden, der ein bedauernd klingendes Geräusch von sich gab.

»Schon okay, mein Freund«, beschwichtigte Miguel an Jean gewandt, hob grinsend die Hände mit der Kette. »Wie du siehst, sind mir ohnehin wortwörtlich die Hände gebunden.«

»Alles in Ordnung?«, fragte Jean mit besorgter Stimme an Simon gewandt, ohne jedoch Miguel aus den Augen zu lassen. Simon nickte, brachte jedoch noch immer keinen Laut hervor. Er spürte die unterschwellige Spannung zwischen ihnen körperlich und fühlte sich sehr unbehaglich.

Die Pistole war noch immer auf Miguel gerichtet.

»Was ist mit den beiden anderen?« Erst jetzt erkannte Simon, dass Jean nicht alleine war. Drei andere Piraten standen neben ihm und weiter hinten hörte er Jorges kratzige Stimme: »Sind bewusstlos, aber soweit unverletzt, Kapitän.«

Miguel verzog im Halbdunkeln fratzenhaft das Gesicht, was ihn dämonisch wirken ließ.

»Sag ich doch«, brummte er und klang ein wenig wie ein trotziges Kind. Jean schüttelte den Kopf, senkte die Pistole und lachte auf.

»Das nenne ich mal wirklich einen Zufall. Dich hätte ich nun ganz bestimmt nicht hier erwartet.«

Miguel erhob sich langsam, ließ die gefesselten Hände deutlich sichtbar im Lichtschein. »Das Gleiche könnte ich auch sagen! Was treibt dich hierher? Vorsehung?«

Irgendwo im hinteren Bereich des Laderaumes vernahm Simon die Geräusche der anderen, die wohl versuchten, Pierre und Didier nach oben zu bringen.

Jean zuckte die Schultern, lächelte ein wissendes Lächeln. »Das Übliche: Fette Beute. Allerdings bin ich wirklich erstaunt, dich irgendwo zu treffen. Solltest du nicht schon tot sein?«

Miguel trat etwas vor, sein Mund verzog sich zu einem schiefen Grinsen. »Komisch, das fragen mich die Leute andauernd und ich muss sie jedes Mal wieder enttäuschen.«

Zwischen ihren freundlichen Worten schien die Luft zu brodeln. Miguels Blick wanderte hinter Jean zu Simon, der sich sofort unbehaglich fühlte, als ihn der Blick aus den hypnotisch schwarzen Augen traf.

»Du scheinst gerade ein wenig in Schwierigkeiten zu sein«, bemerkte Jean, dem der Blick kaum entgangen sein konnte und der seine Pistole nicht eingesteckt hatte.

Miguel hob die Arme, sodass die Ketten klirrten, und besah sie sich gespielt interessiert. »Oh, das meinst du? Wie man es nimmt. Ich bin beim letzten Mal etwas aufgehalten worden.« Seine Züge nahmen einen wehmütigen Ausdruck an, dann lächelte er und Simon hatte das Gefühl, sein Blick würde erneut an ihm hängen bleiben.

»Ah so? Weiblich oder männlich?«

Eindeutig, Miguel starrte ihn unverwandt an. Er musste dem Impuls widerstehen, sich hinter Jeans Rücken zu bewegen, um diesem intensiven Blick zu entgehen. Miguels Blicke, wie seine Erscheinung machten ihn mehr als nervös.

»Sie war eine echte Schönheit«, antwortete Miguel verzögert, ohne die Augen von Simon abzuwenden. »Aber sie war es eigentlich nicht wirklich wert.« Er zuckte mit den Schultern. »Zudem trug sie eindeutig zu viel Kleidung.«

»Hast du etwa zu lange zum Auspacken gebraucht?« Jeans verständnisvolles Lachen bestätigte Simon, dass diese zwei Männer sich schon öfter begegnet waren.

Miguel schnaubte abfällig. »Eher nicht. Das ging schnell genug. Der Rest auch. Nur als der Hausherr unerwartet früh heimkam, habe ich mich leider bei der Flucht in den Röcken am Boden verfangen.«

Jean lachte schallend los. Miguel hingegen wirkte nicht sehr amüsiert. Die Ketten klirrten und missmutig sah er zu den anderen Piraten.

Jean beruhigte sich und grinste breit. »Also hat dich wortwörtlich wieder einmal deine Leidenschaft zu Fall gebracht, mein wilder Spanier.«

Abermals lachte er los und sogar auf Miguels Zügen zeigte sich jetzt ein Grinsen.

»Kann man wohl sagen, ja. Ihr Angetrauter war ein wenig böse mit mir, obwohl ich ihr doch nur mehr Erfahrung verschafft habe.« Bedauernd schüttelte er den Kopf. »Wenigstens hat er mich nicht erschießen, sondern nur deportieren lassen. Ganz unrecht war mir der Szenenwechsel ja nicht. Nur leider konnte ich keins meiner mühsam gesammelten Andenken mitnehmen«, fügte er zerknirscht hinzu.

»Sprich, du musstest deine zuvor hart und ehrlich erworbene Beute einfach zurücklassen? Zu schade aber auch.«

Miguel nickte zustimmend. »Kistenweise Gold- und Silberschmuck, Kerzenleuchter und feines Geschmeide. Es waren lohnende Hausbesuche, sage ich dir. Viel Gold! Jetzt liegt es völlig nutzlos verborgen«, bestätigte er mit einem feinen, lauernden Unterton. Er warf Jean einen verschmitzten, abwartenden Blick zu, jedoch reagierte der offenbar nicht wie erwünscht.

Simon empfand Verachtung. Also war Miguel nur ein gewöhnlicher Dieb, der anderer Leute Häuser ausraubte und deren Frauen schändete. Nur gut, dass man ihn gefasst hatte. Der Galgen wäre gerechter gewesen.

Miguel zwinkerte ihm verschwörerisch zu, legte den Kopf ein wenig schief, als Simon ihn verächtlich musterte. An Jean gewandt hob Miguel anklagend die Hände.

»Du kannst nicht zufällig deinen hübschen Burschen auf die Suche nach dem Schlüssel schicken? Schätze, der Kapitän weiß, wo sie abgeblieben sind.«

»Sabino!« Einen der Männer kam heran. »Frag den Kapitän da oben freundlich, aber nachdrücklich nach dem Schlüssel für seinen Gefangenen.«

»Klar, Kapitän.« Sabino verschwand sofort an Deck. Miguel blickte irritiert von Jean zu Simon.

»Ist er etwa noch nicht lange genug dabei?« Miguel machte einen Schritt auf sie zu und Simon verspürte augenblicklich den Drang zurückzuweichen, schalt sich selbst einen Dummkopf und blieb standhaft stehen.

Warum sollte er sich vor einem gefesselten Mann fürchten, der ihn nur im Moment der Überraschung und hinterrücks überwältigt hatte? Das war wirklich lachhaft. Nur weil er diese Augen mit seinen sündigen Träumen verband? Miguels Nähe verursachte seltsame Empfindungen in ihm, vor denen er sich viel mehr fürchtete als vor dessen Erscheinung.

»Er gehört eigentlich nicht zur Mannschaft.« Jean wandte sich um und augenblicklich gehörte Simons Aufmerksamkeit ihm. Jean machte eine vage Geste. »Geh doch schon mal hinauf, Simon.«

Dieser zögerte, warf Miguel noch einen Blick zu und ging zum Niedergang. Er hörte die zwei hinter ihm herkommen, wobei Jean Miguel freundlich den Vortritt ließ, nicht ohne seine Absicht, lieber hinter ihm zu bleiben, zu verbergen. Miguels Blicke brannten sich in Simons Rücken. Auf halbem Weg nach oben hörte er diesen anerkennend schnalzen: »Was für entzückende Aussichten.«

Augenblicklich fuhr er herum, starrte Miguel irritiert und wütend an, und wusste nach wie vor nicht, was er zu ihm sagen sollte. Dieser Mann verunsicherte ihn beinahe mehr, als Jean es tat.

Von hinten legte sich eine Hand schwer auf Miguels Schulter und dieser zuckte zusammen.

»Dieses Mal jedoch gewiss nichts für dich, mein Freund.«

Miguels Gesicht überzog ein breites, lauerndes Grinsen, dennoch wandte er den Blick nicht von Simon, oder vielmehr von dessen Kehrseite ab. Dieser schluckte eine Entgegnung hinab und eilte die Treppe hinauf.

»Du erhebst alleinigen Anspruch auf so ein Vergnügen? Jean, wo bleiben deine Manieren und die gute Gastfreundschaft, die ich von dir gewohnt bin?«

»Dieses Mal wird nicht geteilt. Wage es nicht und komm mir in die Quere«, zischte Jean. Simon drehte sich nun doch um und wollte etwas sagen, doch er blickte direkt in spöttisch dreinblickende Augen und vermochte erneut keinen Ton herauszubringen. Miguels Mund verzog sich zu einem süffisanten Lächeln. Rasch wandte Simon sich ab und beeilte sich mit klopfendem Herzen und brennenden Wangen, vor den beiden Männern das Deck zu erreichen.

»Er sieht nicht aus wie ein typischer Halunke. Nicht wie die anderen deiner Crew, meine ich«, bemerkte Miguel.

»Ist er auch nicht.«

»Sondern?«, ließ sich Miguels Stimme vernehmen.

»Ein echter Gentleman. Lass uns erst einmal diesen unpassenden Ort verlassen. Dann können wir uns in Ruhe unterhalten«, schlug Jean vor.

Simon trat ins Sonnenlicht, blinzelte und trat hastig zur Seite, als die beiden Männer hinter ihm an Deck kamen.

»Aber gerne folge ich deiner Einladung.« Miguel reckte sich, sog tief die Luft ein und schirmte die Augen gegen die grelle Sonne ab. »Ich ziehe deine Gesellschaft der anderer Ratten deutlich vor.«

Jean lachte, klopfte Miguel auf die Schulter und winkte Sabino heran, der tatsächlich einen Schlüssel bei sich hatte. Sichtlich erleichtert streckte Miguel ihm die Arme mit den Ketten entgegen.

»Der Kapitän hat es ziemlich eilig gehabt, diesen herauszurücken«, bemerkte Sabino schmunzelnd, während er sich an den Ketten zu schaffen machte.

»Schätze, der Kapitän dieses Schiffes will mich gerne loswerden.« Lächelnd grüßte Miguel den Kapitän, der augenblicklich das Zeichen gegen den bösen Blick machte und ausspie.

»Du scheinst dich bei ihm nicht gerade beliebt gemacht zu haben. Wie lange hast du gebraucht, um aus der Zelle zu kommen?« Jean steckte die Pistole ein.

»Oh nicht mal einen Tag. Leider haben sie es zu früh gemerkt, ehe ich an Deck gelangen konnte, also verschlossen sie die Luke, nachdem zwei von ihnen ihre Erfahrungen mit mir gemacht hatten.« Miguel feixte, strich sich eine Strähne seines Haares zurück. »Sie kamen danach natürlich nicht mehr an ihre kostbare Ladung heran. Er sollte zufrieden sein: Nun ist er mich und die Ladung gleichzeitig los.«

»Du hast dich nicht verändert.« Jeans Worte klangen belustigt und zugleich anerkennend. Als die Ketten von ihm abfielen, lächelte Miguel zufrieden und rieb sich gleich darauf den Bauch.

»Leider ist auch der Nachschub an Essen ausgeblieben. Ich bin also in mehr als einer Hinsicht ausgehungert.« Abermals streifte sein Blick Simon. Dieses Mal hielt er entschlossen stand, musterte den Mann genauer. Miguel war etwas kleiner als Jean, jedoch ein wenig kräftiger, mit breiteren Schultern. Seine Kleidung wirkte derangiert: ein mit Rüschen besetztes, ehemals weißes Hemd, auf dem sich Dreck und getrocknete Blutspuren abzeichneten. Es war an mehreren Stellen zerrissen und gab den Blick auf bronzefarbene Haut und schwarze Brustbehaarung frei. Stulpenstiefel zu einer braunen Hose rundeten die Erscheinung ab. Lange, schwarze Haare hingen ihm wirr und dreckig ins Gesicht. Sein Schnurrbart wirkte ebenso ungepflegt wie der stoppelige Bart. Eine rötliche, kaum verheilte Narbe, zog eine Spur über die linke Wange.

Seine Züge waren offensichtlich spanisch; das Faszinierendste an ihm waren tatsächlich die schwarzbraunen Augen, mit denen er seine Umgebung aufmerksam musterte. Simon konnte sich des Eindrucks nicht erwehren, dass er gerade jeden Fluchtweg abwog und vorsichtshalber alle Optionen gedanklich durchging.

»Ich stehe schon wieder in deiner Schuld, mein Freund«, meinte er zu Jean und das Gesicht wirkte zum ersten Mal ernst und ehrlich. Simon war sich ziemlich sicher, dass er für einen kurzen Moment den wahren Mann gesehen hatte. Einen Mann, vor dem selbst jemand wie Jean auf der Hut sein sollte.

»Alles gleicht sich wieder aus«, meinte Jean, der Blick bohrte sich in Miguels. »Du findest bestimmt eine Gelegenheit, deine Schulden bei mir abzutragen, Miguel.«

Er warf ihm einen langen, nachdenklichen Blick zu, und als dieser zu Simon weiter glitt, wandte Miguel sich plötzlich hastig ab. Jeans Augen funkelten triumphierend und Simon runzelte verwirrt die Stirn bei dem stummen Blickduell. Er kam derweil nicht dazu, sich zu wundern, denn Jean gab bereits Anweisungen, die gefangene Mannschaft sorgfältig zu fesseln. Dann instruierte er seine Männer, die Ladung des Handelsschiffes hinüber auf ihr Schiff zu bringen. Simon wollte mit hinuntergehen, um seinen Teil der Arbeit zu verrichten, jedoch hielt ihn Jeans Hand auf der Schulter zurück.

»Du kommst mit mir.« Natürlich widersprach Simon ihm nicht, sondern folgte den beiden Männern über das Deck zur Reling. Ein Blick von Jean und seine bedrohliche Ausstrahlung genügten vollauf, um ihm bewusst zu machen, dass sein Schicksal nach wie vor in den Händen dieses Mannes lag. Jean hatte es ihm schon zuvor deutlich genug gemacht, als er noch daran gezweifelt hatte.

Wieder von Bord ins Beiboot zu gelangen, erschien Simon wesentlich leichter. Miguel war zügig und ohne zu zögern hinabgeklettert und nun machten die Blicke, die er ihm von unten zuwarf, Simon zusätzlich nervös. Bemüht, sich vor dem fremden Mann nur ja keine Blöße zu geben, konzentrierte er sich ganz und gar auf die ungewohnte Aufgabe. Als er unten ankam, wich Miguel ihm nicht aus, stand sekundenlang überaus dicht neben ihm und lächelte ihn halb spöttisch, halb nachdenklich an.

»Du bist wirklich kein Seemann.« Simon verneinte. Es ist offensichtlich kein Geheimnis, dachte er zynisch. Was ging es diesen heruntergekommenen Dieb an, wer er wirklich war?

»Ich bin auch kein Pirat!«, erklärte er mit fester Stimme und fügte hochmütig hinzu: »Ich halte mich an die Gesetze und breche diese nicht!«

»So?« Miguel quittierte die Aussage mit einem Hochziehen der Augenbrauen. »Also nur zufällig in schlechte Gesellschaft geraten, was?«

Simon wollte ihm heftig entgegnen, da ließ sich auch schon Jean elegant zu ihnen hinab und er schloss sofort den Mund. Er warf Miguel einen finsteren Blick zu, bevor sie Platz für den Piratenkapitän machten. Miguel schüttelte belustigt den Kopf.

Wortlos setzte sich Simon an das Ende des kleinen Ruderbootes. Miguel nahm auf der Ruderbank Platz, nickte Jean zu, legte sich die Riemen an und nahm mit kräftigen Schlägen die Fahrt auf.

Wie so oft in letzter Zeit kam sich Simon nutzlos vor. Er war gänzlich unbegabt, ein Ruderboot zu bewegen, hatte nicht die nötige Kraft in den Armen dazu, noch beherrschte er die Technik. Daran war er bisher kläglich gescheitert. Wenigsten war er nun nicht dem Gespött der anderen Männer ausgesetzt.

Miguel und Jean unterhielten sich angeregt und lachten, beachteten ihn nicht weiter.

Als sie Jeans Schiff, die »Estrella« erreichten, wartete Simon ab, bis Miguel und Jean die Jakobsleiter hinaufgeklettert waren. Mit verkniffenem Mund bemühte er sich, dieses Mal eine bessere Figur zu machen. Es glückte ihm, nur um einiges langsamer. Zufrieden mit sich kletterte er über die Reling und erkannte, dass die Männer bereits auf dem Weg zu Jeans Kajüte waren. Unschlüssig sah er ihnen nach, nicht sicher, was er tun sollte, doch Jean enthob ihn rasch der Frage.

»Simon, bitte sage dem Koch Bescheid, dass wir in meinem Quartier speisen werden. Du kannst uns das Essen auch gleich servieren.«

Sein Blick blieb etwas länger auf ihm ruhen, wohl lange genug, um das ärgerliche Funkeln in Simon Augen zu bemerken. Er sollte ihm servieren. Simon verbiss sich jeden Kommentar und schluckte den Ärger hinunter.

Was brachte es ihm? Jean spielte viel zu gerne sein eigenes Spiel, langsam sollte er daran gewöhnt sein. Seine Macht ließ ihn Jean immer wieder gerne spüren. Es war völlig zwecklos, sich dagegen aufzulehnen, für ihn hatte er bestenfalls den Status eines einfachen Mannes.

Seinen Stolz herunter zu schlucken, war etwas, was er an Bord gründlich gelernt hatte. Mürrisch wandte Simon sich ab und ging hinüber zur Kombüse, um dem Schiffskoch die Wünsche des Kapitäns mitzuteilen.

In der Kajüte

Einige Zeit später betrat Simon mit dem Schiffskoch das Quartier und brachte das gewünschte Essen. Die beiden Männer saßen am Tisch, tranken Rotwein und unterhielten sich angeregt. Lachend unterbrachen sie ihr Gespräch, während Simon die Platte mit Fleisch auf den Tisch stellte. Schweigend, mit ausdruckslosem Gesicht tat er ihnen auf und vermied, Miguel nahezukommen. Als er gerade dem Koch hinaus folgen wollte, hielt ihn Jean am Arm zurück.

»Warum leistest du uns nicht ein wenig Gesellschaft?« Seine braunen Augen funkelten, der feste Griff sandte kalte Schauder durch Simons Körper. Mühsam unterdrückte er sein Beben, das instinktive Zurückweichen. Er hasste es, wenn Jean ihn berührte, er fürchtete ihn jeden Tag mehr, wusste sehr wohl, zu was dieser Mann in der Lage war.

»Wenn Ihr es wünscht«, antwortete er steif und ließ die Abscheu bewusst durchklingen. Mit Piraten, Mördern und Dieben zu speisen, war wirklich nichts, was er erstrebenswert fand.

Jean löste den Griff und Simon setzte sich widerwillig zu ihnen. Vergebens blickte er sich nach einer Serviette um. Die beiden anderen Männer kümmerte das nicht. Sie begannen mit Appetit zu essen. Besonders Miguel benutzte dabei vornehmlich seine Finger, wie Simon verstohlen bemerkte.

Rasch wandte er sich ab, spürte dennoch die Blicke auf sich ruhen, als er das Besteck zur Hand nahm und das Fleisch sorgfältig zerschnitt, auf die Gabel nahm und betont manierlich aß. Neben ihm gab Miguel ein überraschtes und abfälliges Schnauben von sich. »Zum Teufel! Wo hast du denn diese piekfeinen Sitten gelernt, Bursche?«

Simon blickte ihn bemüht verächtlich an, öffnete den Mund zu einer passenden Antwort, doch Jean kam ihm schon zuvor. »Simon ist ein wirklich vornehmer Herr. Ein wahrer Lord und Gentlemen.« Er ließ den Blick wohlwollend auf Simon ruhen. »Er ist immerhin der einzige Sohn und Erbe des hochgeschätzten Gouverneurs von Saint Ibell, Lord of Fenderwick.« Triumph schwang in seiner Stimme mit, den Simon ebenso verabscheute, wie den Gedanken, als was ihn der Pirat sah: Als seine Beute.

Miguels Unterkiefer klappte herab und eine dünne Spur Bratensaft lief am linken Mundwinkel hinab, blieb in den dunklen Bartstoppeln hängen.

»Was? Du willst dir mit mir einen Scherz erlauben!« Er starrte Jean durchdringend an.

Jean grinste zufrieden und Simon wurde das Gefühl nicht los, dass er mit ihm angab. »Du hast mich schon verstanden. Simon ist mein persönlicher Gast und leistet mir Gesellschaft, wenn ich einsam bin. Gewissermaßen ist er auch der Garant für mein zukünftiges, langes und glückliches Leben.«

Simon ballte die Faust um die Gabel, entspannte sie hastig und fuhr mit dem Essen fort, als ob nichts wäre. Dennoch konnte er das Zittern nicht ganz unterdrücken. Jeans Worte klangen noch in ihm nach, alles, was er ihm gesagt hatte, als er unfreiwillig zu ihm an Bord gekommen war.

Abermals vermeinte er die Hände auf sich zu spüren, Jeans sanfte Stimme direkt an seinem Ohr, die Versuchung, in die ihn dieser Mann seither ständig führen wollte und die er hartnäckig zu ignorieren bemüht war.

Miguels Mund zuckte kaum merklich. Ob er seine Reaktion bemerkt hatte? Simon hielt den Blick krampfhaft gesenkt.

»Du hast ihn wahrhaftig entführt?« Miguel wischte sich mit dem Handrücken den Bratensaft aus dem Gesicht.

»So würdest du es wohl bezeichnen. Ich bevorzuge anzunehmen, dass Simon meiner freundlich nachdrücklichen Einladung Folge geleistet hat.«

Simon zwang sich dazu, weiter zu essen und jeden Gedanken an den Überfall, seine Verschleppung und die erste Zeit der Gefangenschaft in dem dunklen Verschlag unten im Schiffsrumpf zu verdrängen. Noch immer sandte ihm die Erinnerung an die schrecklich bedrückende Dunkelheit Schauer über den Rücken.

Seit jenem Tag, als er wie ein zusammengeschnürtes Paket auf den Planken der »Estrella« abgeliefert worden war, spielte Jean mit ihm sein Spiel, dessen Regeln er nicht erkennen konnte. Er wusste nur, dass er ihm in keiner Weise gewachsen war und sich hinter Jean Abgründe auftaten, die Simon unendlich fürchtete. Er kannte zwei Seiten dieses Mannes und jede für sich war ihm unheimlich.

»Und du hältst mich für verrückt?« Miguel schnaubte fassungslos, griff sich ein Stück Brot und wischte damit den restlichen Bratensaft vom Teller, nur um es sich in den Mund zu stopfen.

Jean lachte laut auf und trank einen tiefen Schluck vom Wein, bevor er Miguel zuprostete: »Sagen wir einfach, wir sind uns durchaus ähnlich. Aber das weißt du ja schon.«

»Sein Vater wird Himmel und Hölle in Bewegung setzen, ihn wiederzubekommen«, antwortete Miguel ernst, sein Blick schweifte nachdenklich über Jean. »Damit forderst du den Engländer geradezu heraus, dabei geht es nicht nur um seinen Sohn, sondern um seine Ehre. Bist du so lebensmüde, Jean?«

»Derzeit lässt der Lord alles bleiben, was mir schaden könnte. Er weiß genau: Wenn er mir zu nahe kommt, ist sein einziger Sohn tot. Und es würde kein leichter Tod werden«, antwortete Jean kühl und der drohende Unterton ließ Simon hart schlucken.

»Das wäre doch sehr schade, meinst du nicht auch?«, fügte Jean hinzu und warf Simon einen jener merkwürdig intensiven Blicke zu, die dieser nicht recht deuten konnte. »So behütet aufgewachsen, noch so jung, gut aussehend und ohne jede schlechte Erfahrung.«

Simon zwang sich dazu, so zu tun, als ob er nichts gehört hätte. Egal wie sanft Jean sprach, wie freundlich er ihn auch behandelte, niemals durfte er vergessen, wie gefährlich dieser Mann wirklich war. Er hatte es erlebt und würde es nie vergessen.

»Ihre Lordschaft war bisher sehr zuvorkommend und hat mir als Garantie für das Leben seines geliebten Sohnes dankenswerterweise eine unbegrenzte Kaperlizenz gegeben.«

»Wie bitte?« Miguel ließ die Hand sinken, mit der er sich erneut über den Mund wischen wollte. Ungläubig starrte er Jean an.

»Solange der besorgte Vater regelmäßig einen Brief mit persönlichem Inhalt von seinem Sohn bekommt, lässt er mich weiterhin in Ruhe«, bestätigte Jean selbstgefällig schmunzelnd.

Simon war versucht, aufzuspringen und ihm die Faust ins Gesicht zu schlagen, aber den Fehler, Jean zu unterschätzen, hatte er schon einmal begangen. Nur kurz schloss er die Lider, dann legte er die Gabel und das Messer betont ordentlich neben seinen Teller, bemüht, den Blick nicht zu auffällig zu heben. Er atmete betont ruhig ein und aus, versuchte die Gefühle zu kontrollieren.

Langsam lehnte sich Miguel zurück, musterte ihn sorgfältig. Dieser Mann verunsicherte Simon mehr als Jean. Seine Blicke waren anders, kaum weniger intensiv, aber er vermeinte eine andere Intention zu spüren. Auf eine gänzlich erschreckende Weise, fühlte er sich dennoch zu ihm hingezogen. Dabei war er nichts weiter als ein Dieb.

Wie konnte er es nur wagen, ihn derart anzusehen? Simon fühlte sich seltsam, die Haut brannte unter den Blicken, der Magen zog sich zusammen und sein Herz schlug schneller. Allein der Anblick der schwarzbraunen Augen ließ seinen ganzen Körper vibrieren. Mühsam unterdrückte Simon alle unziemlichen Gefühle. Es fiel ihm wesentlich schwerer als sonst.

»Somit hast du also zwei Fliegen mit einer Klappe geschlagen«, bemerkte Miguel mit süffisantem Grinsen, die Augen funkelten.

Schwarz, wie die tiefste Hölle, wie ein bodenloser Abgrund. In ihnen loderte das Feuer der Verdammnis und lockte ihn stetig näher. Rasch wandte Simon sich ab, dennoch: Die Versuchung blieb.

»Ich muss dir wohl gratulieren«, sagte Miguel mit belegter Stimme. »Dein Geschmack ist unverändert exquisit.« Er hob sein Glas und prostete Jean zu.

»Die bisher wertvollste Beute, die ich mein eigen nennen darf«, bestätigte Jean, griff nach Simons Hand und begann dessen Handrücken behutsam mit den Fingern zu streicheln. Hastig zog dieser seine Finger zurück. Jeans Vertraulichkeiten wurden ihm immer mehr zuwider, wusste er, wann sie umschlagen würden?

»Ich bin niemandes Eigentum«, gab er ärgerlich zurück. Er war es so leid, dass Jean von ihm, wie von einem Objekt, einer Trophäe sprach. Er sah ihn wirklich als seinen Besitz.

»Ihr habt kein Recht gehabt, mich zu verschleppen, noch mich in all das hier hineinzuziehen! Weder bin, noch werde ich jemals einer von euch sein«, rutschte es ihm heraus und seine Augen blitzten Jean herausfordernd an. »Mein Vater wird letztlich dafür sorgen, dass mörderisches Gesindel, wie Ihr es seid, am Galgen baumeln wird.«

Mörder, Diebe, Sünder, die sie beide waren. Simon würde nie vergessen, was er gesehen hatte, welchem Unrecht er hatte beiwohnen müssen. Die Bilder der Toten waren noch immer präsent und gerade in der Gesellschaft Miguels erschien es ihm noch wichtiger, seine Position klar zu machen.

Von Jean erntete er lediglich einen spöttischen Blick. Wortlos und völlig unbeeindruckt goss der Piratenkapitän ihnen Rotwein nach und schob auch Simon freundlich lächelnd sein Glas zu.

Es war zwecklos, dachte Simon resignierend. Dieser Mann hatte vor niemandem, geschweige denn seinem Vater Angst oder Respekt, so viel hatte er in der Zeit seiner Gefangenschaft schon begriffen. Keiner konnte ihn einschüchtern, am allerwenigsten ein junger Adliger, den er sich als persönliche Geisel hielt.

Miguel sagte nichts, blickte Simon nachdenklich an.

»Auf alte Zeiten!« Jean stieß mit seinem Freund an, der sofort reagierte und das Glas hob.

»Auf die Gerechtigkeit!«, murmelte Simon, jedoch so, dass die zwei Männer es dennoch hören konnten. Miguel lachte prustend los und prostete ihm augenzwinkernd zu. Dem weiteren Gespräch folgte Simon stillschweigend. Mit hochrotem Kopf vernahm er peinlich berührt, als die Männer von ihren gemeinsamen Taten schwärmten und besonders Miguel recht detailliert von zahlreichen Bettgeschichten erzählte. Dabei warf er Simon immer wieder anzügliche Blicke zu, die diesem die Schamröte in die Wangen trieben.

Es war nicht einmal so, dass Simon gar keine Ahnung hatte. Von dem einen oder anderen hatte er immerhin auch schon gehört, wenngleich in seinen Kreisen darüber einfach nicht gesprochen wurde. Da er bereits verlobt war, hatte er sich freilich auch daran gehalten, dass solche Vergnügungen ausschließlich der Ehe vorbehalten waren. Bei den schamlosen Berichten glühten ihm die Ohren. Er hatte gar nicht gewusst, was alles möglich war.

Augenscheinlich hurten diese Männer herum, wo und wie sie konnten. Wie es klang, war es zumindest dem Spanier einerlei, welches Geschlechts der Bettgefährte dabei hatte.

Simon spürte erneut ein heißes Schaudern entlang der Wirbelsäule, wenn er an die feste Berührung des Knies an seinem Schritt zurückdachte. Egal, wie sehr er sich dagegen wehrte, die Annäherung hatte durchaus etwas Erregendes gehabt. Ebenso, wie die ganze Art Miguels auf ihn eine merkwürdige Faszination ausübte, die er sich nicht recht eingestehen wollte.

Selbst noch abends in seiner Hängematte erinnerte er sich an das Gefühl der verbotenen Berührung, diese schwarzen, gierig fordernden Augen verfolgten ihn in seine halbwachen Träume, während er das Schnarchen und ruchlose Gestöhne neben sich zu überhören versuchte.

Die Piraten waren allesamt sündige Gestalten, die sich gotteslästerlich selbst Vergnügen bereiteten und oft genug auch untereinander. Simon wusste natürlich davon, übersah es geflissentlich, vermied, den Blick dorthin zu wenden, wo sich welche von ihnen, wider die Natur, versündigten. Zu seinem Glück blieb er von Nachstellungen verschont.

Jean hatte seine wilde, bunt zusammengewürfelte Mannschaft durchaus im Griff. Seit einem Vorfall, bei dem er diejenigen bestraft und getötet hatte, kam Simon keiner mehr unzüchtig zu nahe. Sie mieden sogar seine Gesellschaft und hatten ihn weitestgehend isoliert.

Bemerkungen gab es natürlich, jedoch immer nur hinter seinem Rücken.

Nur nicht daran denken, nur keinen Gedanken damit verschwenden und keine schlafenden Dämonen wecken. Es war schon immer schwer für ihn gewesen, dem Dunkel der Sünde fern zu bleiben; eine Lektion, die er als junger Bub hart hatte erlernen müssen.

Die nächtlichen Geräusche beschämten ihn entsetzlich und führten seinen schwachen Körper stets aufs Neue in Versuchung.

Bei Gott, er wünschte, er wäre daheim, fernab dieser gottlosen Gestalten! Sein altes Leben schien Jahre zurückzuliegen und eine Rückkehr schier unmöglich.

Die folgenden Tage waren ruhig und ausgefüllt mit den alltäglichen Arbeiten auf dem Schiff. Jean setzte ihn wohlweislich keinen wirklich gefährlichen Situationen aus, erwartete im Gegenzug unausgesprochen, dass er sich auch nicht zu schade war, das Deck neben den anderen zu schrubben oder Taue zu spleißen. Es waren erniedrigende Tätigkeiten, doch immerhin ließen sie die Tage vergehen und er konnte an der frischen Luft und in der Sonne sein.

Simon wusste, dass seine derzeitige Lage aussichtslos war. Jeder Rettungsversuch durch die Soldaten seines Vaters hätte unweigerlich seinen Tod zur Folge, weshalb Lord of Fenderwick es auch tunlichst unterließ. Immerhin war Simon sein einziger Erbe.

Die heißesten Stunden des Tages lagen sie nicht zum ersten Mal in einer Flaute. Die Sonne brannte gnadenlos mit all ihrer karibischen Stärke auf sie und den unendlich blaugrünen Ozean hinab. Die Karibik mochte ein wunderschöner Ort sein, dennoch hatte die See auch hier ihre Launen und

Tücken. Die Luft bewegte sich so träge wie die Menschen auf dem Schiff. Sie schien erstarrt zu sein und ebenso sehnsüchtig auf den Untergang der Sonne zu lauern, um sich wenigstens in einem lauen Abendlüftchen zu erheben.

Wie die meisten der Mannschaft hatte sich Simon in den spärlichen Schatten unter ein Segeltuch geflüchtet. Ringsum verstärkte die Hitze die Gerüche und er hatte sich, so weit es ging, von den überaus streng riechenden Piraten abgesondert. Offenkundig sahen sie jede Form von Wasser, das nicht unter dem Kiel oder ihre Kehle hinab floss, als persönlichen Todfeind an.

Es war so heiß, dass auch er sein Hemd ausgezogen hatte und nur noch die mittlerweile etwas mitgenommenen Kniehosen aus Samt trug. Schweren Herzens hatte er sich schon vor mehreren Wochen von den Überresten seiner weißen Kniestrümpfe getrennt, die dem Leben an Bord nicht gewachsen waren. In seiner heruntergekommenen Kleidung unterschied er sich jetzt kaum noch von den Piraten.

Seufzend schloss er die Augen, erinnerte sich an angenehme Nachmittage in der Residenz seines Vaters im Schatten der Bäume mit kühlen Getränken. Wenn er nicht an jenem verhängnisvollen Abend auf dem Heimweg angehalten, grob aus seiner Kutsche gezerrt, niedergeschlagen und verschleppt worden wäre, säße er mittlerweile an der Seite seiner Braut.

Missmutig verzog er das Gesicht. Nicht, dass er Claire vermissen würde. Sie hatten sich ja nur einmal gesehen. Es war eine arrangierte, zweckdienliche Heirat, keine Liebe. Niemand hatte sie nach ihrer Meinung gefragt. Es war so üblich. Wer war er, sich dagegen aufzulehnen?

Simon schob sich das Hemd zurecht, auf das er seinen Kopf gelegt hatte, und rollte sich auf die Seite. Wie gerne würde er mit Abstand einmal auf dieses Abenteuer zurückblicken und gegebenenfalls seinen Söhnen davon berichten. Derzeit wusste er nicht einmal, ob er es überleben würde. Er war kein Seemann, würde es nie werden, so viel hatte ihn die kurze Zeit schon gelehrt.

In der ersten Woche hatte er überwiegend über einem Eimer gehangen, weil er das miserable Essen jedes Mal wieder hochwürgte, kaum dass er es hinuntergeschluckt hatte. Daher hatte er nie sagen können, ob es an der Seekrankheit oder am schlechten Geschmack lag.

Zu dem Zeitpunkt hatte er nur noch sterben wollen. Eingesperrt in einen finsteren Verschlag, hatte er die rollenden Bewegungen des Schiffes ertragen müssen, ungewiss, wo er war, wohin man ihn verschleppt hatte, was sein Schicksal sein würde.

Erst als sein Magen sich daran gewöhnt hatte, nicht alles aus dem Mund abzugeben, war Jean Baptiste Ledoux erschienen, ganz französischer Gentleman und hatte ihn über sein weiteres Schicksal aufgeklärt. In ruhigen, sachlichen, dennoch kaum weniger bedrohlichen Worten hatte er ihm gesagt, wer er selbst war, warum er ihn entführt hatte und dass sein Leben einzig vom weiteren Verhalten seines Vaters abhinge.

Unverwandt hatte er ihn dabei angesehen, mit den undurchdringlichen, braunen Augen, die täuschend sanft wirkten. Danach war er mehrfach zu ihm gekommen, hatte sich mit ihm unterhalten und Schreibzeug gebracht, verlangt, dass er seinem Vater eben jene Briefe schrieb, die versichern sollten, dass er noch lebte.

Nur einmal hatte Simon versucht, Andeutungen über seinen Aufenthaltsort einzuschmuggeln, Informationen, die eventuell zu seiner Rettung dienen konnten. Er hatte wirklich geglaubt, der Pirat wäre des Englischen nicht mächtig. Ein fataler Irrtum, denn Jean hatte den Brief überflogen, gelächelt und ihn vor seinen Augen zerrissen.

Das Messer kam aus dem Nirgendwo, strich täuschend behutsam über Simons Wange. Jeans Gesicht war direkt vor ihm.

»Ein weiterer Versuch dieser Art und ich breche dir den kleinen Finger der linken Hand. Jeden Knochen einzeln.« Er wirkte freundlich, kein bisschen der furchtbaren Drohung klang in seiner Stimme an.

Mit angehaltenem Atem, bereit die Lider zu schließen und vor Angst erstarrt, schaute Simon in diese braunen Augen. Das Messer fuhr trügerisch zärtlich an seiner Wange hoch. Es gab einen feinen Ruck und Jean hatte ihm eine Strähne seines lockigen, braunen Haares abgeschnitten.

Nichts weiter. Er hatte sofort von ihm abgelassen, gewartet, bis Simon mit zitternden Fingern einen neuen Brief verfasst hatte, ihn genommen und vor sich hin summend, die Haarsträhne spielerisch um den Finger wickelnd den Verschlag verlassen.

Nie wieder hatte es Simon gewagt, ihn zu unterschätzen.

Sicher war er hingegen, dass der Franzose ein anderes Interesse an ihm entwickelt hatte, was ihn ebenso verängstigte.

Seit er bei ihm war, berührte er ihn oft flüchtig, sah ihn mit Zärtlichkeit im Blick an, suchte seine Gesellschaft und machte verwirrende Andeutungen. Simon verschloss sich gedanklich hartnäckig davor, was dies wirklich zu bedeuten hatte, zu sehr verängstigten ihn die Konsequenzen. So hatte er es eingebläut bekommen: Es kann nicht sein, was nicht sein darf. Völlig unabhängig, was seine Träume und Gefühle ihm sagten, seit er sich zum ersten Mal als Mann gefühlt hatte. Nie durfte er vergessen, wer er war und was man von ihm, dem Sohn des Lords, erwartete.

Und nun lag sein Leben in der Hand dieses völlig unberechenbaren Piraten, der letztlich frei über ihn verfügen konnte, ob er damit einverstanden war oder nicht. Bisher war Jean ihm allerdings erst einmal zu nahe getreten und er hatte ihn abgewehrt. Simon hegte die Hoffnung, er beließe es auch dabei. Zu nahe bewegte sich Jean dabei an die geheimen, so sorgfältig verschlossenen Wünsche und Gelüste heran, die Simon nicht einmal vor sich selbst zugeben konnte.

Eine streichelnde Bewegung entlang seines Rückens, ließ ihn aufkeuchend überrascht hochfahren. Fingerspitzen waren ihm von den Schulterblättern über die Wirbelsäule behutsam abwärtsgefahren, hatten ein sinnliches Gefühl auf der Haut hinterlassen. Hastig wandte er sich um und blickte verblüfft direkt in die schwarzen Augen Miguels, der sich so leise neben ihn gelegt hatte, dass er es nicht gehört hatte.

Erschrocken wich er zurück. Miguel musterte ihn belustigt, den Kopf seitwärts auf Hand und Ellenbogen abgestützt. Sein neues, sauberes Hemd war an der Brust nur unzureichend verschnürt und gab den Blick auf die dunkle Behaarung frei. Seine Haare waren gewaschen und mit einem Band zurückgebunden worden. Mit dem dunklen Teint, den markanten Gesichtszügen und den tiefschwarzen Augen entsprach er genau dem Bild eines verwegenen Piraten, das sich Simon als Junge davon gemacht hatte.

Dabei war er nur ein gewöhnlicher Dieb, dachte Simon, wenngleich er ihm eine gewisse Attraktivität nicht absprechen konnte. Miguel hatte eine seltsam faszinierende Ausstrahlung.

»Habe ich dich etwa erschreckt? Dein Rücken war aber auch gar zu verführerisch, da konnte ich einfach nicht widerstehen, ihn zu berühren.« Miguel leckte sich anzüglich über die Lippen.

Simon beäugte ihn misstrauisch, kam sich plötzlich entblößt und überaus verletzlich vor. Dieser Mann war gefährlich. Auf eine andere Weise als Jean, dennoch ebenso risikobehaftet für ihn. Wie er ihn ansah! Was war das in seinem Blick?

Der starke, männliche Geruch hing verwirrend intensiv in der trägen Luft, und Miguel präsentierte ihm lasziv seinen kräftigen Körper.

»Wagt es nicht, mich noch einmal anzufassen«, zischte ihn Simon mutiger an, als er sich fühlte. Die Berührung war durchaus angenehm gewesen, nur die Vorstellung, dass dieser verderbte Dieb ihn berührt hatte … Schaudernd zuckte er zurück.

Miguel lächelte weiterhin und musterte ihn unverhohlen von oben nach unten. Auch wenn es viel zu heiß war und er es sicherlich bereuen würde, zog Simon hastig das Hemd über, nur um sich dem lüsternen Blick zu entziehen.

»Wie alt du wohl bist? Du wirkst noch sehr jung.«

»Ich bin bereits neunzehn«, antwortete Simon abweisend. Er wollte sich nicht weiter mit diesem Abschaum unterhalten, mit keinem dieser Männer wollte er etwas zu tun haben.

»So jung noch? Und du darfst dich frei bewegen, obwohl du Jeans persönliche Geisel bist?«

Nickend bestätigte Simon und rückte noch etwas weiter von ihm ab. »Im letzten Sturm hat es vier Mann über Bord geweht. Er brauchte jemanden, der etwas Arbeit übernimmt.«

Jeans Angebot, sich als Teil der Mannschaft frei an Bord bewegen zu dürfen, war unerwartet gekommen. Nach den langen Wochen in dem dunklen Verschlag unter Deck hatte er es durchaus gerne angenommen. Dass Jean damit auch beabsichtigt hatte, ihn zu einem der ihren machen zu wollen, war ihm erst später klar geworden. Der Piratenkapitän tat nichts ohne Hintergedanken.

»Ist diese Art von Arbeit denn etwas für deine schlanken, vornehmen Händchen?«, meinte Miguel spöttisch, richtete sich plötzlich auf und ergriff Simons rechte Hand.

Ehe er sich versah, hatte Miguel sie an den Mund gezogen und einen sanften Kuss darauf gehaucht. Simons Haut erwärmte sich sofort unter der liebevollen Berührung. Fassungslos entzog er sie ihm. Was erlaubte sich dieser Halunke nur?

»Besser als dort unten in dem finsteren Loch zu sitzen und gar nichts tun zu können.« Simon schnaubte und wischte sich seine noch immer prickelnde Hand demonstrativ an der Hose ab.

Dieser Mann hatte ihm wahrhaftig einen Handkuss gegeben! Wie einer vornehmen Lady. War er denn völlig verrückt?

»Verzeihung, Eure Lordschaft.« Miguel grinste frech. »Euer vollständiger Name fällt mir gerade nicht recht ein.« Der Spott in seiner Stimme machte Simon noch wütender. Stolz straffte er sich und versuchte Miguel möglichst verächtlich anzusehen: »Mein Name ist Simon Brandon Lord of Fenderwick.«

»Ah, also wirklich ein wahrer englischer Gentleman!« In Miguels Augen war ein anderer, für Simon nicht deutbarer, Ausdruck erschienen. Fast wehmütig. Aber er war zu schnell verschwunden und machte einem höhnischen Lächeln Platz.

»Verzeiht mir, mein Lord, ich bin einfach nur Miguel.« Er deutete eine Verbeugung an. »Zu Euren Diensten, edler Herr.«

»Ihr seid also ein Spanier?« Simon versuchte würdevoll über Miguels schelmischen Gesichtsausdruck hinwegzusehen. Ganz offensichtlich nahm ihn der Mann nicht wirklich ernst.

Ein breites, überaus gefährlich wirkendes Lächeln überzog Miguels dunkle Gesichtszüge und er beugte sich näher. Seine Augen schienen Funken zu sprühen und Simon sog überrascht die Luft ein. Unerwartet stieg Wärme in ihm auf. Unerwartet deshalb, weil sie eindeutig aus seinen Lenden kam.

Verflucht, wieso reagierte er auf solche Weise auf diesen Mann?

»Ein Teil von mir ist sicher spanisch«, antwortete Miguel mit seiner besonders dunklen Stimme, die die Wärme in Simon noch weiter zu steigern schien. »Der Rest …« Er zuckte beiläufig die Schultern. »Ich hätte die schwierige Auswahl unter rund hundert Freiern aller Nationalitäten, die jemals meine Mutter bestiegen haben.«

Pikiert sog Simon die Luft ein, starrte ihn ungläubig an, jedoch schien Miguel die Beichte, dass er ein Hurenbastard war, nicht im Mindesten verlegen zu machen.

»Außer den Engländern darunter natürlich«, fügte er lauernd hinzu und zwinkerte dem perplexen Simon verschmitzt zu. »Ob die dazu in der Lage waren, etwas wie mich zu zeugen, bezweifle ich doch arg.« Sein Grinsen verbreiterte sich.

Simon zog die Brauen zusammen und beäugte ihn misstrauisch. Miguel schien ihn absichtlich reizen zu wollen und er wusste nicht, worauf er hinaus wollte.

»Liegt wohl in ihrer unterkühlten Natur«, vermutete dieser achselzuckend. »Ob diese angeborene Kälte in der Hitze der Umarmung einer Frau je genügend schmilzt, um Samen abzugeben? Ich fürchte, die meisten Engländer sind schlichtweg impotent, auch wenn sie es stets aufs Neue versucht haben.« Er musterte Simon, dessen Gesicht beschämt und zornig rot anlief. »Daher waren es auch meiner Mutter beste Kunden.« Prustend lachte er über Simons empörten Ausdruck.

Dessen Ohren glühten bei diesen schamlosen Worten. Nicht genug damit, dass dieser Bastard offen zugab, was er war, nein, er beleidigte auch noch seine Landsmänner dermaßen ungeheuerlich, dass er kaum zuhören mochte. Erregt sprang er auf.

»Wie könnt Ihr es wagen!«, zischte er. »Ein Bastard aus der Gosse, sollte solche Worte nicht in den Mund nehmen?«

Gelassen schaute Miguel zu ihm auf und schien nicht im Mindesten von seinem Zorn beeindruckt zu sein.

»Ein dreckiger Spanier, ein ruchloser Dieb, Abschaum wie Ihr, sollte besser seine Zunge hüten! Jemand sollte Euch dringend bessere Manieren beibringen.«

Abermals lachte Miguel auf. Ein kehliges Lachen, was Simon nur umso wütender machte.

»Ah, und du meinst wohl, du könntest derjenige sein, der mir solche beibringt?« Er legte den Kopf etwas schief und fuhr sich aufreizend langsam über die Lippen. »Vielleicht solltest du vorsichtig damit sein, jemanden herauszufordern, mein kleiner, heißblütiger Lord. Hast du überhaupt schon jemals eine scharfe Waffe in deiner feinen Hand gehalten?« Die schwarzen Augen durchbohrten Simon. In ihnen flackerte ein überaus gefährliches Feuer und die Zungenspitze, die frivol über der Oberlippe kreiste, machte Simon total nervös. Er schnaubte empört.

»Ich stamme schließlich nicht aus der Gosse wie Ihr«, schnappte er hochmütig. Fechttraining war selbstverständlich Bestandteil seiner Ausbildung gewesen. Gegen diesen spanischen Halunken würde er in jedem Fall bestehen können.

»Gebt mir einen Degen und ich werde Euch die erforderlichen Manieren schon beibringen.« Herausfordernd funkelte er Miguel an.

Der Spanier lächelte beinahe nachsichtig, doch ein wenig taxierender war der Ausdruck geworden. »Du bist wirklich zu herrlich, wenn du zornig bist. Voll innerem Feuer und ungezügelter … Leidenschaft.« Er betonte das letzte Wort, ließ den Blick anzüglich über ihn wandern. »Vielleicht ist deine Waffe schärfer als vermutet.«

Simon fühlte sich merkwürdig schwach unter diesem forschenden Blick und seine Beine schienen ihm weitaus weniger stabil als vorher.

»Vielleicht sollte ich dein Angebot wirklich wahrnehmen.« Ohne Eile erhob sich Miguel. Er war nicht viel größer als Simon, jedoch kräftiger gebaut, direkt vor ihm stehend, schon eine beeindruckende Erscheinung. Simon widerstand dem Impuls, zurückzuweichen. Nur flüchtig kam ihm der Gedanke, dass er den fremden Mann übereilt herausgefordert haben könnte. Freilich würde er nun nicht zurückziehen, es war eine Frage der Ehre.

Er reckte sich und schob das Kinn vor. Niemand beleidigte ihn ungestraft, schon gar kein diebischer Bastard, egal wie beeindruckend seine Erscheinung auch sein mochte.

»Dann werde ich mal schauen, ob Jean etwas Passendes für uns herumliegen hat. Dann darfst du mir gerne den blanken Hintern versohlen, mein hübscher Lord«, raunte Miguel, wandte sich ab und warf Simon über die Schulter augenzwinkernd zu: »Wenn du es denn vermagst. Sonst bin ich dran. Ich freue mich schon darauf.«

Noch immer wütend blickte Simon ihm hinterher, wurde derweil zunehmend unsicherer, ob es wirklich eine gute Idee gewesen war. Zweifel beschlichen ihn, inwiefern er in einem wirklichen Kampf gegen diesen Mann bestehen konnte.

Der Spanier verwirrte ihn inzwischen mehr als Jean. Er war das Gefühl nicht losgeworden, dass sich ihr Gespräch nur vordergründig um eine Auseinandersetzung mit Fechtwaffen gedreht hatte. Er brauchte sich nur Miguels hämisches Grinsen vor Augen zu führen und die eigenartig unsittlichen Gefühle, die er in ihm auslöste, um erneut wütend zu werden.

Er würde diesem dahergelaufenen, arroganten Kerl eine Lektion erteilen. Niemand durfte ihn dermaßen beleidigen, niemand ihn auf diese Weise anfassen. Was im Lagerraum passiert war, würde er ihm ebenso heimzahlen. Für jedes bisschen Verwirrung und Versuchung würde er ihn bezahlen lassen!

An Deck

Die Sonne strahlte gleißend und heiß auf sie herab. Sie standen sich auf dem offenen Deck gegenüber. Jeder mit einem Degen bewaffnet, umkreisten sie einander schon eine ganze Weile. Der größte Teil der Mannschaft war anwesend, ließ sich dieses besondere Schauspiel natürlich nicht entgehen.

Selbstverständlich wurde bereits gewettet. Simon hatte die Worte hinter seinem Rücken vernommen und war sich sicher, dass alle Wetten gegen ihn liefen. Grimmig presste er die Lippen aufeinander. Nun gut, er würde ihnen schon zeigen, was ein Gentleman wert war.

Für einen Moment glitt sein Blick unwillkürlich zu Jean, der gerade hinzugekommen war. Er stand mit verschränkten Armen im Schatten und beobachtete sie, vielmehr ihn. Sein sonst so beherrschtes Gesicht spiegelte Missfallen wider, Simon meinte sogar Wut darin zu entdecken. Der Blick lastete unangenehm auf ihm und er senkte rasch den Kopf.

Just in dem Augenblick sprang Miguel vor und führte einen plumpen Schlag gegen ihn, den Simon lässig parierte. Der Spanier grinste und schien sich überhaupt köstlich zu amüsieren. Simon wünschte sich in diesem Moment nichts sehnlicher, als ihm dieses dumme Grinsen aus dem Gesicht zu wischen.

Dieser selbstgefällige, anzügliche Blick würde dem Spanier noch vergehen! Weder Jean noch Miguel sollten ihn auf diese Weise ansehen dürfen. Er war ein Mann, kein unerfahrener Junge. Und vor allem kein Spielzeug, mit dem man nach Belieben verfahren konnte.

In einer raschen Abfolge von Schlägen und Stichen griff er an und trieb Miguel damit über das Deck zurück. Dieser wehrte sich kaum, duckte sich, wich geschickt aus. Dann hob er unerwartet schnell den Degen und blockte einen heftigen Schlag ab.

»Nette Spielerei, was du da mit dem Degen vollführst. Ich bin gespannt, was du noch alles zu tun vermagst«, raunte Miguel. Betont langsam löste er seine Waffe, sprang zurück, griff nun seinerseits an und trieb Simon zurück. Rasch konterte dieser und fing gewandt jeden Hieb des Spaniers ab.

Die Männer ringsum grölten bei jedem klirrenden Aufeinandertreffen der Waffen begeistert und ihr Gelächter flog mit den Kämpfern über die Planken.

Simon kniff die Augen zusammen. Vermutlich hat keiner von ihnen damit gerechnet, dass ich mich meiner Haut erwehren kann, dachte er. Nun, sie würden sich wundern, wie ein wahrer Gentleman zu kämpfen verstand. Er fühlte sich immer sicherer, nahezu euphorisch. Ohne zu zögern, griff er Miguel unablässig an, tanzte regelrecht um ihn herum, trieb ihn immer wieder mit seinen Attacken vor sich her, spielte alles aus, was er je gelernt hatte.

Schweiß lief ihm den Rücken hinab, die Haare klebten ihm an der Stirn, sein Herz schlug hart und schnell, die gespannte Erregung des Kampfes durchdrang ihn. Es tat gut, nicht mehr ein Opfer, keine willenlose Beute zu sein, tatenlos zusehen zu müssen, hilflos isoliert und gefangen. Er hatte genug davon, eine Beleidigung nach der anderen zu schlucken, Teil eines Spiels zu sein, das Jean mit ihm spielte. Eine Marionette, an deren Fäden der Pirat nach Belieben zog. Jetzt konnte er sich endlich dagegen wehren.

Miguels Lächeln verschwand nicht völlig, auch wenn er offensichtlich von den entschlossenen und immer heftigeren Angriffen überrascht war. Weiter wich er zurück, blockte die schnellen Hiebe ab, stolperte plötzlich über ein Tau und ging zu Boden. Hastig warf er sich herum, rollte sich hektisch aus der Reichweite der Waffe seines Gegners. Allerdings stand Simon noch immer an der gleichen Stelle und war ihm nicht gefolgt. Miguel runzelte verdutzt die Stirn, als Simon weiterhin keine Anstalten machte, ihn anzugreifen, während er am Boden lag. Stattdessen senkte dieser seine Waffe, ging zurück zum ursprünglichen Ort ihres Kampfes und wartete dort auf Miguel.

»Donnerwetter!« Er stemmte sich hoch. Sein Blick ruhte etwas länger nachdenklich auf Simons schlanker Gestalt. »Tatsächlich, ein echter, gottverdammter Gentleman!«, kam es ihm halb entgeistert, halb bewundernd über die Lippen und sekundenlang stand ein anderer Ausdruck in seinen Augen. Er näherte sich ihm langsam und viel vorsichtiger.

Simon erwartete ihn gelassen. Ringsum lachten, diskutierten und schrien die Piraten, genossen das Schauspiel in vollen Zügen. Wie Simon heraushörte, veränderten sich die Wetten deutlich zu seinen Gunsten.

Stolz richtete er sich auf. Dies war ganz nach seinem Geschmack. Nun würden ihn diese Piraten endlich auch als Mann respektieren.

Miguel bezog ihm gegenüber erneut Position und schüttelte ungläubig den Kopf. Sein Lächeln war noch da, nur die Augen musterten Simon jetzt lauernder, taxierten den Gegner.

Endlich hat auch er erkannt, dass er mich ernst nehmen muss, frohlockte Simon, nickte ihm respektvoll zu und griff erneut an. Mühelos trieb er ihn vor sich her, der nur hier und da halbherzig die Angriffe abblockte, sich oft genug einfach duckte und an anderer Stelle auftauchte.

Er war ohne Zweifel schnell, doch Miguel kam mit Simons ausgefeilterer Kampftechnik nicht zurecht. Immer wieder parierte er beinahe zu spät, wich irgendwann nur noch aus. Schließlich gelang es Simon, ihm den Degen mit einem heftigen Hieb aus der Hand zu schlagen. Verwundert starrte der Spanier seiner Waffe hinterher, die über das Deck davon schlitterte und in einem Haufen aus Tauen verschwand.

Triumphierend blickte ihn Simon an und senkte augenblicklich seinen Degen. Hochmütig und aufrecht stand er da, versuchte seinen unpassend, keuchenden Atem zu kontrollieren und stolz zu wirken.

Ein überraschendes Glücksgefühl durchströmte ihn, als er Miguel vor sich in die Knie gehen sah. Weit öffnete der Spanier seine Arme in einer Geste der Kapitulation. Die schwarzen Augen hatten jeden Spott verloren, blickten ihn offen bewundernd an.

Simon dachte nicht lange drüber nach, tat, was man ihm beigebracht hatte: Den unterlegenen Gegner zu respektieren, seine Kapitulation anzunehmen. Er trat auf den besiegten Mann zu und bot ihm freundschaftlich die Hand an.

Dass derlei Geste unter diesen gottlosen Menschen nicht angebracht war, erfuhr er schnell und sehr schmerzhaft.

Miguel packte die dargebotene Hand, zerrte ihn heftig nach vorne, wobei Simon das Gleichgewicht verlor und hart zu Boden ging. Überrascht keuchte er auf, ließ prompt den Degen los. Im nächsten Moment, schon wurde ihm der rechte Arm auf den Rücken gedreht. Miguel zog ihn halb hoch und die andere Hand griff nach vorne, umklammerte schmerzhaft eine überaus empfindliche Stelle zwischen Simons Beinen.

Gequält zischte dieser auf, wagte es freilich nicht mehr, sich zu heftig zu bewegen, denn der Griff verstärkte sich augenblicklich, wenn er sich nur leicht anspannte.

Ringsum waren Rufe und Stimmen verstummt. Sämtliche Augenpaare richteten sich auf die zwei Männer.

»Im Prinzip gut gekämpft, mein heißblütiger, englischer Lord«, vernahm er Miguel leise in seinem Nacken. Warmer Atem strich über die feinen Härchen, ließ sie vibrieren und sandte Schauer über Simons Nacken. »Dein Leichtsinn und diese dumme Ehre haben dich dennoch letztlich zu Fall gebracht. Das wird dich nicht retten, wenn du wirklich kämpfen und überleben willst.«

Auch Miguels Atem ging stoßweise, sein Schweiß tropfte auf Simons Nacken und Hals und hinterließ ein seltsames Gefühl auf der Haut. So eng der Körperkontakt, Haut rieb an Haut und er konnte Miguels Herz an seinem Rücken schlagen spüren. Zu nah. Das war viel zu nahe.

»Wenn man kämpft, dann kämpft man mit allem, was man hat«, meinte Miguel eindringlich. »Und ein Mann ohne Ehre hat wesentlich mehr Möglichkeiten, vergiss das niemals.«

Sein Atem wurde heißer, als er sich vorbeugte. Simon spürte etwas Feuchtes an seiner Wange, erkannte entsetzt, dass er ihm mit der Zunge darüber fuhr.

»Ein jeder Kampf ist erst dann zu Ende, wenn man bekommen hat, was man möchte«, wisperte Miguel ihm ins Ohr und sein fester Griff um Simons Genitalien lockerte sich.

Erleichtert atmete Simon auf, unterdrückte krampfhaft ein Stöhnen, als der Daumen stattdessen zu kreisen begann. Er zuckte erneut zusammen, als ihn Miguels Zunge am Ohr berührte und überaus merkwürdige Schauder durch seinen Körper fließen ließ. Wo Miguels Hand locker im Schritt lag, wurde es immer wärmer.

»Diesmal gibt es viel zu gewinnen, scheint mir«, raunte Miguel. Erstarrt lauschte Simon der eindringlichen Stimme. Sein Körper verselbstständigte sich, reagierte instinktiv auf die Berührung. Er war völlig machtlos dagegen.

»Ich habe gewiss keine Ehre, aber wenn es sich lohnt, kämpfe ich mit allen Mitteln für das, was ich begehre«, wisperte Miguel so leise, dass wirklich nur Simon es vernehmen konnte. Finger fuhren mit sanftem Druck über seine deutliche Erektion und starr vor Entsetzen spürte er, wie sein Glied weiter anschwoll. Hitze breitete sich in ihm aus, wie er sie nie zuvor gespürt hatte. Dieses Mal konnte er es nicht verhindern, nicht einmal verleugnen: Die Berührung gefiel ihm, er sehnte sich plötzlich danach, dass kein Stoff zwischen ihnen sei.

»Miguel!« Jeans ungewöhnlich scharfe Stimme durchschnitt die Stille. Miguel wie Simon zuckten zusammen. »Lass ihn sofort los!«

»Spielverderber.« Miguel seufzte bedauernd, erhob sich langsam und ließ Simon dabei gehen.

Sofort drehte dieser sich um, blickte ihn perplex an. Noch immer spürte er den festen Griff um seine Genitalien, empfand Bedauern, dass der Druck fort war. Verstört richtete er sich auf, blieb jedoch zunächst sitzen und beruhigte seine Atmung.

Wieso bedauerte er den Verlust der Nähe? Verwirrt schüttelte Simon den Kopf, als ob er sich aus einem Traum lösen müsse. Erst langsam begriff er, dass Miguel seinen überlegenen Sieg heimtückisch in eine Niederlage verwandelt hatte.

Jean marschierte auf sie zu. Der Blick seiner braunen Augen war hart geworden und sie hatten sich gefährlich verengt, als er ganz dicht an Miguel herantrat.

»Übertreibe es nicht, mein Freund. Du spielst ein extrem gefährliches Spiel«, flüsterte er drohend, so leise, dass nur Simon es mitbekam. »Ich warne dich kein zweites Mal. Komm mir nicht in die Quere! Dieses Mal wäre ich nicht so nachsichtig.« Miguel sah ihn mit starrem Ausdruck an, die Lippen eine dünne Linie. Beide Männer durchbohrten sich, fochten ein stumm geführtes Blickduell. Simon spürte die starke Spannung zwischen ihnen, erwartete, dass Miguel oder Jean ihre Waffen ziehen würden.

Ersterer senkte schließlich eine winzige Nuance den Kopf. »Dein Spiel«, flüsterte er und wandte sich abrupt ab.

Jean blieb noch einen Moment steif stehen, dann bot er Simon seine Hand an, der sie noch ganz durcheinander von dem eigenartigen Verhalten der Männer, ergriff und sich aufhelfen ließ.

»Damit ist das Schauspiel vorbei!«, beendete Jean den Kampf, was die Piraten nur widerwillig murrend oder fluchend hinnahmen und sich nach und nach verstreuten.

»Ein solcher Kampf ist niemals fair«, bemerkte Jean an Simon gewandt, betrachtete ihn abschätzend und strich ihm unerwartet eine Haarsträhne aus dem Gesicht.

Simon wich zurück, als Jean ihm spielerisch durchs Haar fuhr und ihn nachdenklich betrachtete. »Besser du lernst es schnell, mein junger Freund.«

Mit etwas mehr Nachdruck ergänzte er: »Hierbei kann es nur einen Sieger geben. Etwas anderes werde ich nicht zulassen.«

Unvermittelt wandte er sich ab, ließ den perplexen Simon stehen und verschwand unter Deck. Simon schaute ihm verunsichert nach. Was sollte das nun wieder bedeuten?

»Tss, tss«, machte Miguel und trat neben ihn. Simon zuckte abermals zusammen, wich zur Seite. Auf gar keinen Fall wollte er sich mit dem Spanier unterhalten. Zu sehr brannte die Schande der Niederlage. Zudem war es ihm unheimlich, wie extrem er auf dessen Berührungen reagiert hatte.

Entschlossen wandte er sich um, zog sich im Laufen das Hemd aus. Er trat an die Wassertonne heran, die ihnen zur Erfrischung diente und die seines Wissens nach nur er zum Waschen nutzte. Er musste dieses Gefühl der Hände auf ihm sofort abspülen, sich von aller Sünde befreien. Dann würde sich auch diese Verwirrung legen.

Kraftvoll schöpfte er sich das warme Wasser ins Gesicht, über den Oberkörper und Rücken. Das Gefühl der warmen Hand, des erregenden Knetens seiner Hoden blieb.

Miguels Gegenwart wurde er sich erst bewusst, als dieser dicht neben ihn trat. Simon wich zur Seite. Um keinen Preis sollte er wissen, wie er sich fühlte, was er für starke Gefühle in ihm ausgelöst hatte.

»Versüßt er dir die einsamen Nächte fern deines Heims?«

»Was?«, brachte Simon verblüfft hervor und wirbelte herum. Glut stieg in seine Wangen.

Die schwarzen Augen blickten ihn ernst, nahezu traurig an und darin war kein Spott, nichts von dem, was er sonst darin gefunden hatte. Ihr Ausdruck war sehnsüchtig. Simon schluckte hart und abermals löste Miguels Anblick Wärme in ihm aus.

»Bei deinem Aussehen, diesem biegsamen jugendlichen Körper und deinen engelsgleich vollen Lippen, wird er diesem Vergnügen ganz gewiss nicht abgeneigt sein.« Unecht lässig zuckte Miguel beiläufig die Schultern, unterbrach den Blickkontakt, entledigte sich ebenfalls seines Hemdes und begann, sich direkt neben ihm zu waschen.

Was unterstellte er Ungeheuerliches? Simon wollte ihm wütend etwas entgegnen, jedoch wurde seine Aufmerksamkeit unvermittelt von dem Anblick des nackten Oberkörpers gefangen genommen.

Die dunkle Haut schimmerte wie Bronze, während das Wasser Miguel über den Rücken rann. Mehrere dünne, hellere Narben waren zu sehen.

Simon konnte nicht umhin, das Spiel der flachen Muskeln unter der Haut zu bemerken.

Ohne Zweifel, der Spanier war ein stattlicher Mann und sein Anblick dürfte manches Frauenherz höherschlagen lassen. Ihm haftete eine betörende Mischung aus Abenteuer, Stärke und Verruchtheit an.

Gewaltsam riss Simon sich von dem Anblick des blanken Rückens los und versuchte sich seiner eigenen Wäsche zu widmen. Sein Herz schlug schnell und hart. Was deutete dieser Spanier an? Er sollte ihm einfach nicht mehr zuhören, gewiss hatte er nur unsittliche Gedanken.

»Jean ist wie sein Name«, meinte Miguel. »Ledoux.« Er lachte, jedoch klang es nicht wirklich humorvoll.

»Es bedeutet ›Der Sanfte, der Zärtliche‹. Wusstest du das nicht, mein junger Lord?« Schmunzelnd ergänzte er mit Nachdruck: »Er trägt ihn völlig zurecht.«

Simon presste die Lippen zusammen und zog sich das Hemd wieder über. Bestimmt wollte ihn der Spanier provozieren. Was ging es ihn an, welche Bedeutung Jeans Name hatte? Er wollte das nicht wissen. Er sollte aus Miguels Nähe verschwinden und ihm nie wieder nahekommen.

»Weißt du …«, Miguel ließ sich das Wasser über die Brust laufen.

Simons Augen folgten unwillkürlich einem dünner werdenden Rinnsal über die Brust, durch die schwarzen Haare, hinunter zum Bauchnabel. Völlig fasziniert beobachtete er, wie es entlang der Linie dunkler Haare langsam im Bund der braunen Hose verschwand. Sein Atem beschleunigte sich, ebenso wie sein Herzschlag. Im Unterleib begann es stärker zu ziehen.

Was zum Teufel war mit ihm los? Was löste der Spanier in ihm aus? Wieso konnte er dem nichts entgegensetzen? Er wollte sich brüsk abwenden, stattdessen hing sein Blick wie hypnotisiert an dieser Linie aus schwarzen Haaren, in der die Wassertropfen glitzerten.

»Ich kenne ihn schon sehr lange«, bemerkte Miguel wie aus weiter Ferne. »Er ist wirklich gut. Mit der Zunge, den Händen und allem anderen natürlich auch.«

Simon hörte ihn, vermochte jedoch nicht, sich abzuwenden. Miguels deutlich sichtbare Muskeln am Bauch hoben und senkten sich, während er weiter sprach: »Sanft, zärtlich, wenn nötig leidenschaftlich. Er weiß so genau wie man einen anderen Mann verwöhnt.« Miguels Stimme bekam einen leicht sehnsüchtigen Tonfall. »Wir hatten viele heiße Nächte. Liebe war es natürlich nie, Verlangen und Lust dafür im Überfluss.«

Faszinierend spielten die Muskeln unter der dunklen Haut, und Simon nahm nur am Rande wahr, was er sagte.

Miguels Hose saß etwas zu tief, gerade eben auf der Hüfte. Wenn sie nur um wenige Zentimeter tiefer rutschen würde, könnte man den Ansatz seiner schwarzen Schamhaare sehen, fuhr es Simon jäh durch den Kopf. Schlagartig zuckte er zusammen und registrierte verspätet Miguels Worte. Hitze stieg ihm ins Gesicht und entgeistert blickte er auf.

»Das ist … Ihr seid doch beide Männer?«, brachte er hastig hervor; es gelang ihm nicht, den empörten Ton zu treffen, den er eigentlich beabsichtigt hatte. Zu spät bemerkte er, dass es eher wie eine verschämte Frage klang, und biss sich auf die Lippe.

»Ja, aber natürlich!« Miguel wirkte belustigt. Er beugte sich ein wenig vor und maß Simon mit einem tiefen Blick. »Worauf du wetten kannst!«

Hände glitten über die feuchte Brust an seine Hose und er hakte die Daumen lässig in den Bund ein, schob sie damit ein wenig weiter hinunter. Simon sog zischend die Luft ein, als sein Blick die ersten dunklen Haare erfasste.

»Mit jeder Faser, mein Lord. Mit wirklich allem was so dazugehört«, erklärte Miguel lauernd und leckte sich lasziv über die Lippen.

Simon wollte angewidert zurückweichen, seine Beine ihm jedoch nicht mehr gehorchen. Offenbar hatte ihn der Kampf mehr Kraft gekostet als gedacht. Denn auch seine Knie fühlten sich plötzlich recht weich an. Beinahe hatte er das Gefühl, Halt suchend nach Miguels Schulter greifen zu müssen, beherrschte sich allerdings, den anderen Mann nicht anzufassen, egal wie sehr es ihn gerade danach verlangte.

»Das ist … widernatürlich«, würgte er mühsam hervor, hob den Blick entschlossen von Miguels Brust und Bauch zu dessen Gesicht.

In diesen Augen war keine Spur von Spott zu erkennen. Ernst und beinahe traurig schaute er ihn an. Erneut hatte Simon das hilflose Gefühl, in den seltsamen Bann dieser schwarzen Augen gezogen zu werden. Er bemerkte kaum, wie Miguels Hand zögernd hochkam, sich sanft auf seine Schulter legte, von dort höher wanderte und betörend warm in seinem Nacken liegen blieb.

»Das sagst du nur«, hauchte Miguel mit dunkler, sinnlicher Stimme, wie ein Flüstern, wie ein magisches Versprechen im Wind, »… weil du noch nie von solch verbotenen Früchten kosten durftest.«

Simon war völlig unfähig sich zu rühren. Die zärtliche Berührung sandte warme Schauder durch seinen Körper. Miguels Augen hielten ihn gefangen, zogen ihn in ihren schwarzen Abgrund und er versank in ihnen.

»Hast du je den süßen Nektar reiner Lust probieren dürfen, Simon?«, raunte die lockende Stimme aus der Tiefe, erklang um ihn, in ihm. Ihm wurde heiß. Dichter zog die Stimme ihn an den Abgrund heran, lockte ihn weiter und weiter.

»Weißt du, wie es ist, dich völlig, mit allen Sinnen und voll Vertrauen einem Mann hinzugeben?« Ein Finger malte Kreise in seinen Nacken. »Weißt du, wie es sich anfühlt, erhitzt, von Sinnen vor Wollust, die Körper aneinander zu reiben, sich gegenseitig Lust zu geben und zu empfangen?«

Miguels Hand kraulte zart durch Simons Härchen im Nacken, strich sanft über die erhitzte Haut am Hals und Schlüsselbein, verursachte winzige, lustvolle Reize. Bewegungsunfähig unterlag Simon dem hypnotischen Klang der dunklen Stimme, fühlte, wie sein Körper sich dichter an den Spanier drängte, seine Worte, wie puren, wundervollen Wein in sich aufnahm. Er war gefangen in dem Moment, unfähig zu denken, zu handeln. Alles war Begehren. Er wollte endlich fühlen, nicht mehr dagegen kämpfen, sich überlassen.

»Ich könnte es dich lehren …«, versprach diese verführerische Stimme dicht an seinem Ohr. »Dir zeigen, was du fühlen kannst, zu was für Empfindungen du fähig bist. Dir beibringen, den höchsten Reichtum dieser Welt zu kosten. Ich kann dir alles geben.« Miguels Stimme war nur noch ein wisperndes, verlockendes Flüstern. Heiß brodelte der Widerhall durch Simons Körper, zog seine Lenden lustvoll und schmerzhaft zugleich zusammen. Ein Zittern durchlief ihn, als Miguels Finger nun weich über seine Kehle glitten.

Etwas geschah mit ihm, zerrte ihn in diesen Abgrund, der stets lauerte, und er verlor nach und nach jeden Halt. Der Stoff seiner Hose spannte unangenehm im Schritt, die Süße der Verlockung floss durch seine Adern, berauschte jeden Nerv.

Simons Atem ging hektisch, kam stoßweise, das Herz raste so schnell, dass es ihm die Brust zerreißen wollte. Tief sog er den herben, männlichen Duft ein, wollte ihn kosten, ihn schmecken. Er wollte die Lippen öffnen, die Augen schließen, sich einfach fallen lassen in den Strudel der Emotionen …

Hoch über ihnen schrie eine Möwe misstönend auf. Dann war der seltsame Moment abrupt vorbei. Perplex starrte Simon auf die Hand, die noch in seinem Nacken lag. Miguel hatte ihn zu sich gezogen, der Daumen seiner anderen Hand wanderte sanft am Kinn zu den Lippen.

Augenblicklich wich Simon zurück und schlug die Hand schockiert weg. Noch immer schlug sein Herz viel zu heftig, er drohte zu ersticken, so eng hatte sich die Kehle zusammengezogen.

»Fasst mich … mich nicht an«, presste er hervor, kaum noch in der Lage zu sprechen. Er wich weiter zurück, machte eine abwehrende Geste, als der Spanier ihm einen Schritt folgte. Schwarze, sehnsuchtsvolle Augen, voll Leidenschaft, voller Versprechungen folgten seinen Bewegungen.

»Vielleicht wirst du einmal anders darüber denken«, meinte Miguel, seine Stimme hatte ihren betörenden Klang verloren. »Ich kann warten. Ich warte schon lange auf jemanden wie dich.«

Ein leichtes Lächeln umspielte seine Lippen, die Simon nun mit einem Mal unglaublich begehrenswert erschienen. Die Zunge leckte aufreizend darüber, sandte neue Impulse durch Simons entsetzten Geist und erregten Körper.

Wie es sich anfühlen mochte, diese festen Lippen zu kosten, dachte Simon sehnsüchtig, erschrak gleich darauf bei dem absurden Gedanken.

Miguels Blick fand abermals seine Augen.

»Ich kann warten. Wie Jean.« Mit einem solchen Blick bedachte ein Mann keinen anderen, schoss es Simon durch den Kopf. Es war einfach nicht richtig.

»Sein Interesse an dir macht mit Sicherheit nicht an deinem Wert als Geisel halt, nicht wahr?«, fragte Miguel verständnisvoll.

Simon vermochte nicht, ihm zu antworten. Wie sollte er erklären, was Jean von ihm wollte, wenn er es selbst stets vehement verleugnete, die Augen verschloss vor dem, was nicht sein durfte?

Miguel nickte. Ein Ausdruck von Bedauern überzog das südländische Gesicht; tief darunter schwelte eine unheimliche Gier, die Simon vor ihm zurückweichen ließ.

Seine Gedanken tobten heiß und wirr, er war nicht in der Lage, einen einzigen klaren Gedanken zu fassen. So lange kämpfte er schon und nun drohte er zu versagen. Es war alles zu viel, damit konnte er nicht umgehen. Das durfte alles nicht sein.

»Bleibt mir fern!«, stieß er in Panik hervor, wirbelte herum und rannte davon.

Dieser Mann war viel zu gefährlich. Viel gefährlicher als selbst Jean! Er riss ihn endgültig in diesen Abgrund, den er in sich barg, der ihn unweigerlich verschlingen würde, wenn er sich nur einen unbedachten Moment gönnte. Er war pures Gift!

An den darauf folgenden Tagen ging er Miguel und Jean aus dem Weg, soweit es sich auf dem beengten Raum des Schiffes eben machen ließ. Er mied ihre Gesellschaft, hielt sich in den kurzen Gesprächen mit Jean stets zurück und beschränkte sich nur auf das Notwendigste. Nach wie vor suchte Jean immer wieder seine Gesellschaft, doch er bedrängte ihn nicht weiter.

Simon vermied es, ihm zu nahe zu kommen, wich stets den Berührungen aus, blieb wortkarg und zurückhaltend. Daher bekam er auch nur indirekt mit, wohin ihre Reise ging. Er schloss aus den Gesprächen der anderen Piraten, dass sich Jean hatte überreden lassen, nach Saint Frate zu segeln, wo Miguel angeblich einen großartigen Gold- und Silberschatz verborgen hatte.

Die Piraten sprachen von nichts anderem mehr. Denn natürlich hatte man ihnen ihren Anteil an dem sagenhaften Schatz versprochen, der bei jeder Erwähnung weiter wuchs. Verächtlich lauschte Simon, hielt es jedoch nicht für nötig, sie darauf hinzuweisen, dass ein Schatz von solch einer Größe wohl kaum von einem einzelnen Dieb zusammen gestohlen werden konnte. Sie würden es schließlich selbst erleben.

Dieser Bastard war nicht nur ein Dieb, sondern auch ein Lügner und Hochstapler. Die Aussicht auf den immensen Reichtum versetzte die Piraten in regelrechte Euphorie.

In Simon hingegen wuchs die Hoffnung, wenn sie sich dem Land näherten, dass er eine Gelegenheit zur Flucht fand. Das merkwürdige Erlebnis mit Miguel hatte in ihm die Überzeugung reifen lassen, dass er zunehmend unter den schlechten Einfluss dieser verfluchten Piraten geriet und so rasch wie möglich fliehen sollte, um nicht dem Laster und der Sünde zu erliegen. Gut erinnerte er sich an die Worte zu Beginn seiner Gefangenschaft: »Wer unter Piraten lebt, wird selbst zu einem.« Die furchtbare Wahrheit darin, war ihm inzwischen sehr bewusst geworden.

Zwischen Miguel und Jean schien unterdessen die Spannung zu wachsen. Mehr als einmal waren die beiden Männer in heftige Gespräche vertieft, die sie rasch vor Simon oder der Mannschaft abbrachen.

Eines Abends kam es sogar in Jeans Kajüte zu einem heftigen Streit. Simon, der ihnen servieren sollte, hörte polternde Geräusche, als er sich der Tür näherte. Er klopfte dennoch höflich und hörte gleich drauf Jeans Stimme kalt und drohend durch die Tür: »Ich habe dein Wort, Miguel! Du bekommst deinen Anteil und verschwindest. Wenn ich dich danach noch einmal sehe, werde ich dich eigenhändig töten.«

Direkt vor Simon wurde die Tür heftig aufgerissen und Miguel stürmte heraus, rannte ihn beinahe um. Abrupt stoppte er ab, als er ihn erkannte. Sein Gesicht war zornig verzerrt und Blut sickerte aus einer frischen Wunde am Arm, wo auch sein Hemd zerrissen war.

Miguel schluckte hart, während er Simon aus brennenden Augen anstarrte und sein Ausdruck wandelte sich, wurde eigenartig sehnsüchtig. Ganz langsam öffnete er die Lippen, aber kein Ton kam heraus. Hinter ihm erklangen Jeans Schritte und Miguel drängelte sich rasch vorbei und verschwand.

»Komm herein«, forderte Jean Simon freundlich auf, der irritiert in der Tür stehen geblieben war und Miguel verblüfft hinterher sah.

Jean schloss die Tür hinter ihm und näherte sich, als er das Essen absetzte. Seine Nähe wurde ihm erst unangenehm bewusst, als der andere Mann die Hände plötzlich auf seine Schultern legte und ihn bestimmt zu sich herumdrehte. Sofort schlug Simons Herz schmerzhaft hart. Erschrocken blickte er zu Jean auf, der ihn nachdenklich musterte.

»Dir wird bei mir nichts passieren«, versicherte Jean entschlossen. Mit einem zärtlichen Blick streifte er Simons Gesicht. »Du musst mich nicht mehr fürchten, Simon. Ich garantiere für dein Leben. Solange du bei mir bist, wird dir nichts geschehen. Von niemandem.«

Nicht zum ersten Mal wirkte der Pirat aufgewühlt, die Augen voll innerem Schmerz und dieser brennenden Leidenschaft, die Simon extrem verunsicherte. Langsam näherte Jean sein Gesicht dem seinen.

Simon wich hastig zurück, als er erkannte, dass ihn Jean erneut küssen wollte. Nur einen Moment wurde der Griff fester, fast schmerzhaft, im nächsten Moment ließ er Simon schon los, trat zurück und wandte sich rasch ab.

»Du kannst gehen.«

Simon flüchtete so schnell er konnte aus der Kajüte. Was geschah hier? Zwischen ihm, Jean und Miguel war etwas im Gange, was er nicht verstehen wollte, ihn zutiefst verunsicherte.

Hatten sie sich womöglich wegen ihm gestritten? Jeder der Männer versuchte, sich ihm zu nähern.

Während er sich vor Jean jedoch immer mehr fürchtete, erregten ihn Miguels Berührungen auf eine Weise, wie sie es nicht tun sollten. Er konnte es nicht verbergen und auch nicht mehr kontrollieren, egal wie sehr er versuchte, es zu ignorieren.

Simon flüchtete sich an Deck, wanderte unruhig hin und her und blieb schließlich an der Reling stehen. Stöhnend krallte er sich an dem Holz fest und starrte in das Wasser unter sich.

Noch immer schlug sein Herz viel zu schnell. Seine Gedanken rasten, überschlugen sich und drehten sich um diese beiden unterschiedlichen, jeder auf seine Weise überaus gefährlichen, Männer.

Wie hatte er nur in diese Situation geraten können? Jean hatte ihn mit seiner Entführung in dieses Spiel gezwungen. Mehr als einmal hatte er ihm gesagt, dass ihr Schicksal miteinander verbunden war. Oft schon hatte er sich ihm vertraulich genähert und Simon war stets standhaft geblieben, hatte alles verdrängt, seine Gefühle hinter jener Mauer verschlossen, die sein Innerstes seit vielen Jahren schützte.

Jeans sanftes Gift hatte sich dessen ungeachtet schleichend in seinem Blut verbreitet. Nun kam dieser Spanier mit seinen hypnotisch schwarzen Augen, die ihm alles zu versprechen schienen, seine Mauer durchbrachen und das schwelende Gift zu einem lodernden Feuer entfachten.

Simon schloss gequält die Augen, erkannte unweigerlich die Wahrheit: Er war nicht stark genug. Zu lange schon kämpfte er diesen verzweifelten Kampf mit seinen Sehnsüchten und Wünschen, die nicht sein durften, und wurde dabei immer schwächer; er wusste es. Jean hatte es ihm schon einmal gesagt: »Du kämpfst gegen dich selbst, Simon. Du kannst nur verlieren.«

Er musste fliehen, um jeden Preis. Er musste dieser sündigen Versuchung für immer entkommen. Nur so konnte er seine Seele vor der endgültigen Verdammnis retten.

Gott hatte ihm keine Hilfe geschickt, so sehr er auch darum gefleht hatte. Stattdessen führte ihn der Teufel höchstpersönlich in der Gestalt des Spaniers noch mehr in Versuchung.

Schwermütig stützte sich Simon auf das Geländer, sackte daran hinab und vergrub den Kopf in seinen Armen. Was sollte er nur tun?

Ob Gott ihn vergessen hatte? So sehr er es sich auch wünschte, er bekam keine Antwort und schleppte sich schließlich hinunter in seine Hängematte.

Zwei Tage lang sah er weder von Jean noch von Miguel viel. Die drei Männer schienen sich alle aus dem Weg zu gehen. Erst am dritten Tag ließ ihn Jean abends in seine Kajüte rufen. Simon fühlte sich zugleich ertappt wie auch ängstlich und verunsichert, was der Pirat von ihm wollte. Aber und abermals gingen ihm Miguels Worte durch den Kopf. Seitdem er ihn einmal darauf hingewiesen hatte, wusste er auch Jeans Blicke und seine flüchtigen Berührungen unwiderruflich zu deuten.

Jean verfolgte ganz bestimmte Absichten. Simon fürchtete den Moment, wo der Piratenkapitän sich womöglich nicht mehr zurückhalten würde. Sein Herz schlug auf dem Weg zur Kajüte immer wilder in seiner Brust und betroffen registrierte er, dass seine Handflächen feucht wurden, als er klopfte und die nur zu vertraute Stimme Jeans ihn hereinrief.

Simon fühlte sich versucht, den Kopf zu senken wie ein Bediensteter, erinnerte sich derweil gerade noch rechtzeitig an seine Würde und zwang sich, Jean offen und direkt in die Augen zu sehen. Auf gar keinen Fall würde er sich etwas von seinen Befürchtungen anmerken lassen.

Er schluckte das Unbehagen hinab und trat sicheren Schrittes auf Jean zu. Er durfte vor ihm keine Schwäche zeigen, ihn nicht sehen lassen, wie er ihn verwirrte, wie sehr er fürchtete, dass er sich ihm abermals unziemlich nähern würde.

Ich bin zwar sein Gefangener, dennoch bin ich deshalb nicht schwach und hilflos, schwor sich Simon entschlossen. Egal was er von mir will, ich werde mich weiterhin dagegen wehren.

»Simon!«, Jean lächelte ihn freundlich an und fuhr unbekümmert fort, als er nicht auf ihn zukam: »Nimm doch Platz.«

Einladend wies er auf einen Stuhl, wartete hingegen nicht, bis Simon sich gesetzt hatte, sondern setzte sich selbst, faltete die Hände sorgfältig vor sich und verfolgte Simons Bewegungen mit den Augen.

Mit heftig pochendem Herzen nahm Simon Platz, legte seine Hände übereinander, um das winzige, verräterische Zittern zu verheimlichen, das ihn nun doch befiel. Das Bild von Jeans Gesicht, das sich ihm zu einem Kuss zuneigte, tauchte vor ihm auf, Hände, die lockend und fordernd über seinen Körper fuhren, doch er verdrängte hastig jeden Gedanken daran.

»Du weißt schon von unserem Ziel?«, fragte Jean ihn ohne Umschweife.

Simon nickte bestätigend. Jean lächelte zufrieden. »Wir werden morgen Saint Frate anlaufen. Das Fort ist gut befestigt und es ist überaus unwahrscheinlich, dass wir mit unseren Kanonen dagegen etwas ausrichten können. Miguel hat mir gesagt, wo er seinen Schatz versteckt hat, nur würde es keinen Sinn machen, dort einfach hineinzustürmen.« Er öffnete seine Hände, um sie mit den Fingerspitzen aneinanderzulegen. »Er hat ihn in einem Haus versteckt, das wir auch anders erreichen können. Damit wird es leichter und zugleich auch schwerer.«

Jean lächelte versonnen, während ihn Simon unsicher ansah und unbehaglich hin und her rutschte.

Warum eröffnete ihm der Piratenkapitän das alles? Was ging es ihn an, welche Verbrechen sie planten? Er wollte von weiteren Morden und Gräueltaten nichts mehr wissen.

»Kurzum, wir werden es ein wenig subtiler angehen müssen«, fuhr Jean fort.

Simon blickte ihn fragend an und konnte sich keinen Reim darauf machen, warum Jean ihm davon erzählte.

»Unglücklicherweise hat Miguel den Schatz auf dem Anwesen eines wohlhabenden Händlers mitten in der Stadt versteckt. Weiß der Teufel, was ihn dazu getrieben hat.« Lächelnd schenkte sich Jean Wein ein und bot auch Simon ein Glas an. Er nickte dankbar, froh, dass seine Hände sich um etwas schließen durften, und Jean nicht sah, wie sie zitterten.

»Miguels Gesicht ist in Saint Frate hinreichend bekannt. Er dürfte mittlerweile gewisse Schwierigkeiten haben, selbst zu dem fraglichen Anwesen unbemerkt Zutritt zu erlangen.« Jean nahm einen tiefen Schluck und betrachtete Simon lange und intensiv. »Das ist der Moment, wo du ins Spiel kommst, Simon.«

Dessen Kopf flog hoch und beinahe hätte er vor Schreck das Glas umgestoßen. »Wie bitte?« Das war doch hoffentlich ein Scherz. Jedoch blieb Jeans Ausdruck unverändert ernst.

»Ihr erwartet, dass ich Euch bei einem Raubzug helfe?«

»Kein Raubzug.« Jean lächelte unverwandt, Simon kannte ihn hingegen gut genug, um das winzige, gefährliche Funkeln in den Augen zu bemerken. Ab jetzt musste er auf der Hut sein. »Wir holen uns nur Miguels Beute. Alles, was du tun musst, ist dir Zugang zum Haus zu verschaffen und uns später in den Stall zu lassen.«

»Das werde ich gewiss nicht tun. Ich bin nicht Euer Handlanger!«, schnaubte Simon empört und wollte aufspringen. Jeans Hand schoss blitzschnell vor und umklammerte hart sein Handgelenk, sodass er einen überraschten Schmerzlaut ausstieß. Augenblicklich zog Jean ihn zu sich heran. Er wehrte sich nur halbherzig, wusste aus Erfahrung, dass es ihm nichts nutzen würde.

»Ich bin an sich kein Freund von Blutvergießen.« Der Blick aus den harten Augen bohrte sich in ihn, ließ ihm keinen Ausweg, keinen Raum für Flucht. »Wenn du uns hilfst, wird weitaus weniger Blut fließen.«

Sofort horchte Simon auf, als sich die Stimme veränderte, eindringlicher und drängender wurde.

»Andernfalls müssten wir uns sonst gewaltsam Zutritt verschaffen, die gesamte Familie und die Dienerschaft umbringen und am Ende gelangen wir ebenso an die Beute, als wenn du uns von vornherein hilfst.« Unverwandt starrte Jean ihn an. Gewiss registrierte er, wie Simon mehrfach schlucken musste, dann ließ er ihn los.

Betroffen setzte Simon sich und versuchte sich zu sammeln. Das war keine leere Drohung. Jean war unglaublich gefährlich. Er würde ohne zu zögern töten. Ihre Leben galten ihm nichts, wenn sie zwischen ihm und seinem Ziel standen.

Simon fühlte noch immer eine Gänsehaut, wo Jean ihn gepackt hatte. Kälte zog sich von dort aus hoch zum Herzen. Rasch wandte er den Blick ab und unterdrückte das Beben.

»Du siehst, es wäre angebracht, mir zu helfen, wenn du Schlimmeres verhindern willst«, erklärte Jean versöhnlicher. »Vor allem da Lord Realmaer zwei kleine, entzückende Töchter hat. Es wäre schade, ihr Leben so früh beendet zu wissen.«

Mit aufgerissenen Augen starrte Simon ihn an.

»Das würdet Ihr nicht …«, begann er, brach ab, als er die Wahrheit in Jeans Augen erkannte. Das durfte er nicht zulassen. Unter gar keinen Umständen. Unschuldige würden sterben, wenn er sich weigerte.

»Wirst du mir also helfen?«

Simon wusste, dass er die Antwort natürlich schon kannte. Er spielte ein perfides Spiel mit ihm. Jean wusste ganz genau, wie er reagieren würde, und bog ihn sich zurecht, wie er es wünschte. Er war ihm völlig ausgeliefert. Sein Spielzeug, sein Besitz.

Langsam, wie betäubt, nickte Simon.

»Gut, dann verstehen wir uns also«, meinte Jean zufrieden. Unvermittelt, jedoch wesentlich sanfter als zuvor ergriff er Simons Hand, der sich nicht mehr traute, sie zurückzuziehen.

Was würde er ihm noch alles antun?

Er fürchtete Jean mehr als je zuvor, fürchtete, was er in ihm sah. Unsicher blickte er ihn an. Jean schien in Gedanken weit weg zu sein, seine Fingerspitzen glitten spielerisch über Simons Haut.

»Weißt du eigentlich, was die Bukaniere wirklich sind?« Er streichelte zart über die Innenseite der offenen Hand.

Stumm schüttelte Simon den Kopf, saß wie erstarrt da, alle Sinne auf den Franzosen gerichtet. Die Wärme der Fingerspitzen schien von der Handfläche langsam den Arm hinauf zu gleiten, wie ein betäubendes Gift.

»Nein.« Jean, klang bedauernd. »Natürlich nicht. Woher solltest du auch …« Er wirkte nachdenklich und unterbrach kurz seine streichelnden Berührungen.

»Etwa vor achtzig Jahren hat sich in der Karibik aus einer Gemeinschaft von Freibeutern, überwiegend Franzosen und Flüchtlingen, ein Bund gebildet, der sich fortan: »Bruderschaft der Küste« nannte. Alle Bukaniere sind ein Teil dieses Bundes.« Sein Blick hing unverwandt an Simons Gesicht. »Es ist eine eingeschworene Gemeinschaft aus Freibeutern aller Nationen, die miteinander leben und kämpfen, füreinander durch Tod und Hölle gehen würden.« Seine Gedanken schienen abzuschweifen. »Untereinander gehen manche von uns einen besonderen Freundschaftsbund ein, ›Matelotage‹ genannt.« Seine Stimme wurde eindringlicher.

»Es ist ein Bund, der zwei Männer fürs Leben eng aneinanderbindet, in Freundschaft, in gegenseitigem Vertrauen. Ihre Leben sind fortan einander verbunden. Stirbt einer, erbt der andere sein Vermögen.« Er machte eine Pause, zog Simons Hand näher zu sich heran und blickte ihm dabei genau in die Augen.

»Miguel war einst ein Bukanier, wie ich. Wir kamen beide her auf der Suche nach einem besseren Leben, nach dieser besonderen Freiheit. Wir waren einst verbunden, schworen uns Treue«, erzählte er und fuhr bedauernd fort: »Aber es war keine Liebe, nichts was wir beide uns ersehnten, nur eine Zweckgemeinschaft.«

Simon war versucht, seine Hand wegzuziehen. Seine Finger, der ganze Arm fühlten sich kühl an, alles an ihm war kalt und taub. Er wollte sich abwenden, aber Jeans Augen hielten seinen Blick gefangen.

»Es hat nicht gehalten.« Jean senkte den Blick. »Vielleicht sind wir uns einfach zu ähnlich … Irgendwann ging jeder von uns seiner Wege.« Wach blickte er Simon an, ein wenig lauernd. »So, wie wir es nun auch wieder tun werden.«

Er legte die andere Hand an Simons Wange, strich darüber. Hart schluckte dieser, fühlte sich gefangen und in die Enge getrieben, die braunen Augen bannten ihn, wie die einer Schlange ihre Beute.

»Aber du …«, seine Stimme wurde weich und zärtlich, wie die streichelnde Berührung der Wange, »bist anders.« Jean löste die Hand von Simons Gesicht, der erleichtert aufseufzte.

Jean wandte den Blick ab und sprach scheinbar zu sich selbst: Matelotage bedeutet viel mehr als Liebe. Es ist ein fester Bund zweier Männer. Verbunden durch Schicksal oder Bestimmung.« Jean machte eine bedeutungsvolle Pause. Plötzlich wurde seine Stimme noch eindringlicher: »Das Schicksal des einen ist das Schicksal des anderen.« Dabei wandte er den Kopf und schaute Simon an.

Dieser schluckte hart und versuchte das benommene Gefühl abzuschütteln, während ihn Jeans unleugbar liebevoller Blick erfasste. Seine Wange war plötzlich brennend heiß und er wünschte sich nichts sehnlicher, als aus der Kajüte, vom Schiff und vor diesem Mann zu fliehen. Er saß in einer Falle, die sich unaufhaltsam um ihn schloss.

»Ich habe es dir schon einmal gesagt …« Die Zärtlichkeit im Blick ließ Simons Herz noch schneller schlagen. »Auch unser Schicksal ist untrennbar miteinander verbunden.« Der Daumen berührte vorsichtig und sanft streichelnd Simons Kinn. »Ich wusste es von dem Moment an, als ich dich zum ersten Mal sah. Ich habe immer nach jemandem gesucht; all die rastlosen Jahre und dann sah ich dich und wusste, du bist derjenige!«, flüsterte er und der Daumen verharrte an Simons Lippen, der noch immer erstarrt war, nicht denken, sich nicht bewegen konnte.

»Simon«, raunte Jean. »Uns zwei verbindet bereits ein ungeschriebener Matelotage. Solange ich lebe, bist du in Sicherheit. Solange du lebst, bin ich es. Ein ewiger Bund zwischen uns beiden.«

Simons Augen weiteten sich vor Schreck, als er endlich begriff, was Jean in ihm sah. Das Erschrecken musste ihm ins Gesicht geschrieben sein, denn abrupt ließ Jean seine Hand los, zog sich zurück. Hastig stand er auf und wandte sich um. Entsetzt sprang Simon auf und starrte fassungslos auf den Rücken des Piraten.

Wollte Jean ernsthaft sein weiteres Leben mit ihm als Lebensgefährten verbringen? Sah er in ihm jemanden wie eine Frau an seiner Seite? Abwechselnd rasten heiße und kalte Schauer über Simons Wirbelsäule. War das die Freiheit, von der Jean zuvor gesprochen hatte und die er hatte finden wollen? Zwei Männer, die zusammenlebten, wie nur ein Mann und eine Frau es sollten?

»Denk darüber nach«, forderte Jean nach einer Weile, ohne sich jedoch umzudrehen.

Simon wusste nicht, was er darauf sagen sollte. Seine Gedanken verwirrten sich immer mehr. Längst hatte er den sicheren Hafen verlassen und trieb immer weiter auf dem offenen Meer des Verderbens. Wie betäubt wollte er sich abwenden, nur Jeans Stimme hielt ihn auf, kurz bevor er die Tür erreicht hatte.

»Du wirst morgen mit Miguel als Erstes an Land gehen, dich unmittelbar zum Haus von Lord Realmaer begeben. Dort wirst du dir Zutritt verschaffen und kurz nach Dunkelwerden die Tür zum Stallgebäude an der Ostseite des Anwesens öffnen«, erklärte Jean, drehte sich dabei langsam um und blickte ihn mit dem gewohnten, leicht spöttischen Ausdruck an.

Simon brachte noch immer kein Wort heraus, nickte und wandte sich um. Kaum hatte er die Tür geöffnet, rief ihn Jean erneut zurück: »Simon?«

Abrupt drehte sich dieser um. Die braunen Augen des Piratenkapitäns bohrten sich in seine. »Du wirst mir dein Ehrenwort geben, dass du nicht zu fliehen versuchst!«

Eisige Schauer jagten über Simons Rücken, denn die Worte enthielten eine ungesagte Drohung.

»Ich möchte dein Ehrenwort, dass du zu mir zurückkehrst«, forderte Jean, während Simon ihn sprachlos mit großen Augen ansah.

Alles in ihm schrie: »Nein!« Verlangte nach Freiheit, nach Flucht, wollte endlich diesem Albtraum entkommen. Verzweiflung stieg in ihm hoch, doch er hatte keine Wahl. Verweigerte er sein Wort, dann würde Jean selbstverständlich seinen anderen Plan umsetzen. Wollte er den Tod Unschuldiger verhindern, musste er sich ihm fügen.

Stockend und jedes Wort mühsam hervorwürgend antwortete er: »Ich gebe Euch mein Ehrenwort, dass ich nicht zu fliehen versuche.«

»Du wirst zu mir zurückkehren?«, fragte Jean nachdrücklich und Simon erkannte resignierend, dass die Falle sich endgültig um ihn geschlossen hatte. Er nickte langsam, fühlte sich taub und leer.

Jean lächelte überaus zufrieden, nickte ihm zu und Simon floh so rasch er konnte aus dem Raum.

An Land

Ich verstehe es nicht!«, brummte Miguel neben ihm nun schon zum dritten Mal durch den falschen Bart hindurch, den er trug, um sein Gesicht zu kaschieren.

Simon folgte den Anweisungen Miguels durch das Gewirr der unbekannten Straßen im Hafenviertel, weiter in die Stadt. Dabei versuchte er, alle anderen Bemerkungen nicht zu beachten und sich ganz darauf zu konzentrieren, einen Fuß vor den anderen zu setzen.

Der Spanier sollte ihm den Weg zum Haus zeigen, selbst jedoch zurückbleiben, damit ihn niemand versehentlich erkannte. Von da an war Simon auf sich alleine gestellt. Er würde keine Probleme haben, in das Haus eingelassen zu werden, denn auch, wenn sie sich noch nie persönlich begegnet waren, so war Lord Realmaer doch ein durchaus bekannter Händler. Der Name Lord of Fenderwick würde ihm auf jeden Fall etwas sagen und Simon Zutritt zum Haus verschaffen.

Wenn er erst einmal im Haus war, würde es ein Leichtes werden, zum Stall zu gelangen, um die Piraten einzulassen. Alles schien einfach durchführbar. Dennoch klopfte Simons Herz mit jedem Meter, den er sich dem Wohnsitz der Familie Realmaer näherte, härter und schmerzhafter. Miguels Gesellschaft trug ihr Übriges dazu bei. Dieser schnaubte verächtlich, als Simon sich ihm zuwandte.

»Du trägst keine Fesseln! Jean ist auch nicht hier. Unten am Kai liegt ein auslaufbereites Schiff. Dort in dem Paddock stehen Pferde und du versuchst nicht einmal zu fliehen?«

»Nein«, antwortete Simon schlicht, wandte sich ab und beschleunigte die Schritte, doch Miguel hielt mit.

»Warum zum Teufel denn nicht?«, wollte er mit Nachdruck wissen, ergriff Simon am Arm und zog ihn zu sich heran. Augenblicklich machte dieser sich frei und wich vor Miguel zurück.

»Ich habe ihm mein Ehrenwort gegeben!«, erklärte er hitzig und vermied jeden weiteren Gedanken an das merkwürdige Gespräch, der ihm zwangsläufig dabei kommen wollte.

»Dein was?«, krächzte Miguel fassungslos. Seine tiefschwarzen Augen zwangen Simon geradezu ihn anzusehen, er konnte sich ihnen nicht entziehen.

»Mein Ehrenwort, dass ich nicht zu fliehen versuche, wenn ich heute an Land gehe«, erklärte er bestimmt und schaute Miguel herausfordernd an.

»Und daran hältst du dich?« Miguel schnaubte abfällig und wirkte derart perplex, dass Simon um ein Haar bitter aufgelacht hätte.

»Es ist mein Ehrenwort!«, wiederholte er schlicht. Was musste er noch mehr sagen?

Miguel stieß empört die Luft aus und seine Augen verengten sich.

»Verflucht noch mal! Einen Scheiß auf die Ehre, wenn dir die Freiheit winkt, Lord-ach-so-ehrenhaft!«, stieß er zornig hervor und funkelte Simon aufgebracht an.

»Bastard!«, brachte dieser bemüht verächtlich hervor, als ob das eine Wort alles sagen würde. Er wandte sich abrupt ab und ging weiter. In ihm tobten widerstreitende Gefühle.

Natürlich würde jemand wie Miguel es nicht verstehen können. Wie auch? Er war in der Gosse geboren und aufgewachsen. Er hatte keine Ehre, war nichts weiter als ein Dieb und Halunke. Simon hingegen ein Gentleman, dem Stolz und Ehre so viel wie das Leben bedeuteten. Sein Ehrenwort war für ihn bindend.

Sie gingen schweigend nebeneinander weiter. Miguels unmittelbare Nähe wurde Simon immer bewusster, denn er fühlte die Blicke auf sich brennen, spürte noch die Stelle, an der er ihn gerade berührt hatte. Hitze war in ihm, verwirrte seine Gedanken und Gefühle. Dieser Mann war das pure Gift für ihn und viel gefährlicher, als Jean es je sein konnte. Seine bloße Anwesenheit verführte ihn, ließ ständig merkwürdig sündige Bilder entstehen. Er holte mehrfach tief Atem, um sein flatterndes Herz und die weichen Knie zu kontrollieren, jedoch mit mäßigem Erfolg.

Sie liefen durch das Händlerviertel der Stadt. Lord Realmaer hatte sein Haus nur wenige Straßen weiter und Simons Nervosität nahm zu, je mehr sie sich näherten.

Ganz plötzlich wurde er hinterrücks von starken Armen gepackt und in eine Seitengasse gezerrt. Erschrocken keuchte er auf, wehrte sich und versuchte zu erkennen, wer ihn angriff. Direkt vor ihm tauchte Miguels Gesicht auf und die schwarzen Augen leuchteten im dämmerigen Licht wie dunkles Feuer. Dessen Hände waren es, die ihn fest an die Wand pressten, seinen Körper fixierten. Der Spanier trat dicht an ihn heran, lehnte sich gegen ihn, sodass er sich nicht bewegen konnte. Simon wurde ganz anders, als er Miguels Schritt fest gegen seine Körpermitte drängen fühlte und er unterdrückte ein verblüfftes Stöhnen.

»Vielleicht bin ich nur ein Bastard«, flüsterte Miguel mit seiner dunklen Stimme, die augenblicklich die Hitze in Simon entfachte und ihm tief in den Unterleib fuhr. Fast ohne sein Zutun rieb er sich stärker gegen Miguel, den dies nicht kalt ließ, und schnappte erschrocken nach Luft.

»Aber ich weiß, was es bedeutet, Leidenschaft für jemanden zu empfinden. Leidenschaft, die alles verglüht, dir jedes bisschen Vernunft aus dem Hirn brennt und dich Dinge tun lässt, die du nicht tun solltest«, raunte Miguel ganz dicht am Ohr.

Dann waren seine Lippen auf Simons, verschlossen seinen Mund in einem leidenschaftlichen, alles verzehrenden Kuss. Die Zunge drang wild durch Simons sich nachgiebig öffnenden Lippen, umschlang seine regelrecht, verschlang alles in ihm. Miguels Körper presste sich fester an ihn und rieb sich an ihm. Simon fühlte, wie er seine Beine bereitwillig öffnete, der Oberschenkel am Schritt beinahe schon schmerzhaft gegen seine Erektion drückte.

Alles in ihm war wilde Begierde. Die aufgestaute, so lange schon beherrschte Lust, stieg in einem tiefen Stöhnen auf und versuchte durch Miguels Kuss zu entkommen. Sein Denken wurde weggefegt von dem puren Wunsch, den anderen Körper dichter an sich zu fühlen.

Miguels Hände glitten hektisch über ihn, rissen an der Kleidung, fanden den Weg unter sein Hemd, brannten auf der Haut und zerrten an ihm, als ob sie sein wild schlagendes Herz aus dem Leib reißen wollten. Nur widerwillig ließ Simon die weichen Lippen gehen, als sich Miguel etwas von ihm löste.

Zunge und Mund versuchten, ihn weiter zu erreichen; er schnappte wie ein Verdurstender nach dem köstlichen Wasser. Er bemerkte erst jetzt, dass er die Augen geschlossen hatte. Überrascht und überwältigt schlug er sie auf, blickte gänzlich verwirrt direkt in schwarze, abgrundtiefe, vor innerem Feuer glühende Augen.

»Ich habe gelogen!«, wisperte Miguel mit belegter Stimme und löste eine seiner Hände, die über Simons bebenden Körper fuhren, strich ihm durch das braune Haar, zauste es schmerzhaft und krallte sich hinein.

Irritiert blickte ihn Simon an, nicht wirklich fähig, seinen Worten zu folgen. Alles in ihm war Feuer, heiße Glut und pures Verlangen.

»Ich habe gesagt, ich könne auf dich warten.« Miguel, küsste ihn auf den Hals, saugte an der Haut und entlockte Simon ein weiteres Stöhnen, während er sich gegen Miguels Bein presste. Er wollte mehr, er brauchte mehr, um dieses zehrende Feuer zu löschen, welches ihn von innen heraus verbrannte. So lange schon schwächte es ihn, verdrängt und verleugnet.

»Es war gelogen«, murmelte Miguel in die weiche Haut am Hals, biss spielerisch hinein, leckte sanft darüber und seine Hände glitten tiefer.

»Ich habe auch ihn belogen«, flüsterte er heiser und abermals fühlte Simon ein Beben in seinem Körper, während Miguels Hand unter den Bund seiner Hose glitt. Seine Hüfte zuckte hoch, schob sich der ersehnten, erlösenden Berührung entgegen. Nie zuvor hatte er so gebrannt, derart verzehrend begehrt.

»Komm mit mir«, raunte Miguel zwischen den wilden Küssen auf Hals und Brust, seine Finger zerrten an den Haaren. »Flieh mit mir«, verlangte er mit vor Lust bebender Stimme. Seine tastenden Finger fanden Simons Ständer, umfassten ihn und rieben ihn. Simon stöhnte auf, die Berührung schickte einen Ball aus Glut durch seinen Körper. Miguels Worte fanden dennoch den Weg durch die tosende Feuersbrunst.

»Nein, nein!« Er keuchte stoßweise, während Miguel ihn härter massierte und seine Hoden knetete.

»Ich habe mein Ehrenwort gegeben. Sie werden sterben«, stammelte Simon und kämpfte sich verzweifelt zurück aus dem Abgrund, in den er zu stürzen drohte.

»Es ist egal«, wisperte Miguels Stimme von irgendwo her. »Mir ist es egal! Du zählst für mich. Nur du.«

Unschuldige Menschen … Sie würden sterben, wenn er sein Wort nicht hielt. Simon klammerte sich an dem Gedanken fest, kämpfte sich mühsam zurück und das Feuer brach grell aufflackernd in sich zusammen.

»Nein!«, flüsterte er schwach. »Nein, Miguel! Hör auf!«, flehte er lauter, als der Spanier nicht aufhörte.

Entschlossen drückte er ihn von sich. Schwerfällig entzog er sich dessen köstlicher Berührung, kämpfte um die Kontrolle über seinen lusterfüllten Körper und Miguel ließ tatsächlich von ihm ab. Enttäuschung spiegelte sich in seinen Augen, als Simon ihn heftig keuchend, mit wackeligen Beinen weiter von sich schob.

»Müssen …« Simon versuchte seinen Verstand einzuschalten und sich zum Reden zu zwingen. »Wir müssen weiter. Ich muss sie ins Haus einlassen.« Er holte tief Luft. »Wegen mir wird kein Unschuldiger mehr sterben.«

Langsam trat Miguel zurück, ohne ihn dabei aus den Augen zu lassen. Sein Blick brannte heiß auf Simons Gesicht, dennoch hob er den Kopf nicht. Mehr als eine Minute brauchte Simon, bis sein Herz nicht mehr aus dem Körper springen wollte und ihn seine Beine zuverlässig trugen. In der ganzen Zeit stand Miguel vor ihm, rührte sich nicht, schaute ihn nur an.

Simon vermochte den Blick nicht zu diesen Augen zu heben, denn er wusste, dass er in den Abgrund zurückfallen würde, wenn er nur einmal hinsah.

Ein leises Seufzen erklang von Miguel, als sich Simon endlich aufrichtete und mit einer Hand an der Wand abstützte. Die Hose spannte sich über dem erregten Schritt; noch immer fühlte er Miguels fordernde Hand, die leichte Feuchtigkeit der ersten Lusttropfen. Es war alles andere als leicht, es zu ignorieren, dennoch musste er weiter, er musste tun, was Jean verlangte. Also kam er auf die Beine, stieß sich von der Wand ab und verlor kein Wort, vermied jeden Gedanken daran, was passiert war.

Aufrecht ging er an Miguel vorbei und wurde mit jedem Schritt sicherer. Kurz bevor er die Straße betrat, vernahm er ihn hinter sich: »Er wird dich nicht bekommen. Das schwöre ich dir, Simon!« Dieser stockte, als Miguel leidenschaftlicher fortfuhr: »Du wirst frei von ihm sein. Frei selbst zu entscheiden.«

Fast hätte sich Simon umgedreht, aber er wusste genau, dass es ein Fehler wäre. Entschlossen trat er auf die Straße, versuchte das unangenehme Gefühl zu verdrängen und zügig weiter zu gehen. Er musste zum Haus Realmaer, das musste er erreichen. Alles andere war unwichtig. Jeder Schritt trug ihn seiner Bestimmung entgegen, unwiderruflich.

Es war nicht weiter schwer, von Lord Realmaers Bediensteten eingelassen zu werden. Nach kurzer Zeit schon empfing ihn der Hausherr persönlich. Zwar war er natürlich überrascht über den unerwarteten Besuch, freute sich hingegen, jemand so Wichtiges zu beherbergen. Sehr glaubhaft konnte Simon in der derangierten Kleidung machen, dass er auf seiner Reise in unglückliche Umstände geraten war, und fand wohlwollende Aufnahme, ein warmes Bad und neue Kleidung. Einen Luxus, den er vollen Herzens, freilich mit schlechtem Gewissen genoss.

Miguel war in jener Gasse zurückgeblieben. Simon hatte keine Ahnung, ob ihm der Dieb vielleicht noch gefolgt war oder er seiner Wege gegangen war. Er vermied es tunlichst, an ihn oder daran zu denken, was in der schmutzigen Seitengasse passiert war.

Er würde sein Wort erfüllen, funktionieren, wie Jean es von ihm erwartete. Darin hatte Simon genug Übung. Er tat sein Leben lang nichts anderes als eine Rolle zu spielen.

Gegen Abend wurde es im Haus ruhig. Simon hatte vorgegeben, von der anstrengenden Reise erschöpft zu sein, um sich früh zurückziehen zu können. Nun lauschte er angestrengt und kam schließlich zu dem Schluss, dass wirklich alles schlief. Leise verließ er sein Zimmer und schlich sich durch das Haus hinunter in den Innenhof. Sein Herz schlug vermutlich laut genug, um jeden Bewohner damit aufzuwecken.

Er schaffte es unbemerkt in den Stall. Rasch fand er die Tür, die in die Seitengasse führte, und sperrte sie auf. Er holte tief Luft und öffnete sie vollends.

Draußen schien alles ruhig zu sein. Wie Schatten huschten die dunklen Gestalten plötzlich heran und schälten sich aus der Nacht. Simon trat zurück, ließ sie passieren und fühlte sein Herz schwer schlagen, vor Schuld und Scham.

Jean hielt neben ihm an. Die Hand strich ihm kurz sanft über seine Wange. Simon wich augenblicklich zurück, denn Jeans Berührungen ekelten ihn geradezu an. »Gut gemacht. Folge mir.«

Im Dunkeln versuchte Simon verstohlen Miguels Gestalt unter den Piraten auszumachen, jedoch schien er nicht mehr dabei zu sein. Vermutlich war er längst geflohen. Der Gedanke versetzte Simon einen schmerzhaften Stich und ließ ihn hoffnungslos zurück.

Die Piraten fanden rasch, was sie gesucht hatten. In einem Raum neben den Boxen führte eine hölzerne Falltür nach unten. Zügig kletterten ein paar von ihnen hinab und entzündeten die Petroleumlampen. Ihre gedämpften Stimmen drangen zu Jean und Simon hoch, die abwartend oben stehen geblieben waren.

»Teufel auch!«

»Der Spanier hatte Recht. Hier sind sechs Kisten voll Gold- und Silberschätzen.«

Jean entwich ein leises Pfeifen durch die Zähne und Simon konnte ihn trotz der Dunkelheit zufrieden grinsen sehen. Miguel hatte also nicht übertrieben.

So ein verfluchter Dieb! Simon versuchte dem Wort wieder den üblen Klang zu verleihen. Nur wollte es ihm nicht recht gelingen, wenn er es mit Miguels Bild verband.

Die Piraten arbeiteten leise und zügig, brachten die Kisten nach oben und zur hinteren Tür. Gedämpfter Hufschlag erklang kurz danach. Simon machte ein Fuhrwerk aus, dessen Pferd die Hufe mit Stofflappen umwickelt waren, um das Klappern der Eisen zu unterbinden.

Eilig wurden die Kisten aufgeladen. Jean selbst zog die Tür hinter ihnen zu, nahm Simon am Arm mit sich zum Fuhrwerk und bedeutete ihm aufzusteigen. Als sie sich entfernten, wurde Simons Herz erneut schwer. Es war vorbei und er hatte seine bisher einzige Gelegenheit auf eine Flucht vertan. Ringsum waren zu viele Piraten.

Simon hatte keine Chance, ihnen zu entkommen. Wieder war er Jeans Gefangener.

In mehr als einer Hinsicht, dachte er bitter. Finster starrte er vor sich hin und zuckte nicht einmal zurück, als Jean sich zu ihm hinüber beugte, ihm liebevoll durch die lockigen Haare strich und ihn auf die Wange küsste. Stattdessen fühlte er wieder Miguels harten Griff in seinem Haar, die fordernden Hände auf sich, die wilden Lippen auf seine gepresst. Rasch verbannte er die Bilder, bevor ihm ein sehnsuchtsvolles Seufzen entkommen konnte.

Bei Gott, er hatte nie gewusst, dass er so fühlen konnte! Nie zuvor hatte er dieses leidenschaftliche Feuer erlebt, auf diese Weise begehrt. Er sollte sich schlecht fühlen, er sollte vor Scham vergehen, solch sündige, widerwärtige Gedanken zu haben, dennoch sehnte sich sein Körper nach der Berührung Miguels. Seine Lippen wollten mehr von dem süßen Nektar ihrer Vereinigung kosten, er wollte ihn wahrnehmen, riechen, tasten, hören und schmecken können.

Jeans zärtliche Berührungen ließen ihn eher erstarren, führten ihm sein unausweichliches Schicksal grausam vor Augen. Resignierend sackte Simon in sich zusammen.

Gott sandte ihm keine Hilfe. Vermutlich war er dessen nicht würdig. Die in ihm lauernde, sündige Versuchung war wohl auch Gott offenbar geworden und er überließ ihn seinem Schicksal.

Sie erreichten unbehelligt den Hafen. Ebenso rasch wie zuvor luden die Piraten die Kisten ab und brachten sie in die zwei kleinen Beiboote, die sie zum Schiff zurückbringen würden. Simon warf einen letzten Blick zurück auf den spärlich beleuchteten Hafen, während ihr Boot ablegte und die dunklen Gestalten zu rudern begannen.

Dies war also sein Schicksal, das er annehmen musste.

Er schluckte hart und straffte sich entschlossen. Er würde sich nicht wehr- und willenlos hineinfinden.

Jean schlang besitzergreifend seinen Arm um ihn und zog ihn zu sich heran, aber Simon schüttelte ihn energisch ab und funkelte den Piraten im spärlichen Mondlicht wütend an.

»Lasst mich! Ich bin nicht Euer Spielzeug, Monsieur!«, brachte er ärgerlich heraus. »Ich werde nicht …«

Weiter kam er nicht, denn ein plötzlicher Tumult entstand im vorderen Teil des Bootes. Die Gestalten rangelten miteinander und mehrere fielen über Bord. Eine einzelne Gestalt, in einen dunkeln Umhang gehüllt trat auf sie zu.

»Guten Abend, Miguel«, sagte Jean spöttisch, obwohl Simon beim besten Willen nicht sagen konnte, ob dies wirklich der Spanier war. Dafür war das fahle Licht zu dürftig. Dennoch schlug sein Herz ungefragt freudig. Konnte es sein …

»Ich dachte mir schon, dass du dein Wort, im Gegensatz zu unserem ehrenhaften Simon, nicht halten würdest.«

Simon spürte eine Bewegung neben sich, Jean zog etwas aus seinem Umhang. Er ahnte, was es war, noch ehe sich das Mondlicht in den metallenen Beschlägen spiegelte. Erschrocken sprang er auf und stellte sich, ohne nachzudenken, in die direkte Schusslinie zwischen beide Männer.

»Nicht!«, rief er. »Gib acht, Miguel! Er hat eine Pistole.« Augenblicklich stand auch Jean auf. Der Mond kam neugierig hervor und tauchte die Szene in milchiges Licht. Jeans Gesicht war traurig und wandelte sich in kalte Wut, während sein Blick von Simon zu Miguel wanderte.

»Ich bin eben kein Ehrenmann wie er«, gab Miguel höhnisch von sich.

Er ist es wirklich, jubelte Simon innerlich erleichtert. Er wollte sich umdrehen und ihn an sich ziehen, nur das Klicken der Pistole hinderte ihn an jeder weiteren Bewegung. Entgeistert starrte er Jean an. Die Pistole war direkt auf ihn gerichtet.

»Was möchtest du denn dieses Mal noch haben? Ich dachte, wir wären übereingekommen, dass du deinen Anteil erhältst, sobald wir die Kisten geladen haben.« Er warf einen Blick auf Simon, sein Mund zuckte und er senkte die Waffe ein wenig. »Wie ich sehe, hast du dir noch mehr angeeignet, was nicht dir gehört.«

Miguel gab ein leises Lachen von sich. »Ich bin eben ein Dieb, Jean. Ich weiß Kostbares zu erkennen und schätzen und ich nehme mir immer das Wertvollste. Das dürftest du mittlerweile wissen.«

Jeans Gesicht verzerrte sich und er hob die Waffe.

»Dieses Mal nicht, Miguel. Er gehört mir oder keinem.«, sagte er entschlossen, richtete die Pistole auf Simons Herz und spannte den Hahn.

Erschrocken sog Simon die Luft ein und starrte betroffen auf Jean, dessen Gesicht schmerzlich verzerrt war. Die Augen waren kalt, wirkten gnadenlos und Simon spannte sich an. Kein Mitleid stand in ihnen, sondern eine unbegreifliche Sehnsucht und Entschlossenheit. Jean würde ihn wahrhaftig lieber töten, als ihn freizugeben oder gar Miguel zu überlassen. Nach allem, was zwischen ihnen vorgefallen war, würde er ihn dennoch töten. Einfach so.

Etwas stieß gegen Simons Rücken. Er verlor das Gleichgewicht und Hände umklammerten seine Arme, zerrten ihn mit sich. Ein Schuss peitschte auf, während er fiel. Kaltes Wasser schlug über ihm zusammen, jedes Licht verschwand. Strampelnd versuchte er wieder hochzukommen, die Kälte war wie ein Schock, lähmte seine Bewegungen. Hände schienen an seiner Kleidung zu reißen, wollten ihn hinab ziehen.

Geistesgegenwärtig löste er die Schnalle des Umhangs, als er wieder auftauchte. Prustend rang er nach Luft. Neben ihm bewegte sich etwas, ein Kopf durchstieß die dunkle Oberfläche. Über ihnen stieß Jean einen französischen Fluch aus und beugte sich über die Bordwand. Im schwachen Licht sah ihn Simon die Pistole erneut spannen. Im Wasser vermochte er sie anscheinend nicht sofort zu erkennen, denn sein Blick glitt suchend umher.

»Tauchen!«, raunte Miguels gehetzte Stimme. »Ich hoffe bei Gott, du kannst schwimmen.«

Natürlich konnte er. Simon holte Luft und glitt unter Wasser. Mit kräftigen Zügen schwamm er in die Richtung, in der er das Hafenbecken vermutete. Nach einer gewissen Strecke zwangen ihn seine Lungen nach oben und er tauchte gierig keuchend auf. Hinter sich hörte er weitere Flüche. Neben ihm zischte es plötzlich, Wasser spritzte hoch, gefolgt von einem Knall.

»Miguel, du verdammter Hurensohn!«, brüllte Jean zornentbrannt. Abermals peitschte ein Schuss unweit von ihnen auf. »Das wirst du bereuen! Ich werde dich jagen, du verfluchter Bastard! Dieses Mal werde ich dich selbst töten und ich schwöre dir: Es wird kein leichter Tod werden!«

Andere Stimmen wurden laut. Simon schwamm so schnell, dass das Blut in seinen Ohren rauschte und er hinter sich nichts mehr mitbekam. Neben ihnen peitschten immer wieder Schüsse, doch keiner traf ihn.

Seine Gedanken rasten, jedoch konnte er erstaunlich klar denken. Sicherlich nahmen sie jetzt mit dem anderen Boot die Verfolgung auf. Vier schwere Kisten sorgten dafür, dass das Boot großen Tiefgang hatte und schwer zu manövrieren war. Wenn Miguel und er vor ihnen den Hafen erreichten, hatten sie eine Chance.

Zudem musste der Lärm bald jemanden aufmerksam machen. Die Piraten würden erhebliche Schwierigkeiten haben, sie zu verfolgen, wenn sie keine Aufmerksamkeit auf sich ziehen wollten.

Sie erreichten tatsächlich vor dem Boot den Kai, kletterten an einer eisernen Leiter rasch hinauf, ignorierten den Zuruf eines trunkenen Seemanns und rannten los, hinein in die kleinen Gassen. Blind folgte Simon Miguel, der sich bestens auszukennen schien, ständig die Richtung wechselte und ihn zweimal sogar über eine Mauer klettern ließ.

Außer Atem und mit schmerzender Lunge hielt Simon letztendlich in einer dunklen Gasse an. Augenblicklich kam Miguel zurück. Er schien kaum außer Atem, während Simon gierig nach Luft rang.

»Kann … nicht … wei… ter«, brachte Simon hervor, sog die Luft in seine brennenden Lungen. Miguel lehnte sich neben ihm an die Wand.

»Hier dürften sie uns auch vorerst nicht finden«, meinte er mit ruhiger Stimme. Mehrere Minuten standen sie in der Gasse, bis sich Simons Atmung und Herz beruhigt hatten.

»Was …«, begann er zögernd, seine Gedanken kreisten um ein Thema. »Was hattest du ihm versprochen?« Miguel reagierte nicht und Simon konnte sein Gesicht nicht erkennen.

»Jean, er hat gesagt, du hättest dein Wort gebrochen«, versuchte er es erneut. Die Frage brannte in ihm, verlangte nach einer Antwort.

»Stimmt«, gab Miguel zu. »Ich hatte ihm versprochen, dass ich mich dieses Mal mit einem Zehntel meiner Beute zufriedengeben würde.« Er lachte kurz höhnisch auf und seufzte gleich darauf resigniert. »Jetzt werde ich nichts davon bekommen, also hat eigentlich er sein Wort gebrochen.«

Unsicher blickte Simon zu ihm hinüber.

»Welches Wort hast du gebrochen?«, wollte er dessen ungeachtet wissen. Miguel stieß sich von der Wand ab, stand plötzlich vor ihm und umfasste sein Gesicht schmerzhaft fest. Simon holte verblüfft Luft.

»Ich verdammter Idiot hatte ihm versprochen, dass ich die Finger von dir lassen würde«, raunte Miguel. »Er wollte dich für sich.« Simon öffnete den Mund, wollte etwas sagen, doch Miguel legte ihm den Finger auf die Lippen.

»Als ich dich das erste Mal sah, war mir klar, dass ich dich haben wollte, Simon!«, flüsterte Miguel. »Du bist … umwerfend, ich habe nie einen Mann wie dich getroffen. Du hast Mut und Schneid und bleibst aufrecht, selbst wenn andere winselnd in die Knie gehen würden. Ich glaube, Gott persönlich hat dich mir gesandt. Der Engel, der den suchenden Sünder rettet. Endlich hat er meine Gebete erhört. Zumindest wenn ich an Gott glauben würde.« Er lachte kurz und respektlos auf. Simon zuckte zusammen.

»Diesmal ist es mehr«, erklärte Miguel ernst. »Mehr als pure Leidenschaft. Mein Herz sagt mir das, denn es will mir die Brust sprengen, wann immer ich dich sehe, dich berühre, dein Lächeln die Sonne überstrahlt.«

Der Anblick der schwarzen Augen durchdrang Simon, löste ein Gefühl von unglaublich tief empfundener Freude aus. Es waren gänzlich neue Gefühle, dennoch stark, sodass er vor ihnen regelrecht zurückschrak.

»Jean wollte natürlich, dass ich ohne dich gehe. Aus seinem Leben verschwinde, wie die Male zuvor«, ergänzte Miguel höhnisch. »Ich fürchte, das ist mir nicht wirklich gelungen.« Er küsste Simon fest, beinahe hart auf die Lippen und unterbrach den Kuss sofort. »Ich hatte bei meiner Ehre versprochen, dass ich dich ihm überlasse, wenn er meine Beute holt«, erklärte Miguel und schnaubte. »Aber ich habe keine Ehre, Simon. Ich bin nur ein Bastard aus der Gosse, also was zählt mein Wort?«

Abrupt schlang er seine Arme um Simon, presste ihn hart gegen sich und drang nahezu brutal mit der Zunge in dessen Mund ein, umschlang ihn erneut in einem gierigen Kuss. Simon öffnete willenlos den Mund, überrumpelt von der Leidenschaftlichkeit, wurde mitgerissen. Tausend widerstreitende Gefühle tobten durch seinen erschöpften Körper: Lust, Begierde, Furcht und Angst. Jetzt erst wurde er sich bewusst, aus welcher Situation er geflohen war und wie Miguel ihn gerettet hatte.

Bei Gott, Jean hatte ihn wirklich töten wollen.

Simon war plötzlich eiskalt und er konnte nicht mehr stehen. Die Knie gaben zitternd unter ihm nach und er rutschte, dem Sog der schweren, nassen Kleidung folgend, gen Boden. Miguel riss ihn ruckartig hoch und umklammerte die Oberarme, löste erst dann den Kuss.

»Wir sollten zunächst sehen, dass wir hier wegkommen«, meinte er keuchend. Sein Atem ging nun wesentlich schneller als noch zuvor. »Jean wird uns gnadenlos jagen. Ich kenne ihn gut, besser als jeder andere. Er wird kochen vor Wut und er wird nicht eher ruhen, bis er uns gefunden hat.« Miguels Stimme war bestimmt und klang besorgt. Dann lächelte er behutsam.

»Ich bringe dich heim, zu deinem Vater«, versprach er sanfter. »Dort bist du vor ihm in Sicherheit.«

Damit zog er Simon am Arm hinter sich her.

Am Abgrund

Es war alles andere als leicht, unentdeckt von Saint Frate zu verschwinden. Jeans Arm reichte weit, wie sie rasch erkannten. Mehr als einmal wären sie beinahe entdeckt worden. Ganz offensichtlich existierte ein dichtes Informationsnetz unter den Bukanieren. Die Bruderschaft der Küste musste weitreichende Verbindungen haben.

Miguel legte einiges an Raffinesse an den Tag, ihnen zwei Plätze auf einem kleinen Handelsschiff nach Guadeloupe zu besorgen. Womit er ihre Passage erkaufte, blieb im Verborgenen und Simon fragte wohlweislich nicht nach.

Staunend und beschämt zugleich verfolgte Simon, wie leicht die Lügen über Miguels Lippen kamen. Ein Halunke, ein Dieb und Betrüger durch und durch; er war fasziniert und abgestoßen zugleich. Seine Gefühle schwankten zwischen Scham und Abscheu, wenn er diesen Mann aus der Ferne beobachtete, der ihm das Leben gerettet und die Freiheit zurückgegeben hatte. Diese Gefühle wurden immer stärker von einer glühenden Sehnsucht, brennender Leidenschaft abgelöst, die alles übertraf, was er jemals empfunden hatte.

Auf ihrer Reise nach Guadeloupe hatten sie kaum eine Gelegenheit, sich erneut nahezukommen. Auch danach nicht, als sie endlich ein Schiff nach Saint Ibell fanden. Jede von Miguels flüchtigen Berührungen, jeder leidenschaftliche, im Verborgenen gegebene Kuss, entfachte die Glut erneut, ließ ihn tiefer und tiefer in den Bann dieses seltsamen Mannes fallen.

Simon begriff den Grund nicht, fand keine Worte dafür, aber mit jedem Tag ihrer Reise fühlte er sein Herz schwerer werden, wünschte er sich Verzögerungen und begrüßte jede Flaute. Wenn sie erst Saint Ibell erreicht hatten und er zu seinem Vater zurückgekehrt war, gab es keine gemeinsame

Zukunft. Er würde sein gewohntes Leben leben, sich den Anweisungen seines Vaters fügen und diese innere, leise schwelende Glut würde nie gelöscht werden, ihn von innen heraus verbrennen, bis nur noch Asche übrig wäre.

In seiner Welt gab es keinen Platz für diese Art von Feuer und seine zärtlichen Gefühle für diesen Mann.

Nichts davon kam Simon über die Lippen. Überhaupt sprachen sie nicht viel. Miguel war zu Beginn ihrer Reise noch voll jugendlichem Übermut gewesen und hatte immer ein paar spöttische Worte gewusst. Je näher sie Simons Heim kamen, desto wortkarger wurde auch er. Simon war sich nicht einmal ganz sicher, was Miguel wirklich für ihn empfand. Er war immerhin ein Dieb, ein Betrüger, er konnte ihm nicht völlig trauen. Lügen gingen ihm unglaublich leicht von den Lippen.

Wie sollte er etwas davon glauben, was er zu ihm sagte? Miguel erklärte sich ihm nicht weiter. Es blieb alles ungesagt zwischen ihnen. Worte schufen zu schnell Wahrheiten, unliebsame Fakten, daher vermieden sie beide sie.

Sie kamen schließlich unerkannt und unversehrt im Hafen von Saint Ibell an. Eine gewisse Freude, daheim und vor allem, in Sicherheit zu sein, ließ Simons Herz leichter werden. Miguels Gesicht hingegen war mürrisch verzerrt, als sie im Hafen an Land gingen.

Tief sog Simon die Luft ein, die natürlich nicht anders roch als auf den anderen Inseln, für ihn dennoch den Geruch von Heimat enthielt. Er war versucht, Gott zu danken, aber ein Seitenblick auf den finster dreinschauenden Miguel und er verwarf jeden Gedanken daran.

Schweigend machten sie sich auf zur Residenz seines Vaters. Simons Schritte wurden immer schwerer. Er vermied jeden Blickkontakt zu Miguel, wollte nicht in diese gefahrvollen, schwarzen Augen blicken, denn dann hätte er die Glut in sich nicht mehr beherrschen können.

Es war schwere Sünde, redete er sich wieder und wieder ein. Doch der schale Beigeschmack, den das Wort stets gehabt hatte, fehlte und wollte einfach nicht zurückkehren.

Ringsum waren die Menschen in ihre täglichen Geschäfte vertieft. Mehrfach wurde Simon freudig erstaunt begrüßt. Er nickte und winkte. Sein Blick blieb ansonsten starr auf den Weg gerichtet. Nur allzu bewusst war er sich, dass Miguel unmittelbar hinter ihm ging, und war daher nicht überrascht, als dieser ihn seitwärts in eine Gasse zerrte, aus dem Strom der Menschen. Ihre Lippen fanden einander, feucht und warm fühlte Simon Miguels Zunge über seine gleiten, sie umspielen, Arme ihn umschlingen. Er krallte seine Hände in die langen Haare und wühlte die Fingerspitzen hinein.

»Miguel! Ich …«, versuchte er zu sagen, als sie sich atemlos lösten. Sofort verschloss dessen Mund erneut den seinen mit einem Kuss. Kräftige Hände umfassten seinen Hintern und pressten ihn mit einem harten Ruck an sich, der Simon den Rest Luft aus der Lunge trieb.

»Sei mein«, wisperte Miguel. Die schwarzen Augen sahen Simon flehentlich an. »Gib dich mir hin. Nur einmal.« Seine Stimme war heiser und rau vor Verlangen, klang mühsam beherrscht. »Ich möchte nur dieses eine Geschenk von dir, bevor ich dich wieder verlieren werde.«

Simons Lenden standen in Flammen. Die schwelende Glut war in Sekunden entfacht. Hart presste er seine Lippen auf Miguels, stieß seine Hüfte gegen ihn. Was auch immer er mit ihm tun würde, er wollte es ebenso. Es bedurfte keiner Worte.

»Komm.« Miguel ergriff seine Hand und zog ihn mit sich durch unzählige Gassen, tiefer hinein in den Teil des Hafens, den Simon niemals betreten hatte.

Finstere, abschätzende Blicke folgten ihnen. Die meisten der verwahrlosten Gestalten ignorierten sie hingegen.

Miguel schien sich zu Simons Erstaunen gut auszukennen. Durch eine kleine Tür zog er ihn in ein Haus. Wortlos erklomm er eine Treppe. Simons Herz schlug immer schneller, Schweiß befeuchtete seine Stirn.

Woher kannte Miguel dieses Haus? Wo waren sie?

Er stellte hingegen keine Fragen, sein Mund war trocken, die Zunge würde ihm nicht gehorchen. Miguel stieß die Tür zu einem Schlafzimmer auf, zerrte ihn hinein, schloss die Tür und blieb mit dem Rücken dagegen stehen. Er atmete schwer, sein Blick hatte sich in pure Gier verwandelt.

Unwillkürlich wich Simon vor seinem Anblick zurück. Er wusste nicht, was ihn erwartete, wusste nicht, was ihn selbst trieb, oder warum er wirklich hier war. Alles was zählte waren diese schwarzen Augen, dieser begehrenswerte Körper, der ihn vor Sehnsucht vergehen ließ. Miguel war der Dämon, den er stets gefürchtet und dem er sich nun bereitwillig stellen wollte.

Mit zwei Schritten war Miguel bei ihm, zog ihn heftig an sich und streifte ihm mit wenigen Griffen Weste und Hemd von den Schultern. Die Hände wanderten über Simons schwitzige Haut. Ihre Wärme brannte sich den Weg tief in seinen Körper.

Erneut vergrub Simon seine Finger in Miguels Haaren, küsste ihn, sog tief seinen markanten Duft ein, leckte über dunkle Haut. Er schob sein

Bein höher, die Hüfte näher und presste sich fester gegen ihn, um dem fordernden Drang seiner Lenden nur ein wenig Erleichterung zu verschaffen.

Zu lange hatte er sich verzehrt, alle Triebe unterdrückt und verleugnet, was er empfand. Jetzt wollte er alles fühlen, alles erleben, was Miguel ihm zu bieten hatte. Kaum nahm er wahr, wie seine Hände unter Miguels Hemd glitten, wie sie die heiße Haut berührten, zum Rücken fuhren und ihn mit allen Sinnen erfassen wollten.

Miguel seufzte sehnsüchtig. Er zerrte an Simons Hosenbund, löste die Schnallen und schob das lästige Kleidungsstück hinab. Es war eine Erleichterung, als der Druck des Stoffes von Simons Erektion glitt. Hastig trat er seine Schuhe von sich.

Miguel umfasste seine Hüften, packten ihn grob, drückte ihn an sich. Simon schnappte heftig nach Luft, als sein bloßer Ständer so hart an den anderen Körper gepresst wurde, die empfindsame Spitze an rauem Stoff rieb. Augenblicklich ließ ihn Miguel los, zerrte sich Stiefel und Hose hinab, während Simon ihm das Hemd vom Oberkörper riss, die nackte Haut darunter gierig mit dem Mund erkundete. Diese roch so gut, sie schmeckte nach Meer, dem Wind und Miguel. Simon wollte ihn schmerzlich intensiv mit allen Sinnen erfassen.

Tiefer und tiefer riss es ihn in den Abgrund. Er wusste es, er wollte es, ließ sich endlich wissentlich fallen. Er wusste nicht, wo er aufkommen würde, ob es der Schlund zur Hölle oder zur puren Erlösung sein würde, ob es je wieder einen Weg hinaus geben würde, und es war ihm auch völlig egal.

»Vertrau mir«, wisperte Miguel erregt an seinem Hals. Die Hände glitten unablässig über Simons Rücken und Gesäß, rau, hart und besitzergreifend. Rückwärts schob er ihn zum Bett, drückte ihn bestimmt darauf und war über ihm, noch ehe dieser wusste, wie ihm geschah. Miguels Finger, sein Mund waren überall, strichen, saugten, liebkosten, berührten ihn, sandten glühende Hitze durch alle Nerven.

Simon wand sich, verlor sich immer mehr in der Lust seines Körpers. Miguels Hand umfasste seine Erektion, begann ihn zu pumpen. Laut stöhnte Simon auf, drückte sich ihm entgegen, keuchte, während Miguels andere Hand an sein Gesäß fuhr und er unvermittelt einen Finger in sich eindringen spürte. Verblüfft spannte er seinen Körper an, das war eine seltsam fremdartige Erfahrung. Gleich darauf war der Druck allerdings schon wieder verschwunden. Miguels Augen tauchten plötzlich vor ihm auf, glühend wie die eines Dämons aus der Finsternis.

»Vertrau mir!«, flüsterte er noch eindringlicher. Gleich darauf drang ein feuchter Finger in ihn ein, und er stöhnte überrascht auf. Niemals hatte ihn etwas dort berührt, der ziehende Schmerz war exquisit, die Intimität der Annäherung verschlug ihm den Atem.

Plötzlich waren es mehrere Finger, stießen, weiteten, streiften etwas in ihm, was die schwelende Glut endgültig in einen lodernden, grellen Feuerball verwandelte. Simon wand sich abgehackt stöhnend, fühlte sich heiß und kalt zugleich, wusste nicht wohin mit der geballten Lust und stieß einen Schrei aus. Seine Lider flatterten, schlossen sich; er ergab sich ganz dem neuen Gefühl, das Miguel in ihm auslöste. Hart pochte sein Ständer auf dem Bauch, zähe Tropfen fielen auf seine bebende Bauchdecke.

Miguel ließ seine Erektion los, drückte mit beiden Händen grob die Beine hoch, weitere Küsse auf Bauch, Glied und Hoden verteilend, und rutschte tiefer.

»Es wird dir ein wenig Schmerz bereiten«, warnte Miguel ihn heiser, schob sich dichter heran und beugte sich über Simon. »Das tut es zunächst immer. Aber ich verspreche dir, ich werde dir dabei die höchste Lust bereiten, die du je verspürt hast«, versprach er eindringlich. Miguel spuckte mehrfach in die Hand und rieb seine Erektion damit ein.

Ein wisperndes Versprechen, Erlösung von der Pein des tobenden Feuers in ihm; Simon konnte nicht mehr klar denken, alles war Lust, Begierde, Feuer, unerfüllte Sehnsucht.

Etwas drückte an seinen Eingang, schob sich in ihn, größer, schmerzhafter als die Finger zuvor. Qualvoll stöhnte er auf; der Schmerz wurde drückend, brennend und sogar reißend und er bewegte sich heftig, versuchte sich zu entziehen.

»Vertrau mir. Vertrau mir«, raunte Miguel immer wieder beschwörend, nahm noch mehr Speichel.

Seine Worte durchbrachen den schwarzen Schleier aus Schmerz und Lust, der Simon gefangen hielt. Seine Hände krallten sich in Miguels Schultern und Haare, zerrten daran und entlockten diesem ein ebenso schmerzhaftes Aufstöhnen. Der Abgrund verschlang Simon, wurde zur flammenden Hölle aus lustvoller Pein. Er fand keinen Halt, kein Entkommen. Zu spät: Er war endgültig gefallen.

Langsam nahm der brennende Schmerz ein wenig ab, als Miguel endlich keuchend innehielt. Simon nahm nun erst wahr, was geschehen war. Miguel war in ihn eingedrungen und befand sich tief in ihm, hatte von seinem

Körper Besitz ergriffen. Er war ganz erfüllt von ihm, ihre Körper auf das Innigste verbunden.

»Simon!«, flüsterte Miguel heiser.

Seine Hand fuhr fahrig über dessen Brust, fast zu einer Kralle verkrümmt, die andere tief in das Fleisch des linken Oberschenkels vergraben. Langsam begann er, sich in ihm zu bewegen. Zunächst nahm der Schmerz zu und wimmernd versuchte Simon sich zu entziehen. Irgendwo in diesem Sturm der Leidenschaft regte sich sein Verstand, rief ihm zu, zu fliehen, die letzte Chance zu nutzen, dem Schmerz, der Sünde, dem Vergehen zu entkommen. Dann verwandelte sich der brennende Schmerz in süße Pein und riss Simon mit sich.

Er stöhnte auf, bäumte sich auf, während Miguel in ihm immer wieder einen Bereich berührte, der ihn in pure Ekstase versetzte. Das Feuer verwandelte sich in grelle Glut und mischte sich mit dem lauten, rhythmischen Stöhnen Miguels. Dessen Hand lag um Simons Erektion, pumpte ihn im Takt seines immer heftiger in ihn stoßenden Ständers.

Weißglühende Lava überschwemmte Simon; er bog sich lustvoll und stürzte unhaltbar in den Abgrund. Er war verloren in seiner Lust, gefangen zwischen dem Zusammenziehen der Hoden, dem Pulsieren seines Glieds.

Als er den Höhepunkt erreichte, konnte er nicht mehr lauter schreien, nicht mehr stöhnen; es gab kein Ventil für die unglaubliche Lust. Da war nur seine Erektion, die heißen Samen stoßweise über ihn ergoss.

Miguel stieß einen heiseren, knurrenden Laut aus, krallte seine Hände in den heftig zuckenden Körper unter sich, fand Simons Hüfte und zog ihn hart wieder und wieder an sich. Warm und klebrig floss das Sperma aus ihm. Miguel stöhnte mehrfach laut auf, bis die Kraft seinen Körper verließ, er sich vornüber auf Simons Bauch fallen ließ und sein Gesicht in dessen schweißnasser, glühend heißer Haut vergrub.

Minutenlang rangen sie nach Atem, während das Feuer nach und nach erlosch.

Simon öffnete die Lider. Sein Körper fühlte sich fremd, eigentümlich ungewohnt an, während die Hitze langsam abklang und der Schweiß auf ihm trocknete. Noch immer fühlte er Miguel in sich, den heißen Samen seines Ergusses und das langsam abschwellende Glied.

Miguel lag halb auf ihm, die Arme um ihn geschlungen, sein Gesicht gegen ihn gedrückt. Simon spürte, wie er aus ihm glitt, und ein leichter, brennender Schmerz blieb zurück. Wie auch ein Gefühl von Bedauern und plötzlicher Leere.

»Miguel …«, flüsterte er, von den Gefühlen völlig überwältigt. Augenblicklich bewegte sich dieser, löste sich von ihm und ließ zu, dass Simons Beine kraftlos seitwärts kippten und er sie ausstreckte. Miguel zog sich hoch, legte sich neben ihn, beugte sich herüber und küsste ihn ungewohnt zärtlich. Seine Finger spielten versonnen in dem lockigen Haar.

Simon fühlte sich schwer, zufrieden, erfüllt wie noch nie zuvor und zugleich erschöpft und ausgelaugt. Seine Augen fielen ihm zu und zwangen ihn in einen dämmrigen Zustand, dem er nur zu gerne einen tiefen Schlaf folgen lassen wollte. Hier, in Miguels Armen, neben ihm. Verloren, vergessen von allen.

»Amado«, wisperte eine zärtliche Stimme neben ihm so leise, dass er sie kaum verstand. »Mi Amado!«

Sein Bewusstsein war schon im Traum gefangen, sodass er die Bedeutung nicht nachfragen konnte, sondern weg schlummerte.

Das Aufwachen hingegen vollzog sich schlagartig, denn jemand stieß neben ihm einen derben Fluch aus und rüttelte ihn heftig. Schläfrig setzte sich Simon auf und schaute überrascht zu Miguel, der sich hektisch anzog. Im Haus waren Geräusche zu hören.

»Was ist?«

»Nun, ich fürchte, die rechtmäßigen Hausbesitzer sind gerade zurückgekehrt.« Miguel grinste ihn an, während er hüpfend in seine Hose stieg und sich hastig die Stiefel überstreifte. »Zieh dich besser schnell an.«

»Was? Ich dachte …« Verwirrt versuchte Simon in die Realität zurückzukommen. Alles war so weit weg und unwirklich. »Woher wusstest du …? Woher hast du das Haus gekannt?«

Miguel warf ihm Hose und Hemd zu. Sofort begann auch Simon, sich anzuziehen. Stimmen drangen zu ihnen und er beschleunigte seine Bemühungen.

»Nun ja, ich habe vor einigen Monaten – nach einem delikaten Intermezzo mit einer der Dienerinnen – unter anderem das Tafelsilber mitgehen lassen.«

Abrupt verhielt Simon in der Bewegung und starrte ihn betroffen an. Miguel legte den Kopf schief und lächelte verlegen.

»Ich bin ein Dieb«, erklärte er, grinste schelmisch und zuckte hilflos mit den Schultern.

»Du …« Simon wollte auffahren. Miguel war blitzschnell bei ihm und verschloss die Lippen mit einem Kuss.

»Lass uns erst hier verschwinden«, flüsterte er, während er sich löste. »Es gibt einen Hinterausgang.«

Simon holte überrascht Luft, zog sich die Hose hoch, suchte hastig nach seinen Schuhen, während Miguel schon ungeduldig winkte.

»Schneller!«

Eilig stopfte sich Simon das Hemd in die Hose und folgte Miguel durch den Flur und die Treppe nach unten.

Im Raum nebenan waren Stimmen zu hören. Miguel zog ihn schnell durch eine offene Tür, bevor jemand sie bemerkte. Simons Herz kam aus dem schnellen Pochen gar nicht mehr heraus und beruhigte sich erst, als sie durch eine weitere Tür in einen Innenhof gelangten und von dort durch den Stall auf eine Gasse kamen. Miguel hielt erst einige Abzweigungen später an und gab Simon die Gelegenheit, seine Kleidung zu ordnen.

Miguel lachte glucksend auf. »Ich fürchte, der Herr des Hauses wird ein paar Fragen zu stellen haben.« Seine Augen funkelten spitzbübisch und er rieb sich den Kinnbart. »Zum Beispiel: Wie eine fremde Weste in sein Schlafzimmer gelangen konnte? Mal abgesehen von den anderen Spuren unserer leidenschaftlichen Nacht.«

Schallend lachte er auf und schlug sich auf die Oberschenkel. Simon hingegen lief augenblicklich rot an. Schlagartig wurde ihm bewusst, was sie getan hatten.

Zwei Männer durften nicht beieinanderliegen. Es war Sodomie. Sie hatten sich gegen Gottes Gebote versündigt. Gefrevelt wider die Natur. Und er hatte es mit jeder Faser seines Seins genossen!

Aufstöhnend sackte er an der Wand hinab und schlug die Hände vors Gesicht.

»Was habe ich nur getan?«, flüsterte er entsetzt. Sein ganzes Leben lang hatte er dagegen gekämpft, jeder Versuchung widerstanden und nun war er ihr doch erlegen. Stöhnend krallte er die Finger in die Haare und sah sich bereits im Fegefeuer brennen. Jeder würde ihm ansehen, was er getan hatte. Er hatte sich von einem anderen Mann, wie eine Frau nehmen lassen, war der Lust verfallen.

Miguel schob seine Hände zur Seite, zog ihn hoch und der folgende Kuss war weitaus feuriger, als es das Fegefeuer je sein konnte. Es fühlte sich so gut an, so richtig. Es konnte doch nicht verkehrt sein.

Simon fühlte sich verloren zwischen dem, was er empfand und dem, was er spüren sollte. Tief blickte er in die schwarzen Augen, die Augen eines Dämons. Sodomit, wisperte es in ihm. Sünder, Dieb, Verfluchter!

Dennoch wusste er, dass er ihm jederzeit folgen würde. Dieser Mann hatte ihm nach Jahren der Entbehrung all das gegeben, wonach er sich gesehnt und verzehrt hatte. Er hatte vom Nektar kosten dürfen und nun würde er ewig darben, wenn er nicht weitere Tropfen haben durfte.

»Komm, wir müssen weiter«, meinte Miguel und sah ihn mit diesen verhängnisvollen Augen an, für deren Anblick Simon immer wieder gerne durch die Hölle gehen würde. Tausend Fragen lagen ihm auf den Lippen, doch Miguel lächelte nur, tief in den Augen lag Schmerz verborgen. »Ich bringe dich jetzt nach Hause.«

Widerstandslos ließ Simon sich hochziehen und folgte ihm durch die Gassen auf die breite Straße und hinauf zur Residenz seines Vaters. Kopf und Körper taten ihm weh, ein dumpfer, beständiger Schmerz, der ihn stumm hinter Miguel gehen ließ, den Blick von dessen Rückenansicht gefangen.

Vornehmlich schmerzte sein Gesäß, vielmehr brannte der Eingang dazwischen vom Feuer ihrer Leidenschaft. Wie hatte ein anderer Mann ihm nur derart viel Lust bereiten können, wenn Gott es nicht vorgesehen hatte? Miguels Küsse hatten auf und in ihm geglüht, waren Balsam für seine Seele. Die Arme hatten ihm jene Zärtlichkeit und Nähe gegeben, nach der er sich immer gesehnt und sie nie erhalten hatte.

Niemals, das war er sich sicher, hätte er eine solche Erfüllung in den Armen und zaghaften Küssen einer Frau gefunden. Er bezweifelte sehr, dass er sie jemals im Bett der kühlen Claire finden würde. Konnte eine Frau ihm je diese heiße, wilde Leidenschaft geben, seine Begierde wecken? Kein Frauenkörper schien ihm reizvoll genug, ihn mit Miguels Leib zu vergleichen.

Was also tat er? Warum ging er zurück in dieses andere Leben, aus dem er gerissen worden war?

Der Gedanke war da. Erst leise, dann drängender. Was, wenn er nicht zurückkehrte? Was, wenn er einfach … Selbst in Gedanken, wagte, er es kaum auszusprechen. Was, wenn er einfach mit Miguel … ginge?

Er starrte auf den Rücken und bewunderte die kräftigen Muskeln, die aufrechte Haltung, den federnden Gang. Er wusste genau, wie sich dieser Körper unter seinen Händen anfühlte, wie der starke Duft von ihm aufstieg, wie er schmeckte, wie er bebte und wie er klang, wenn sie sich vereinten. Wie sollte er das aufgeben können? Wie sollte er es je vergessen können?

Viel schneller als erwartet erreichten sie die breite Straße vor dem Haus seines Vaters. Simons Schritte wurden immer langsamer, bis er schließlich verharrte. Miguel bemerkte es erst nicht, drehte sich irgendwann jedoch um und sah ihn hinter sich stehen.

In Simons Hals wurde es eng. Er fühlte Unmengen an brennenden Tränen aufsteigen, die er jahrelang nicht geweint hatte. Es gab vieles zu sagen; nichts davon passte durch seine enge Kehle. Zu lange hatte er schweigen müssen, seine Gefühle und Bedürfnisse nicht artikulieren dürfen. Alles schien ihn zu Boden zu drücken, die Last zermalmte ihn unter sich. Flehend hob er die Hände und schaute Miguel mit brennenden Augen an.

Es waren keine Worte, die er aussprach. Es gab keine Begriffe für seine Gefühle. Da war nur sein Blick, nur die Kraft seines Ausdrucks.

Simon machte einen Schritt nach vorne und hob die Arme in einer hilflosen Geste. Da riss ihn ein Geräusch aus dem Bann der schwarzen Augen. Eine Kutsche war hinter ihnen herangekommen und hielt neben ihm. Der Verschlag wurde aufgerissen, ein elegant gekleideter Mann fragte ungläubig: »Simon? Bei Gott, bist du es?«

Dieser wandte sich um und erkannte augenblicklich seinen Fechtlehrer Robert Durand, mit dem ihn eine innige Freundschaft verband. Es gab nicht viele, die ihn mit seinem Vornamen ansprechen durften.

»Robert!« Simon fühlte sich wie aus einem Traum gerissen und war zu verwirrt, um zu reagieren. Robert sprang aus der Kutsche, eilte zu ihm und packte ihn an den Oberarmen.

»Sag mir, dass ich nicht träume? Du bist es wirklich. Heil und unversehrt.« Fassungslos musterte er ihn von Kopf bis Fuß. Dann riss er ihn an sich, umarmte und drückte ihn sofort von sich. »Dein Vater wird unendlich dankbar sein, dich lebendig wieder zu sehen. Wir haben schon das Schlimmste befürchtet.«

Er wollte ihn mit sich zur Kutsche ziehen, aber Simon wand sich rasch aus dem Griff.

»Warte«, sagte er hastig, drehte sich um. »Da ist noch jem…« Er brach ab, die Straße war leer. Miguel war fort. Als ob er nie existiert, alles nur geträumt hätte.

Suchend blickte Simon umher. Nirgends konnte er die vertraute Gestalt entdecken.

Einfach fort.

Robert sah ihn fragend an und lächelte, als sich Simon ihm zuwandte. »Rasch, steig ein. Lass uns schnell zu deinem Vater fahren. Er wird unendlich froh sein, dich zu sehen.«

Mechanisch folgte ihm Simon, fühlte sich innerlich leer und ausgebrannt, wie ausgehöhlt. Er würde heimkehren zu seinem Vater. Zurück in sein altes Leben.

Ohne ihn.

Der schwarze Abgrund schloss sich, als ob er nie existiert hätte.

Zu unbekannten Ufern

Ein leichter Wind strich vom Meer heran und kühlte seine Haut. Die warme Luft im Saal hatte Simon Schweißperlen auf die Stirn getrieben, doch innerlich war ihm kalt.

Die Klänge der Musik und das Gelächter erreichten ihn auch draußen auf der Terrasse. Es war eine sanfte Melodie eines ihm gänzlich unbekannten Komponisten aus der Alten Welt. Es gelang ihr nicht, ihn zu bewegen, er konnte sie nicht fühlen. Eigentlich fühlte er gar nichts mehr.

Seit einem Monat war er heimgekehrt, begeistert empfangen worden. Sogar sein Vater hatte ihn kurz umarmt. Alle waren erleichtert, dass er noch lebte, dass ihm nichts Schreckliches widerfahren war.

Seither fühlte er sich taub. Es schien, als ob jene Zeit mit Miguel ihn jeder Fähigkeit beraubt hatte, je wieder etwas anderes zu fühlen, als Sehnsucht nach diesem leidenschaftlichen Moment vollkommenen Glücks. Da war nur noch dieses Gefühl eines unendlichen Verlustes.

Niemand würde es verstehen. Er konnte mit keinem darüber reden. Wie die Jahre vorher fühlte er sich isoliert, von allen entfremdet, nun mehr als je zuvor.

Sein Vater hatte sehr wohl bemerkt, dass er sich verändert hatte, ebenso Robert, wie auch einige Menschen, die ihm ein wenig nahestanden. Natürlich schoben sie alle sein Verhalten auf die Schrecken, die er während seiner Gefangenschaft hatte erleiden müssen. Es war eine gute, passende Ausrede.

Unermüdlich und voll Rachegelüsten, suchten die Soldaten seines Vaters die westliche Karibik nach Jean Baptiste Ledoux ab. Sein Vater hatte geschworen, ihn eigenhändig im Hafen zu hängen, wenn er seiner habhaft werden würde.

Bisher wusste Jean sich gut genug zu verbergen. Die Präsenz der englischen Kriegsschiffe war ohnehin nicht sehr groß. Zwischen den Hunderten von Inseln schien es utopisch, eben jenes Versteck zu finden, wo sich der Bukanier verbarg.

Zudem wusste die Bruderschaft der Küste ihre Mitglieder gut zu schützen. Robert hatte Simon erzählt, dass manche der Bukaniere oft für ein oder zwei Jahre auf ihren Inseln vom Ackerbau und der Jagd lebten und nur hin und wieder auf Kaperfahrt gingen. Sie waren eine verschworene Gemeinschaft, bei der es schwer werden würde, eben jenen zu fangen, der ihn entführt hatte.

Das Musikstück endete, Applaus brandete auf. Simon seufzte, stieß sich von der Brüstung ab und ging hinein.

Seine vornehme Kleidung erdrückte ihn, er vermochte kaum zu atmen. Der ganze Prunk ringsum erschien ihm hohl und fade. Er musste sich zusammenreißen. Immerhin war es seine Hochzeit, also sollte er zumindest den Anschein erwecken, dass er glücklich und zufrieden war.

Er betrat den Raum, nahm sich ein Glas Wein von einem Tablett und ging schweren Schrittes zu seinem Vater, seiner Braut und deren stolzem Vater zurück.

Dies war sein Leben. Das war er. Er hatte diese Rolle immer perfekt gespielt. Der andere Simon würde irgendwann verschwinden und mit ihm all die Sehnsüchte, Träume und Wünsche.

»Simon, da bist du ja wieder«, begrüßte ihn sein Vater. Er prostete ihm zu, als er sich neben ihn stellte. »Wir wollen gleich beginnen. Der Priester ist schon angekommen und bereit, euch zwei zu eurem Glück zu verhelfen.«

Simon gelang ein echt wirkendes Lächeln. Claire strahlte ihn an, drehte sich kokett eine Locke ihres rotbraunen Haares um den Finger. Zart gebaut, mit schmalem Gesicht, hohen Wangenknochen, den roten Lippen und Wangen und den wachen braunen Augen, war sie ausnehmend hübsch. Er hätte es schlechter treffen können.

»Sie ist wunderschön«, flüsterte ihm sein Vater verzückt zu. »Ihr zwei seid ein wirklich fantastisches Paar.« Claires Vater nickte eifrig. Die Zufriedenheit über diese lukrative Verbindung war ihm ins erhitzte, rote Gesicht geschrieben.

Simon behielt sein freundliches Lächeln bei, auch wenn seine Finger den Glasstiel des Glases beinahe schon zu fest drückten.

»Ah, es beginnt.« Der Lord of Fenderwick richtete sich gespannt auf, als die Musiker erneut ansetzten.

Der Priester kam durch den vollen Saal auf sie zu. Sofort verstummten die Gespräche und alles schaute erwartungsvoll zu dem jungen Paar hinauf.

Ihre Blicke juckten auf Simons Haut wie Nesselstiche. Wenn sie wüssten, was er getan hatte, wie er sich versündigt hatte … Wie sähen sie ihn dann an?

Ihre Gesichter waren alle freundlich, die Blicke wohlwollend auf ihn und seine zukünftige Braut gerichtet.

Niemand wird es je erfahren, wurde sich Simon schmerzhaft bewusst. Alles was geschehen ist, es bleibt zwischen ihm und mir. Es bleibt auf ewig verloren.

Der Gedanke versetzte ihm einen bohrenden Stich, sodass er sich fast zusammenkrümmte. Plötzlich schienen die Gesichter ihn höhnisch anzugrinsen, ihn zu verspotten, waren hohl, ihre Meinung bedeutungslos. Er sah nur ein Paar schwarzer Augen vor sich. In ihnen brannte ein Feuer, eine Leidenschaft, die er nie wieder sehen und fühlen würde.

Das Gefühl des Verlustes wurde derart übermächtig, dass sich Simon umdrehte, abrupt sein Glas fallen ließ und aus dem Saal stürzte, vorbei an erstaunten und entsetzten Gesichtern. Hinter sich hörte er seinen Vater rufen und andere laute Stimmen. Er hielt nicht an, wollte hinaus, musste fliehen, denn er erstickte.

Er konnte es einfach nicht tun. Zu viel war geschehen, zu vieles hatte ihn verändert. Er konnte nicht zurück in sein altes Leben!

Schwer atmend blieb er schließlich in der Bibliothek stehen, stützte sich mit den Händen auf einen Sessel und versuchte, sich zu sammeln.

Miguels schwarze Augen. Sie verfolgten ihn, brannten in ihm, er war in ihrem Abgrund gefangen. Auch wenn er geglaubt hatte, aus ihm entkommen zu sein, so stimmte das doch ganz und gar nicht.

Nein! Er wollte so nicht leben. Nicht ohne ihn. Ewig würde er sich fragen, ob es nicht noch mehr gab, ob es nicht anders sein könnte. Plötzlich bekamen all jene Worte Jeans eine tiefere Bedeutung, der ihm von dem freien Leben in der Karibik erzählt hatte.

War nicht auch er aus seinem Leben geflohen, um Erfüllung zu finden? Sein persönliches Glück, das ihm in seiner Heimat verschlossen geblieben war? Simon hörte das Öffnen der Tür hinter sich, als nacheinander sein Vater, Claire und ihr Vater, Robert, weitere Gäste und der Priester hereinkamen, drehte er sich langsam um und holte tief Luft.

»Es tut mir leid«, brachte er hervor, zunächst noch zögernd, dann richtete er sich auf. »Aber ich kann es nicht tun.«

»Simon!« Die Stimme seines Vaters klang scharf. »Was erlaubst du dir? Alles dort draußen wartet auf euch. Wie kannst du einfach davon rennen?«

Simon schluckte hart und blickte zu Claire hin, die ihn verwirrt ansah. Der Blick ihres Vaters hingegen war wütend.

Sie verstanden ihn nicht. Keiner von ihnen. Wie sollten sie auch. Sie hatten nicht gesehen und erlebt, was er erfahren hatte. Er wusste jetzt erst, wie stark es ihn verändert hatte.

»Ich muss gehen«, erklärte er leise, fügte deutlicher hinzu: »Ich muss ihn wiederfinden.«

Sein Vater krauste die Stirn, blickte ihn ohne Verständnis an. Simon wusste es plötzlich mit absoluter Sicherheit. Sein Entschluss stand fest. Irgendwo, irgendwann würde er ihn wiederfinden.

Nun erst verstand er Miguels und auch Jeans lange Suche. Ohne Miguel konnte und wollte er nicht länger leben.

Simon lächelte, denn er wusste mit einem Mal, dass er etwas ganz Besonderes erlebt hatte, dass ihm Miguel ein kostbares Geschenk gemacht hatte und die Leere in ihm nur ausgefüllt sein würde, wenn er mit ihm zusammen war.

»Was redest du da? Wen musst du finden?«, wollte sein Vater unwirsch wissen. Die anderen Gäste blickten ihn verständnislos an.

»Er meint vermutlich mich«, erklang es plötzlich laut hinter ihnen.

Miguel! Simon erkannte sofort die Stimme. Sein Herz hörte auf zu schlagen, blieb Sekundenbruchteile einfach stehen, nur um freudig erregt loszupochen. Augenblicklich fühlte er die Hitze in sich, die diese schwarzen Augen in ihm auslösten. Seine Knie begannen zu zittern, als der Spanier zwischen den anderen hervortrat. Er war edel gekleidet, die langen schwarzen Haare sorgfältig zurückgebunden, der Bart gestutzt und die Wangen rasiert. Obwohl er nun wie einer der anderen Adeligen wirkte, umgab ihn dennoch ein wenig Verruchtheit.

»Guten Abend, meine werten Lords und Ladies!«, begrüßte er sie mit seiner typisch spöttisch klingenden Stimme. Verwunderte Blicke trafen ihn, während er einen weiteren Schritt machte und sich mit einer ausladenden Geste elegant verbeugte. »Mein Name ist Miguel Arlez Arroyo.« Er grinste breit in die verblüfften Gesichter. »Seien Sie nicht zu bekümmert, edle Gäste, wenn Sie den Namen noch nie gehört haben.«

Sein Blick wanderte über die Männer und Frauen, die ihn wie ein exotisches Tier neugierig betrachteten. Lord of Fenderwick hingegen hatte die Stirn in Falten gelegt und musterte ihn missbilligend.

»Miguel Arlez Arroyo«, wiederholte er lauter. »Geboren in der Gosse, denn nichts anderes bedeutet: ›Arroyo‹!« Ein hinterhältiges Grinsen überzog seine dunklen Züge, der Schnurrbart zuckte. »Der Sohn einer gewöhnlichen Hure, Bastard von Gott-weiß-wie-vielen möglichen Vätern.« Seine Stimme hallte durch den Raum und Miguel lachte laut auf, als erschrockene Laute erklangen. Mehr als einer der Anwesenden, einschließlich des Priesters, bekreuzigten sich hastig. Belustigt schaute er in die Runde und trat einen Schritt auf die erstarrten Gäste zu, die augenblicklich vor ihm zurückwichen. Mehrere Frauen hielten sich erschrocken die Hand vor den Mund.

»Wir sind uns nur deshalb noch nicht begegnet, weil ich in den Straßen von Dreck und Diebstählen lebe, während Sie sich Ihr Essen auf goldenen Tellern und Ihre blanken Ärsche von Dienern abwischen lassen«, fuhr Miguel feixend fort. »Ja, ich bin nichts weiter als ein Dieb, ein Betrüger, ein Mörder und ruchloser Halunke!«

Die derben Worte schickten seltsamerweise Wärme durch Simons Rückgrat, die seinen Körper erfasste und die Knie noch weicher werden ließ. Atemlos starrte er auf Miguel, lauschte fassungslos.

Was tat er? Wieso war er hier aufgetaucht? War er seinetwegen gekommen? Wegen der Hochzeit? Hatte er sich unter den Gästen verborgen gehalten und ihn beobachtet? Und jetzt, wo er selbst beschlossen hatte, ihn zu suchen, offenbarte der Spanier sich.

»Das Leben war hart zu mir und ich habe mehr Kämpfe ausgefochten, als jeder Ihrer Soldaten. Ich bin ein Schuft, ein Sünder. Jedoch erkenne ich den wahren Wert einer Beute sofort und weiß etwas viel mehr zu schätzen als Sie alle.« Die schwarzen Augen schienen Flammen zu sprühen, während seine Stimme an Leidenschaft gewann: »Mehr als Sie alle weiß ich, um welche Art Schatz es sich wirklich zu kämpfen lohnt!«

Seine brennenden Augen fixierten Simon, der fast den Boden unter den Füßen verlor. Dieser zärtliche Ausdruck …

»Liebe!«, raunte Miguel und genau das drückte sein Gesicht aus: Bedingungslose Liebe.

Simon schnappte überrascht nach Luft. Dieses Versprechen vollkommener Leidenschaft und Hingabe in den Augen erschlug ihn.

»Es ist der größte Schatz von allen. Fast unmöglich ihn zu finden und schneller verloren als man denkt.« Seine Augen ließen keinen Moment von Simon ab. »Verbunden stets mit viel Leiden und daher würdig der wahren Leidenschaft.«

Simons Herz wollte ihm die Brust sprengen, seine Kehle war eng und er konnte kaum noch atmen. Nur langsam und unzureichend erfasste er, was Miguel sagte.

»Deshalb werde ich niemals zulassen, dass die Liebe meines Lebens jemanden heiratet, für den keine Liebe da ist«, schloss Miguel seine feurige Ansprache und ging auf Simon zu. Neben sich hörte er Claire erschrocken Luft holen und ihren Vater leise drohend murmeln: »Claire? Was hat das zu bedeuten?«

»Ich weiß es nicht, Vater!«, versicherte sie hastig, wurde bleich und machte abwehrende Gesten. »Ich kenne diesen … Mann überhaupt nicht. Ich bin ihm nie begegnet, das müsst Ihr mir glauben.« Ihre Stimme war panisch und schrill, verklang im Raum und atemlose Stille breitete sich aus.

Simon musste nachsichtig lächeln und trat einen halben Schritt vor. Entsetzt wich der Priester Miguel aus, starrte ihn wie den personifizierten Teufel an und bekreuzigte sich erneut. Miguel beachtete ihn nicht weiter, sprang mit einem Satz direkt vor Simon, seinen Vater, Claire und deren Vater.

»Verzeiht mir, Mylady!« Miguel beugte sich vor und lächelte Claire charmant an, die augenblicklich mit einem spitzen Schrei vor ihm zurückwich. Ihr Gesicht war vor Entsetzen verzerrt und sie fuchtelte mit den Händen. Miguel grinste noch breiter, während ihr Vater ihn mit finsterem Blick musterte.

»Ihr gestattet doch?« Ohne auf die Antwort zu warten wandte Miguel sich blitzschnell um, fasste Simon um die Hüfte, zog ihn fest an sich und küsste ihn leidenschaftlich.

Rings um Simon versank die Welt jäh in einem konfusen Mix aus Farben, Raunen, spitzen Schreien, empörten Rufen und Miguels herbem Duft, den warmen, festen Lippen, der Zunge, die in ihn drang. Er schlang seine Arme um Miguel und küsste ihn ebenso wild zurück.

Dies war die Quelle, nach der er dürstete, danach hatte er sich gesehnt. Es war alles, was er wollte: Einen anderen Mann, der ihn zärtlich umfing, keine Frau. Einen Mann. Diesen Mann.

Die Knie hielten zitternd stand, während er völlig in den Kuss versank.

»Amado«, wisperte er zärtlich. »Mein Geliebter.« Eine raue Hand strich über Simons Wange. »Ich werde niemals zulassen, dass jemand anderes dich bekommt. Niemals!«

Irgendwo rief jemand seinen Namen, irgendwo redeten Menschen wild durcheinander. Für den Moment gab es jedoch nur Miguels Augen, die mehr sagten, als es dessen Worte tun konnten.

»Komm mit mir!«, flüsterte Miguel begehrlich, zog Simon abrupt hoch und wandte sich um.

»Was erlauben Sie sich eigentlich?«, empörte sich Simons Vater, der sich als Erster von dem Schreck erholt hatte. Zornig richtete er sich auf, wandte sich um und rief lautstark nach den Wachen.

Die Soldaten! Gleich sind sie hier und werden Miguel gefangen nehmen, durchfuhr es Simon erschrocken und er löste sich endlich aus der Starre. Rasch wandte er sich um, blickte in das rote, entrüstete Gesicht seines Vaters und konnte dennoch nur lächeln.

»Ich werde es Euch erklären, Vater.« Das Geräusch der Schritte von beschlagenen Stiefeln eilte über den Gang. Die Wachen kamen rasch heran. Simon warf einen Blick zur Tür. Sie mussten gehen, sie waren gleich da.

»Aber nicht hier und nicht jetzt!«, schloss Simon energisch, wirbelte herum, griff unter Miguels Umhang, fand den Griff der Pistole und zog sie heraus.

Miguels Hand lag schon an seinem Degen. Verblüfft starrte er ihn an, als Simon entschlossen die Waffe hob. Geschockt wichen die Gäste zurück.

»Simon!« Die Augen seines Vaters waren entsetzt aufgerissenen. »Was tust du nur? Bist du komplett wahnsinnig geworden?« Sein fassungsloser Ausdruck tat Simon weh; dennoch, es gab für ihn nur diesen Weg.

»Ich tue, was ich tun muss!«, erklärte er schlicht und blickte seinen Vater verständnisvoll an. Wie sollte dieser Mann ihn verstehen, dem er sein ganzes Leben lang nur eine Rolle vorgespielt hatte, der er nicht annähernd entsprochen hatte.

»Ich muss endlich mein wahres Leben leben, Vater. Und das ist nicht an der Seite dieser Frau oder in diesem Haus.« Tief holte er Luft und blickte zu Miguel hin. »Es ist an seiner Seite. Mit ihm«, flüsterte er entschlossen, selbst erschrocken vor seinem Mut und der sicheren Erkenntnis, was sein wahres Schicksal war.

Miguel schaute ihn erstaunt an. Ein glückliches Lächeln breitete sich auf seinen Zügen aus. Simon musste an sich halten, ihn nicht zu küssen, denn sie würden zunächst einmal hier herauskommen müssen. Die Wachen würden Miguel sofort einsperren und vermutlich hängen. Sie mussten fliehen; dieses Mal würde er sie raus bringen. Was sein Vater tun würde, wenn er die ganze Wahrheit erfuhr, wollte sich Simon gar nicht ausmalen.

»Rasch, hinter mich!«, zischte er Miguel zu, als die Tür aufgestoßen wurde und die Soldaten hereinstürmten, sich zögernd umsahen.

»Bleibt, wo ihr seid!«, rief Simon ihnen zu, hob erneut die Pistole und schob sich vor Miguel, um ihn vor jedem Angriff zu schützen. Sofort richteten sich die Gewehrläufe auf ihn. Simons Vater keuchte auf und rief erschrocken: »Um Himmels willen, runter mit den Waffen, das ist doch mein Sohn!«

Augenblicklich senkten die Soldaten ihre Gewehre und blickten verwirrt zu ihm hinüber. Sie würden es vorerst nicht wagen ihn anzugreifen. Simon wich zurück und stieß gegen Miguel.

»Verschwinden wir durch die Terrassentür!«, presste Simon durch die Lippen und wunderte sich, warum Miguel noch zögerte.

»Einen Moment noch«, gab dieser ebenso leise zurück. Simon warf ihm einen verwunderten Blick zu, doch Miguel zuckte nur kurz mit den Schultern. »Darauf freue ich mich doch schon die ganze Zeit.« Er erhob seine Stimme und ließ sie durch den Saal hallen: »Besten Dank, werte Anwesende und viele Grüße von Jean Baptiste Ledoux an alle Lords und Ladies. Er lebt derzeit sicher in seinem Versteck auf der schönen Insel Tondre, wird feist und träge und lacht über Sie.«

Simons Vater öffnete verblüfft den Mund und blickte ihn stirnrunzelnd an. Miguel grinste selbstgefällig und Simon lauschte verdutzt, als er fortfuhr: »Angreifbar ist sein Versteck nur im Norden, denn dort gibt es viele kleine Buchten, die man mit Beibooten unbemerkt erreichen kann. Es ist zwar ein etwas mühsamer Fußmarsch durch den Urwald, freilich gelangt man auf diese Weise völlig unentdeckt mitten in die Ansiedlung. Dort sind meistens nur zehn bis zwanzig, oft betrunkene Piraten, die das Ganze bewachen sollen. Idioten allesamt, die dürften leicht zu überwältigen sein und … Umpf.«

Miguel brach ab, krümmte sich zusammen, wo ihn Simons Ellenbogen in den Magen getroffen hatte. Zornig funkelte ihn dieser an und zischte ihm zu: »Los, geh schon!«

Damit schob er Miguel rückwärts hinaus. Hastig warf er einen Blick zurück und raunte ihm ärgerlich zu: »Bevor die es sich anders überlegen. Für deine Rache ist jetzt keine Zeit.«

Miguel bewegte sich tatsächlich widerspruchslos und zügig zur Tür. Simon wich langsam, ihn deckend zurück. Sein Vater starrte ihn noch immer ungläubig an. Er konnte nicht begreifen, was sein Sohn tat.

Simon lagen tausend Worte auf der Zunge, er konnte keins davon aussprechen. Wie sollte er jetzt erklären, was ihn bewegte, wo sein Vater sich nie dafür interessiert hatte? Er würde ihm irgendwann schreiben, warum er all das aufgab, schwor er sich. Vielleicht würde sein Vater es irgendwann einmal verstehen. Simon bezweifelte es, obwohl er wusste, dass sein Vater ihn auf seine Weise durchaus liebte. Allerdings hatten sie seit dem Tod seiner Mutter stets nebeneinander gelebt.

»Simon«, begann sein Vater bittend, hob die Hände. Simon schüttelte bedauernd den Kopf und folgte Miguel durch die Tür. Kaum waren sie im Freien, rannten sie los, durch den Garten zur Mauer. Hinter ihnen wurden augenblicklich Rufe laut.

Sie tauchten rasch ins Gebüsch, schlugen immer wieder andere Richtungen ein und erreichten schon bald ein kleines Tor, das sie über einen schmalen Pfad hinunter zur Küste brachte. Sie liefen schweigend, bis sie unten am Strand waren, und verlangsamten dort erst ihre Schritte.

»Du verfluchter Idiot!«, brachte Simon hervor, rang heftig nach Atem und fügte ärgerlich hinzu: »Was sollte diese Schau am Ende denn noch?«

Im schwachen Mondlicht grinste ihn Miguels dunkles Gesicht an.

»Es hat mich immerhin mehrere Wochen Arbeit gekostet, mal abgesehen von diversen Bestechungsgeldern, um an diese wertvollen Informationen zu kommen«, erklärte dieser entschuldigend und zuckte die Schultern. »Da konnte ich sie deinem rachsüchtigen Vater ja wohl kaum vorenthalten, oder? So als kleines Abschiedsgeschenk.«

Seine Augen blitzten verschmitzt auf. In Simon stieg ein Lachen auf, das allerdings nur abgehackt herauskam, weil er zwischendurch immer wieder Luft holen musste. Auch Miguel entrang sich ein befreiendes Lachen.

»Schätze, Jean wird ziemlich verblüfft dreinschauen, wenn dein wütender Vater mit seinen Soldaten plötzlich vor ihm steht. Wie ich Jean kenne, ist er bis dahin leider längst woanders. Der Hund ist schlau genug, sie kommen zu wittern«, ergänzte er scheinbar bedauernd, schmunzelte hämisch.

Im Garten über ihnen flammten Fackeln auf und sie hörten erregte Rufe.

»Komm!«, flüsterte Miguel und zog Simon rasch am Arm mit sich zum Wasser. Dort lag ein kleines Boot. Ganz offenkundig hatte Miguel die Flucht geplant. Simon wollte etwas sagen, Miguel bedeutete ihm jedoch hastig einzusteigen und ruderte augenblicklich los.

»Jean sucht mich überall. Ich dachte, ich beschäftige ihn ein wenig, um ihn von dir und mir abzulenken.« Mit kräftigen Schlägen ruderte er sie aufs offene Meer.

»Ich kenne die Bruderschaft sehr gut, auch wenn ich nie wirklich einer der ihren war«, fuhr er fort und seine Stimme nahm einen beruhigenden

Klang an. »Jean ist nicht wirklich in Gefahr.« Die Erwähnung des Namens sandte Simon mit einem Mal einen kalten Schauer über den Rücken. Er würde sie suchen und er wollte ihm ganz gewiss nicht erneut begegnen.

Miguel blickte Simon forschend an. »Jean würde nicht zögern, mich zu töten, wenn er mich findet. Immerhin habe ich dich ihm geraubt. Jean hat es nicht gerne, wenn man ihm etwas fortnimmt, da kann er ziemlich eigen sein.«

»Er wollte sogar mich töten«, brachte Simon hervor und die Erinnerung verursachte eine Gänsehaut. Der Mann hatte ihn töten wollen, trotz all der anderen Dinge, die er ihm zuvor gesagt hatte.

»Lieber würde er dich tot sehen, als in meinen Armen«, bestätigte Miguel nickend. »Auf seine Weise hat Jean mindestens so viel Ehre wie du.«

Simon spürte, dass da viel mehr zwischen den beiden Männern war, als er wusste oder je erfahren würde, aber er wagte es nicht, nachzufragen. Stattdessen blickte er zurück.

Oben auf dem Hügel lag die erleuchtete Residenz seines Vaters. Sein Zuhause. Bis jetzt. Was nun vor ihm lang, vermochte er nicht zu sagen. Zum ersten Mal hatte er selbstständig einen unbekannten Weg für seine Zukunft gewählt. Alles war schnell passiert, völlig unerwartet. Er ließ Miguels Auftauchen Revue passieren.

»Miguel Arlez Arroyo, also?« Er warf Miguel einen fragenden Blick zu.

Der Spanier grinste, deutete zwischen den Schlägen eine Verbeugung an.

»Und du bist …« Simon zögerte, denn er fühlte eine leichte Beklommenheit in sich, während er die kräftige Gestalt musterte. Miguels Worte schwirrten ihm im Kopf herum. Er wusste wirklich nichts über ihn, kannte ihn im Prinzip nicht, da waren nur diese unbekannten starken Gefühle für ihn. Nur wenn er wahrhaftig …

»Du bist wirklich ein … Mörder?«, fragte er mit klopfendem Herzen nach. Er spürte einen dumpfen Druck auf der Brust, der ihm den Atem nahm. So wie Jean, dachte er schaudernd. Bitte nicht wie Jean …

Miguels Grinsen veränderte sich nicht. Sein Körper schwang weiter vor und zurück im Rhythmus der Ruderschläge. Er zuckte die Schultern.

»Klang doch irgendwie ziemlich gut in der Auflistung«, meinte er lapidar.

»Also bist du nicht …«, begann Simon erneut langsam. Sein Herz schlug schneller, als er zu hoffen wagte.

»Nein! Ich bin alles, aber kein Mörder, Simon«, unterbrach Miguel ihn resolut. »Ein Dieb, ein Halunke, ein Bastard, aber niemals ein Mörder.«

Simon verzog den Mund und spürte eine deutliche Erleichterung. Miguel war doch anders als Jean.

»Also vor allem ein Aufschneider!«, warf er ihm vor.

Miguel verzog missmutig den Mund und schüttelte vehement den Kopf. »Das klingt nicht gut. Lange nicht so verrucht.« Er lachte aus vollem Herzen.

Simon kam nicht umhin einzustimmen. Mit dem Lachen fiel die erste Anspannung von ihm und er blickte über das dunkle Meer.

Er war frei. Frei von seinem Vater, frei von Jean, seinem bisherigen Leben. Frei, selbst zu entscheiden.

Was würde dieses neue, völlig unbekannte Leben für ihn bereithalten?

Jede Sicherheit, alles Bekannte, alles Vertraute war fort. Miguel ruderte ihn hinaus auf einen Ozean, der sich kaum unbekannter, gefährlicher, unerforschter vor ihm erstrecken konnte, als sein zukünftiges Leben.

Schweigend betrachtete er den Spanier und musterte ihn. Diese Gefühle, die er für ihn empfand, waren neu und schwierig einzuschätzen. War es wirklich Liebe, die sie verband? Konnte er sich sicher sein? Er hatte sie nie erlebt. Gab es Derartiges wirklich unter Männern? Leidenschaft, ja. Er hatte diese nur allzu deutlich gespürt. Aber Liebe? Lebenslange Liebe? War das möglich?

»Dort hinten liegt ein Schiff vor Anker, das uns nach Puerto Rico bringt«, durchbrach Miguel das Schweigen.

Simon erkannte bald schon die dunkle Silhouette eines kleinen Schiffes. Seufzend dachte er an seine erste Woche an Bord von Jeans Schiff und wusste, dass ihm Ähnliches wieder bevorstand. Sein Magen rumorte bereits bei den sanften Wellen in der Bucht.

Puerto Rico also. Und danach? Wohin konnten sie gehen?

»Was dann? Was, wenn wir Puerto Rico erreicht haben?«

Miguel hielt im Rudern inne und blickte ihn lange einfach nur an. »Ich habe nicht die geringste Ahnung. Ist es wichtig?«

Simon verspürte einen Anflug von Ärger. Wusste dieser Mann, was er alles für ihn aufgegeben hatte?

»Nun, irgendwie schon!«, antwortete er etwas heftig. »Irgendwo müssen wir leben und von irgendetwas.«

Abermals zuckte Miguel mit den Schultern, ließ das Boot jedoch weiter treiben. »Bisher hat es immer geklappt.« Der Mund zuckte, doch sein Gesicht blieb ernst.

Simon schnaubte empört auf und funkelte ihn ärgerlich an. »Mit Diebereien und Betrug?«

»Das war immer ein lukratives Geschäft.«

Erneut schnaubte Simon und wandte den Blick enttäuscht ab.

»Das ist nicht meine Welt.« Er war nicht wie Miguel und wollte nie so werden. Er hatte es geahnt, dennoch schmerzte es, es auszusprechen: »In einer solchen kann ich nicht leben«, erklärte er resignierend.

Miguel schwieg und begann abermals zu rudern. Simon schluckte schwer und starrte auf das weite Meer. Das bisschen Glück, das bisschen Freiheit, musste er es derart teuer erkaufen? Er würde nicht leben können, indem er andere um ihr Hab und Gut brachte. Zu sehr war er Ehrenmann, ein wahrer Gentleman von Geburt an. Miguels Welt, Jeans Welt, die Welt der Unehrenhaften, sie würde ihm immer verschlossen bleiben.

In seinen Augenwinkeln brannten Tränen, denen er keine Chance gab. Seine Kehle war zu eng und es war beschwerlich, die Blockade wieder und wieder hinunter zu schlucken. Sie hatte keine wirkliche Zukunft, nichts über ihre Leidenschaft hinaus.

Miguel räusperte sich vernehmlich, hatte unbemerkt das Rudern erneut eingestellt und warf ihm einen langen Blick zu. »Nun …«, begann er und wartete, bis ihm Simon das Gesicht zuwandte. »Dann wäre da natürlich noch mein Anwesen in Spanien. Dort würde uns wirklich keiner finden.«

»Ein Anwesen?« Simon starrte ihn mit offenem Mund an.

»Nun ja …« Miguel wiegelte schmunzelnd ab. »Nichts Großes. Ein Haus, einige Wirtschaftsgebäude, mit ein wenig Weinanbau und Oliven. Es liegt an der Küste, sehr abgeschieden und im Prinzip recht langweilig.« Sein Grinsen wurde breiter, während ihn Simon fassungslos anstarrte.

»Alleine ist es doch ein wenig zu einsam, deshalb bin ich auch fort. Wollte mehr Abenteuer erleben.«

Vor lauter Überraschung brachte Simon keinen Ton hervor. Miguel verzog den Mund. »Habe ich je behauptet, meine Mutter wäre immer eine Hure geblieben? Habe ich je behauptet, sie wäre arm gestorben?« Er musterte Simons entgeistertes Gesicht. Sein Blick wurde sanft und er ließ die Ruder fahren, beugte sich vor und griff nach Simons Hand.

»Auch sie hat schließlich den Richtigen gefunden«, meinte er leise und streichelte glücklich lächelnd über Simons Wange. »So wie ich. Einen wahren Gentleman!«

Die Wärme seiner Finger durchdrang die Haut und Simon umschloss seine Hand fest, drückte sie. Spontan beugte er sich vor und küsste Miguel.

»Wenn du mit mir kommen willst, heißt das«, raunte Miguel, klang ein wenig verzagt, »du wirst den Luxus vermissen und das Leben dort kann rau sein. Ich bin kein einfacher Mann und ich weiß nicht, ob ich gut genug …« Abermals küsste ihn Simon, nickte glückselig.

»Ich werde nichts vermissen. Ich liebe dich und natürlich werde ich mit dir gehen.«

Miguel sog tief die Luft ein, blinzelte und entließ sie gerührt seufzend. »Simon! Du machst mich zum glücklichsten Mann der ganzen Welt. Und wenn ich nicht rudern müsste, würde ich dort fortfahren, wo wir in dem Haus unterbrochen wurden.«

»Dann rudere schneller. Ich hoffe, du hast uns eine Kajüte besorgt, in der wir ungestört sind?«

»Aber natürlich, mi Amado. Der Kapitän hat so viel Gold für die Überfahrt bekommen, dass seine Ohren und die seiner Mannschaft völlig taub sein werden, bis wir Puerto Rico erreichen.« Miguel schnalzte, packte die Ruder und bewegte das Boot schneller als zuvor durch die Wellen.

Simon lehnte sich zurück, legte den Kopf in den Nacken und lächelte zum Mond hoch. Es war ein berauschendes Gefühl geliebt zu werden und er freute sich auf die Zukunft, die vor ihm lag.

Nur vage tauchte der Gedanke an Jean auf und er verdrängte ihn rasch wieder. Bald schon würden sie weit fort sein, aus seiner Reichweite. In Sicherheit.

Ende Band 2

Weiter geht es in:

Bruderschaft der Küste – Unter vollen Segeln

MAIN Verlag

Chris P. Rolls

Bruderschaft der Küste
Unter vollen Segeln

ISBN: 978-3-95949-211-9

Auf ihrer Reise nach Spanien wähnen sich Miguel und Simon bereits in Sicherheit, als ihr Schiff abgefangen wird. Von Rachsucht und Wut getrieben, ist Jean Ledoux seiner geraubten Beute gefolgt. Um Miguels Leben zu retten, ergibt Simon sich ihm, unterwirft sich damit auch seinem Willen und zwingt auf diese Weise Miguel in Jeans Gefangenschaft. Ein perfides Spiel beginnt, bei dem Simon immer mehr in Zweifel verstrickt wird und sich zugleich Jeans Anziehung mehr als bewusst ist. Hinter dem Mann mit den zwei Seiten lauert viel mehr, als es den Anschein hat. Nach und nach beginnt Simon dies zu begreifen, während Miguel verzweifelt um ihn kämpft. Unter vollen Segeln entspinnt sich eine komplexe Beziehung, bei der es nicht nur um die eine Beute geht.

Chris P. Rolls

Eine besondere Begabung
Buch 1
Fluch der Schönheit

ISBN: 978-3-95949-251-5

Einzig an seinen Namen kann sich Arlyn erinnern, als er schwer verletzt von Bauersleuten im Wald gefunden wird. Auf dem Germonshof im Freien Land findet er eine neue Heimat, obwohl ihn ein düsteres Geheimnis umgibt und in ihm eine Macht zu schlummern scheint, die er weit mehr fürchtet, als die Rückkehr seiner Erinnerungen.
Gerade als sich zwischen ihm und dem ältesten Bauernsohn zarte Bande zu entwickeln beginnen, wird Arlyn seine außergewöhnliche Schönheit zum Verhängnis.
Fortgerissen von seiner Familie hat seine lange Reise gerade erst begonnen.

Chris P. Rolls

Die Anderen
Das Dämonenmal

ISBN: 978-3-95949-301-7

Der schüchterne Student Finn glaubt weder an Übersinnliches noch an glitzernde Vampire. Sein Verstand gerät jedoch in arge Erklärungsnot, als ihn ein Wesen mit rot glühenden Augen überfällt und mit einer Narbe zurücklässt. Fortan haben Verstand und innere Stimme reichlich Gelegenheit zu diskutieren, denn der Dämon verfolgt Finn bis nach Lüneburg. Dämon Dave spielt ein äußerst riskantes Spiel, als er sich Finn abermals nähert und ihn Dinge erleben lässt, die Finn sich bisher nur in seinen geheimsten erotischen Träumen vorstellen konnte. Denn tief in Finn schlummert ein Erbe, welches allen Dämonen gefährlich werden kann. Dave weiß, dass er Finn töten sollte, ehe es voll erwacht, und er sich in einen der gefürchteten Dämonenjäger wandelt. Wenn da nur nicht dieses seltsam fremde Gefühl wäre, das ihn verwirrt und immer mehr verändert.